U0948597

北京市数字经济与首都发展创新中心建设项目（19002022047）

数字经济赋能城市高质量发展

北京数字经济发展的综合考察与评价

北京工商大学数字经济研究院

白津夫◎顾问

葛红玲　方盈赢　李波　李惠璇　程悦◎著

The Digital Economy Enables High-quality Urban Development

Comprehensive Investigation and Evaluation of the Development of Digital Economy in Beijing

北京

图书在版编目（CIP）数据

数字经济赋能城市高质量发展：北京数字经济发展的综合考察与评价／葛红玲等著. -- 北京：中国经济出版社，2023.3

ISBN 978－7－5136－7233－7

Ⅰ. ①数… Ⅱ. ①葛… Ⅲ. ①信息经济－经济发展－研究报告－北京－2022 Ⅳ. ① F492

中国国家版本馆 CIP 数据核字（2023）第 028996 号

策划编辑 赵静宜
责任编辑 罗 茜
责任印制 马小宾
封面设计 久品轩

出版发行 中国经济出版社
印 刷 者 北京艾普海德印刷有限公司
经 销 者 各地新华书店
开 本 710mm × 1000mm 1/16
印 张 14.25
字 数 245 千字
版 次 2023 年 3 月第 1 版
印 次 2023 年 3 月第 1 次
定 价 88.00 元
广告经营许可证 京西工商广字第 8179 号

中国经济出版社 **网址** www. economyph. com **社址** 北京市东城区安定门外大街 58 号 **邮编** 100011
本版图书如存在印装质量问题，请与本社销售中心联系调换（联系电话：010-57512564）

编委会

作者简介

蒉红玲 北京工商大学国际经管学院教授，博士生导师，北京工商大学数字经济研究院执行院长。主要研究方向为数字经济、产业创新、金融科技、数字货币。

方盈赢 北京工商大学经济学院金融系副教授，硕士生导师，北京工商大学数字经济研究院研究员，日本京都大学经济学博士。主要研究方向为区域金融发展与数字经济。

李　波 北京工商大学经济学院副教授，硕士生导师，北京工商大学数字经济研究院金融数字化发展研究中心副主任，中央财经大学经济学博士，北京大学经济学博士后。主要研究方向为数字金融、家庭金融、劳动经济。

李惠璇 北京工商大学经济学院讲师，硕士生导师，北京工商大学数字经济研究院高级研究员，北京大学国家发展研究院金融学博士，杜克大学访问学者。主要研究方向为数字经济、资产定价、劳动力市场。

程　悦 北京工商大学经济学院副教授，硕士生导师，北京工商大学数字经济研究院高级研究员，英国拉夫堡大学经济学博士。主要研究方向为公司金融、数字金融、数字经济。

前言 Preface

城市是经济增长和人类美好生活的重要承载，也是科技创新和先进科技成果应用的前沿阵地。新一轮科技革命和产业变革推动经济加速从工业经济向数字经济转变，也带来了城市发展模式和存在形态的创新。伴随着数字技术与城市发展的全面融合，数字经济成为城市创新和高质量发展的重要动能。以数字技术为基础支撑、以数字经济为发展引擎、以城市数智化为运行基础的新型数字城市正在成为城市发展的新方向。

党的二十大报告明确指出，高质量发展是全面建设社会主义现代化国家的首要任务。城市高质量发展是我国全面建设现代化国家、实现高质量发展的重中之重。如何实现城市高质量发展，数字经济是重要引擎，数字化发展是必由之路。习近平总书记在第 34 次中央政治局集体学习时指出，数字经济正在成为重组全球要素资源、重塑全球经济结构、改变全球竞争格局的关键力量。各国各大城市无不加大对数字经济发展的战略布局，抢占数字经济发展制高点，特别是发达国家、发达城市，纷纷推出各自发展数字经济的战略规划，数字经济成为城市竞争的重中之重。

那么，数字经济如何赋能城市高质量发展？这既是各个城市亟待破解的发展问题，也是社会各界高度关注和需要深入研究的重大理论问题和现实问题。为此，北京工商大学数字经济研究院以“数字经济赋能城市高质量发展”为主题，组织专家、学者开展系列研究，以区域为坐标，以城市为单元，以数字经济为核心，推出系列研究成果。从理论、政策、实践“三维”视角跟踪城市数字化发展进程，揭示城市数字经济发展的底层逻辑和发展问题，对城市数字化发展进行多维度、深层次研究，构建综合评价指标体系，定性研究和定量分析相结合，深入分析城市数字化面临的重大课题，动态反映城市数字经济发展实际，深入探讨我国城市高质量发展的破解之策，为城市数字化创新发展提供理论支撑和决策参考，为我国经济社会数字化转型、高质量发展贡献学界力量。

在数字化发展进程中，各个城市有不同的发展思路和目标定位，形成不同的发展路径和模式。同时，各个城市都是在探索中推进数字经济发展和城市数字化建设，既有值得总结和借鉴的成功做法和经验，也存在需要总结和反思的问题。北京是我国数字经济发展高地，承载着引领数字经济发展的使命，因此，北京工商大学数字经济研究院“数字经济赋能城市高质量发展”的主题研究首先从北京开始。

坚实的经济基础和强大的创新力量为北京发展数字经济提供了坚实的实验载体，同时，超大的城市规模和特殊的城市发展定位，也为数字技术融合应用提供了具有代表性的城市场景。北京市高度重视数字经济发展，2021 年 8 月发布《北京市关于加快建设全球数字经济标杆城市的实施方案》，明确提出以建设全球数字经济标杆城市为目标，突出“数据驱动、全球视野、标杆引领、全城孵化”的发展特点，加快数字经济发展，全面推动城市数字化转型和治理创新。伴随着数字化基础设施和应用场景的建设布局以及对相关规则的不断探索，北京数字化转型的软硬件环境逐步完善，大数据、物联网、云计算等数字技术加速向产业发展、政务服务、社会治理等领域全面渗透。数字化出行、数字健康、智能制造等新兴产业集群的有效培育，形成了以点带面、协同呼应的数字经济发展态势。

本书以北京为样本，全面分析北京数字经济赋能城市高质量发展的特点、规律，研判北京数字经济发展中面临的问题和挑战，总结北京数字经济发展的典型路径，刻画数字经济发展的城市样板，希望在为北京数字经济发展提出针对性建议的同时，为其他城市数字经济发展提供北京样本的参考和借鉴，为数字经济赋能我国城市高质量发展提供理论构建、实践总结和政策建议，助力我国数字经济发展和城市数字化转型，加快建设数字中国。

目录 Contents

第1篇　总报告

近年来，数字经济发展迅速，成为全球经济发展的重要引擎，不仅展现出强大的生命力，还成为全球战略竞争高地。北京把握数字时代发展趋势，抢抓数字经济发展机遇，立足新发展阶段、贯彻新发展理念、构建新发展格局，积极构筑新发展优势，强力部署实施数字经济发展战略。本报告总结近年来北京数字经济发展的成效与特点，分析北京数字经济发展的问题和面临的挑战，提出北京数字经济发展的对策和建议，并对北京数字经济发展前景做出展望。

第1章　北京数字经济发展概览

近年来，全球数字经济迅猛发展，数字技术和数据信息与传统生产要素相结合，不断催生出新业态、新模式，成为经济发展的新引擎，不仅展现出了强大的生命力，还成为全球战略竞争高地。党的十八大以来，以习近平同志为核心的党中央高度重视网络安全和信息化发展，加强顶层设计、总体布局，做出建设数字中国的战略决策。我国把握机遇、直面挑战，在数字经济领域也实现了飞速发展，数字经济规模跃居全球第 2 位。

北京市把握时代发展趋势，抢抓数字经济发展机遇，立足新发展阶段，贯彻新发展理念，构建新发展格局，积极构筑新发展优势，强力部署实施数字经济发展战略。早在“十三五”期间，北京就着力建设提升城市智能化、信息化水平，强化创新引领作用，构建“高精尖”产业结构，发展战略新兴产业，推动产业智能化水平提升，在大数据和云计算、5G、智能机器人、自动驾驶等领域率先布局，力求突破。2020 年，北京进一步明确数字经济发展的方向，构建了“1+3”的政策体系：以《北京市促进数字经济创新发展行动纲要（2020—2022 年）》为纲领性文件，着力构划未来 3 年数字经济创新发展的顶层设计，打造数字贸易试验区、建设数据跨境流动安全管理试点和设立北京国际大数据交易所，制定实施方案，探索数字经济发展的新路径和突破口，与纲领性文件形成点面结合、重点突破、牵引带动的良好局面。“十四五”期间，北京积极探索构建新发展格局，确立建设全球数字经济标杆城市的具体目标，提出“五子联动”的整体发展方案，强调要将数字经济发展与国际科创中心建设、“两区”建设、供给侧结构性改革和京津冀协同发展有机结合，以建设全球数字经济标杆城市为契机，使数字产业化和产业数字化同步深入。北京市先后出台了《关于加快培育壮大新业态新模式促进北京经济高质量发展的若干意见》《北京市关于加快建设全球数字经济标杆城市的实施方案》《北京市“十四五”时期高精尖产业发展规划》等一系列规划政策，针对数字经济的具体业态和拓展应用形成指导。2022 年 5 月，北京市发布《北京市数字经济全产业链开放发展行动方案》，明确提出要提高数字技术供给能力，构建数字技术创新生态，加大数据开放共享的力度，以进一步释放数据要素全产业链的价值、加快激发数字经济活力。

在政策驱动下，北京市依托坚实的经济基础和强大的创新力量，伴随着数字化基础设施和应用场景的建设布局以及对相关规则的不断探索，使数字化转型的软硬件环境逐步完善，大数据、物联网、云计算等数字技术加速向产业发展、政务服务和社会治理等领域全面渗透，数字经济已成为北京经济发展的重要引擎。虽然目前对于数字经济的内涵和测算方法仍处在讨论阶段，不同机构提供的测算数字和城市指数排名有所不同，但综合各种数据来源与评估结果，北京数字经济发展在全国城市中稳居前 3 位，在省级行政规划中也居于前列。中国网络空间研究院 2021 年的报告显示，北京在互联网发展综合排名中居全国各省市第 1 位，在数字经济指数、互联网应用指数和网络安全指数 3 个分项上居于首位。① 在国家工业信息安全发展研究中心编制的《全国数字经济发展指数（2021）》报告中，综合考虑数字产业化、产业数字化和数字化治理三方面表现，北京以总指数 200.5 排名第 2 位，仅次于广东省的 201.9。

北京大数据研究院发布的《2021 中国数字经济产业发展指数报告》显示，北京以 0.956 的总指数在城市总排名中居第 1 位，与上海、杭州、深圳和广州同属第一梯队，在政策与环境、产业化规模、头部企业数量和产业创新能力等各个维度上都处于全国领先地位，是数字经济产业化的“领头羊”。根据财新智库 2022 年 5 月发布的数字经济综合指数测算，北京市在我国省级行政规划中位列第 2 名，其中数字产业指数和数字基础指数也均排名第 2 位，仅次于广东省。腾讯发布的数字化转型指数也类似，从省级行政规划排名来看，2021 年北京数字化转型排名第 3 位，仅次于广东和上海，而从城市数字化进程排名来看，上海和北京分列第 1、第 2 位。根据北京工商大学数字经济研究院测算，北京数字经济创新发展近 3 年呈现高位加速上升趋势，在与国内具有代表性的创新领先城市深圳、上海、杭州、广州和成都的横向对比中，北京的数字经济创新发展综合指数位列 6 个城市之首，指数增长速度也位居第 1 名，在数字基础、数据要素、数字创新、数字产业、数字开放 5 个分项上的平均指数表现也都最佳。

从各项评估来看，北京市前期数字经济发展成效显著，实际规模与广东等数字经济强省相比，差距也不大，数字经济在 GDP 中的占比更是领跑全

① 中国网络空间研究院 . 中国互联网发展报告 2021［M］. 北京：中国工信出版集团，2021.

国。总体而言，北京数字经济规模可观，对实体经济发展的拉动作用已经形成，结构进一步优化，产业间协同发展态势日益凸显。2021 年，北京市实现数字经济增加值 16251.9 亿元，较上年增长 13.1%，占全市 GDP 比重达 40.4%，较上年提高 0.4 个百分点。①

1.1 北京数字经济发展的特点与成效

从既有数据和披露的各项评估排名来看，北京市数字经济发展无疑已取得积极成效，北京市朝着建设全球数字经济标杆城市的战略安排迈出了坚实的一步。北京市数字经济发展依托于前期基础设施建设和人才储备，具有较强的先发优势，在 5G、区块链、人工智能等领域形成了较为明显的突破。由于存在首都优势，一些数字型的头部企业在北京扎根，北京市也在不断推进创新平台和产业园区建设，已经形成了一定的产业集聚态势；同时，依托北京市副中心、数字贸易区、服务开放示范区、冬奥会等重点建设项目，北京市形成了众多数字技术落地的应用场景，并持续推进数字经济在政务服务方面的应用，数字治理能力进一步提升。随着北京市大数据交易所等项目的推进，北京积极探索数据资产化，以开放合作的姿态主动参与全球竞争。

1.1.1 新基建超前布局加快建设，数字基础设施全国领先

数字经济发展需要坚实的数字基础设施，数字基础设施的建设对于提高城市科技创新活力、经济发展质量、公共服务水平、社会治理能力具有重要支撑作用。北京在数字基础设施方面的多项统计中位居全国领先水平。在互联网应用和 5G 通信设施覆盖方面，2019 年北京市互联网数据中心（IDC）市场规模为 225.0 亿元，占全国 IDC 市场总规模的比重为 14.40%，排名全国第 1 位。②2020 年北京市每百家企业拥有网站数为 58 个，每百人使用计算机台数为 77 台，每万人拥有 5G 基站数为 16.90 个，都居全国首位。③ 在新兴的大数据中心建设和云计算能力方面，根据阿里云披露的量化描述中国云上创新创业进程的云栖总指数，2020 年北京市云栖总指数为 94.06，排名全国第 1 位。具体来看，北京市在云服务投资指数（100.00）、云计算力指数（93.18）和云

① 北京市统计局，国家统计局北京调查总队 . 北京市 2021 年国民经济和社会发展统计公报［R/OL］.［2022-03-01］.http：//tjj.beijing.gov.cn/bwtt_31461/202203/t20220301_2618685.html.

② 数据根据中国产业信息网中智研咨询整理。

③ 数据根据各省份 2021 年统计年鉴、中国产业信息网中智研咨询整理。

储存指数（100.00）上均居全国首位，只在云普及指数（86.19）和云活跃指数（90.91）上排名第 2 位，但和排名第 1 位的广东省差距并不大。

经历了"十三五"时期信息通信行业的长足发展，北京市不仅在传统数字基础设施上稳步推进，实现了重点区域的 5G 全覆盖和光纤网络的城乡覆盖，在新基建方面也加紧布局，通过 IPv6 网络优化、5G 重点场景建设、数据中心规模化部署和工业互联网深入发展，进一步提升了用户满意度、行业管理水平和信息安全保障能力，并经受住了新冠疫情防控的巨大考验，为及时复工复产提供了重要支撑，拉动了北京市数字经济增长。在"十四五"期间，北京继续加大数字基础设施的投入力度。2020 年 6 月，北京市出台《北京市加快新型基础设施建设行动方案（2020—2022 年）》，力图进一步构筑北京的新基建优势，提升北京市科技创新活力。根据北京市统计局披露的数据，2021 年，北京在建数字新基建项目 282 个，完成投资 745.1 亿元，占全市投资的比重为 9.1%；5G 基站数量达到 5.2 万个，自 2019 年以来年均增长 74.9%，万人基站数量全国第 1 名，实现了五环内连续覆盖。

1.1.2　数字经济核心产业发展稳步推进，数字经济头部企业表现突出

从过去的各项评估来看，北京数字产业化排名一直靠前，也一直保持数字经济核心产业优势，增长态势良好。2021 年，北京市数字经济核心产业实现增加值 8918.1 亿元，同比增长 16.4%，占全市 GDP 比重达 22.1%。其中，软件和信息服务业营收达 2.2 万亿元，占全国比重达到 25.7%；计算机、通信和其他电子设备制造业增长 19.6%；工业机器人、集成电路、智能手机产量比上年分别增长 56.0%、21.7% 和 17.1%。①

同时，北京在数字经济头部企业数量和质量上都极具优势。北京作为全球十大科技创新中心之一，国家高新技术企业达到 2.9 万家，其中"独角兽"企业 93 家，② 数量占全国一半、居世界城市首位。在 2021 年度中国软件和信息技术服务综合竞争力百强、中国互联网综合实力前百家企业、中国区块链百强企业名录、中国大数据企业 50 强、2022 数字经济 100 强等企业榜单中，北京市入选企业数量均居全国首位。在国家级高新区横向对比中，中关村园区在高新技术企业数量、技术收入、中高端科技人才、研发投入等各项指标

① 北京经济与信息化局 .2021 年北京经济平稳恢复高质量发展取得新成效［R/OL］.［2022-02-15］.http：//jxj.beijing.gov.cn/jxsj/jjyx/202202/t20220215_2610366.html.

② 新京报.《北京市政府工作报告》全文发布［N/OL］.［2021-01-23］.https：//view.inews.qq.com/a/20220113A017SD00.

上均居全国第 1 位。

1.1.3 产业数字化向纵深发展，数字赋能成效初显

依托良好的数字化基础，北京市一直探索数字赋能产业，不断扩展数字赋能领域，提升数字赋能精准度，使产业数字化向纵深发展。2021 年，北京数字化效率提升业增加值达到 7333.8 亿元，同比增长 9.3%。[①] 在农业方面，北京坚持“大城市带动大京郊、大京郊服务大城市”战略，数字赋能“智慧育种”“智慧生产”，农产品电子化交易活跃。在工业方面，北京的工业互联网建设表现上佳，截至 2021 年接入企业突破 18000 家[②]，传统制造业企业数字化转型加速，规模以上工业企业生产设备数字化率超过 54%，关键工序数控化率超过 53%，在互联网周刊盘点的 2021 年大型企业数字化转型 Top 50 中，北京的企业超过了半数。在服务业方面，北京互联网和相关服务行业营收逐年上升，金融科技指数排名居全球前 2 位，金融行业数字化融合表现居于全国领先水平。2021 年，腾讯研究院统计的各省份赋智量排名中北京也居第 1 位，文旅、广电、零售等传统产业在疫情冲击下也加快了人工智能部署步伐。

1.1.4 数字治理协同推进，治理体系和治理能力现代化显著提升

随着“四个中心”城市定位的提出，北京城市发展进入了新的阶段，首都功能的强化也催生了丰富的数字化实际应用场景。近年来，京津冀国家大数据综合试验区、“两区建设”、国际数字经济博览会、城市副中心建设和冬奥会等项目的推进，也给数字技术和数据资源赋能提供了天然的试验田。北京市在城市治理方面积极探索数字化应用，推进公共服务系统入云，城市管理智能化、市场监管智慧化、智慧交通一体化和城市规划可持续水平进一步提升，北京在数字化治理方面效能倍增，助推首都治理体系不断完善、治理能力现代化水平加速提升。

2018 年，北京发布《北京市推进政务服务“一网通办”工作实施方案》，较早开始了数字政府的尝试。2020 年发布的《北京市加快新场景建设培育数字经济新生态行动方案》也提出，要根据城市特点为市场主体提供应用场

---

① 北京市统计局. 北京全面加快建设全球数字经济标杆城市［R/OL］.［2022-04-10］.http：//www.beijing.gov.cn/gongkai/shuju/sjjd/202204/t20220410_2670717.html.

② 工联网. 工业互联网系列访谈|着眼北京，看工业互联网标识解析体系的硕果［EB/OL］.［2021-12-14］.http：//www.iitime.com.cn/html/10184/242587.htm.

景，尤其强调在政务服务方面的“数据共享，业务协同”。在政策指导下，北京利用多项数字技术推进政务服务领域的应用推广和效率提升，在西城、朝阳、海淀和顺义四区进行区块链应用创新试点，在市政务服务局采用人工智能技术激发效能，不仅要推进实现政务“一网通办”，切实提升群众政务服务的满意度，同时还关注数据安全管理和隐私保护，完善线上监管流程。2021年，北京大数据平台汇聚政务数据 347 亿条、社会数据 1264 亿条，支撑疫情防控、复工复产等 181 个应用场景，市、区两级政务服务事项全程网办率分别为 91.9% 和 83.3%，大大提升了城市治理效率。市民一人一码的个人健康记录覆盖率达 100%，北京健康宝累计为超 1 亿人提供 130 余亿次健康状态查询服务。

1.1.5　数据交易大胆开拓，数据资产化加速落地

数据资源作为数字经济时代最重要的生产要素，其潜在的应用前景广阔，而数据交易和资产化尝试却仍处在初级阶段。北京在推进数据中心统筹发展的同时，孵化数据相关产业，打造数据资产化、市场化和产业化，探索数据交易规则、技术实现路径和商业模式。2021 年，北京国际大数据交易所正式组建，这是北京市建设全球数字经济标杆城市的重要举措之一，也是进一步贯彻北京两区建设的标杆性项目。目前，北京国际大数据交易所已与多行业代表企业达成合作，引入数据产品 1000 项，数据交易调用量超过 1300 太字节。[①]另外，北京还成立了全国首个国际数据交易联盟。除了大数据交易所的建设外，北京也在积极配置超大规模数据平台、算力平台和融合交换处理计算平台等新型数字基础设施，落实参与国际数据资源集散的技术条件。

2022 年 5 月，北京经济与信息化局发布《北京市数字经济全产业链开放发展行动方案》，进一步提出，要通过改革措施让数据活起来、转起来、用起来，并把数据管起来，努力打造数据驱动的数字经济全产业链发展高地。该方案强调，要依托北京国际大数据交易所的平台进行更多开创性尝试，在数据交易权属、定价、交易方式等方面积极开拓，建设数据要素市场体系，有效释放数据资源的巨大潜力。大数据交易所的组建和运营，将助力北京实现国际数据要素配置枢纽高地的目标，进一步提升北京数字经济的发展引擎作用和应用服务能力。

---

① 北京市经济与信息化局.专访北京市经济和信息化局局长：推动全球数字经济标杆城市建设取得新突破［R/OL］.［2022-06-30］.http：//jxj.beijing.gov.cn/jxdt/gzdt/202206/t20220630_2755872.html.

1.2 北京数字经济发展存在的问题

2021 年，北京市数字经济占全市 GDP 比重达到 40.4%，贡献率居全国第 1 位，在全国数字经济发展中已经形成了引领带动作用。但是，从细分指标来看，北京虽然在数字经济发展的各个维度都达到了全国领先水平，但在某些方面与全国最高水平仍存在差距。比如，在新华三集团发布的城市数字经济发展的最新排名中，北京已从上年的第 3 名跃升至第 1 名[①]，但是在数字社会和数字政府的多个细分指标中并未达到最高水平。通过与其他数字经济发展强省（市）的数据进行对比，不难发现，北京现阶段数字经济发展虽然优势突出，但也存在着一些值得关注的问题。

1.2.1 数据开放共享质量有待改善

北京在 2016 年底就开通了北京市政务数据资源网，作为全市公共数据对外开放的统一平台，这在全国公共数据开放平台建设中起步较早。2022 年 3 月，北京市政务数据资源网更名为“北京市公共数据开放平台”，由北京市大数据中心进行日常维护。目前，北京市公共数据开放平台上已经归集了来自 115 个单位的开放数据，数据集达到 14360 个，共享数据规模可观。但根据复旦大学发布的评估地方政府数据开放水平的开放数林指数，北京在 2021 年的各城市综合指数排名中排在第 34 位，2018—2021 年累计得分也仅排名第 10 位。[②] 在四个细分方向上，北京的平台层和数据层得分较低，反映出北京市公共数据平台在实际使用时数据获取、互动反馈、用户体验和数据质量与规范性等方面还有较大的提升空间。从北京经济与信息化局填报的北京市公共数据开放平台 2021 年政府网站年度工作报表中也可以看出，2021 年度北京市公共数据开放平台留言办理、征集办理和在线访谈情况都为零，互动反馈严重不足。从平台实际体验情况来看，北京市公共数据平台虽然开放数据量高达 71.86 亿条，但是数据质量良莠不齐，数据说明不充分、数据更新不及时、核心数据共享程度低等问题普遍存在，使得共享数据的实用性不足，与实际需求之间的匹配程度不高。随着北京全球数字经济标杆城市建设的推进，只有提升数据开放共享质量，才能真正实现数字赋能城市与生活。

---

① 新华三集团 · 数字中国研究院 . 城市数字化发展指数（2022）：城市篇［R］.2022.

② 复旦大学数字与移动治理实验室 . 中国地方政府数据开放报告：城市（2021 年度）［R］.2022.

1.2.2　产业融合效能有待进一步提升

根据财新智库 2021 年 3 月发布的数字经济综合指数测算，北京市融合指数在各省份排名中仅列第 14 位，到 2022 年 5 月，虽然这一指数上升明显，但也只列第 7 位。相对于北京数字经济的总体规模和数字经济核心产业的强大优势，北京数字经济的产业融合效能仍有较大的提升空间。

根据信通院的测算，2020 年，我国产业数字化规模达 31.7 万亿元，占 GDP 的比重为 31.2%，相比 7.5 万亿元的数字产业规模而言，通过数字化转型推进产业融合大有可为。① 北京的产业结构特殊，2021 年北京农业占比仅为 0.3%，第二产业占比仅为 18%，第三产业占比则高达 81.7%。基于这样的产业结构，北京的数字化转型在不同行业的表现有较大差异。具体来看，北京服务业数字化转型起步早，数字化渗透率高，尤其在金融、文化等领域应用成效突出，但应用层面创新速度放缓后，后续融合发展存在一定的瓶颈；北京农业本身占比极低，乡村分布较为分散，规模优势不足，在转型过程中虽然有所突破，但总体而言农村生产经营与乡村治理的信息化程度相对较低，风险抵御能力较差，数字赋能还需要进一步探索；而在制造业领域，北京头部企业虽表现亮眼，但对行业整体的拉动作用还有待后续进一步体现。后续随着北京标杆工程的打造和标杆企业的培育，有望通过重点领域的突破和全产业链孵化培育功能的强化，增强融合的溢出效应。

1.2.3　区域协同效应尚未充分显现

相较于长三角和珠三角，北京虽然在数字经济发展领域表现突出，但对周边的辐射和拉动作用在现阶段还没有得到充分发挥，无论是在省级的发展排名还是在各城市的发展排序中，京津冀地区都只有北京出现在上位圈，数字经济领域的区域发展不平衡进一步凸显。虽然在北京市减量发展的过程中，部分企业向外迁移，河北和天津都是外迁企业的重要迁出落户地，但最终并未给河北和天津注入太多发展活力。根据《京津冀蓝皮书：京津冀发展报告（2022）：数字经济助推区域协同发展》② 中披露的数据，2020 年，在京津冀、长三角、珠三角三大城市群中，京津冀城市群的数字服务业在营企业注册资本总量最大，共计 23779.62 亿元，高于长三角城市群的 19957.03 亿

---

① 余晓晖.产业数字化是数字经济的主战场［N/OL］.光明日报,［2022-07-07］.https：//m.gmw.cn/baijia/2022-07/22/35902999.html.

② 叶堂林，李国梁.京津冀发展报告（2022）——数字经济助推区域协同发展［M］.北京：社会科学文献出版社，2022.

元和珠三角城市群的5406.81亿元，优势明显。但看城市细分数据，北京“一枝独秀”，注册资本量达到了19143.18亿元，京津冀地区居第2位的城市天津市仅有1489.02亿元，第3位的石家庄市则是1052.7亿元，与国内其他区域重点城市相比，如杭州市8558.79亿元、深圳市2948.37亿元、上海市2753.5亿元，不难看出，京津冀地区目前还是以北京作为发展单核，虽然天津被称为“副核心”，但在数字经济发展方面并没有形成足够的规模。在以开放合作为重要特征的数字经济发展时代，京津冀在数字经济方面的协同潜力还有待进一步挖掘。

1.2.4 数字人才政策和环境有待优化

北京作为全国文化和科技创新中心，高校和科研院所众多，高层次创新人才资源集聚，浓厚的学术科研环境、庞大的研发人员团队和充足的研发资源投入，为北京发展数字经济提供了充足的智力保障和创新支撑。但是，在数字经济发展过程中，北京的人才流失问题也不容忽视。清华大学经济管理学院互联网发展与治理研究中心（CIDG）和LinkedIn（领英）中国的研究显示[①]，北京在国内数字人才分布最多的十大城市中排名第2位，次于上海。从人才吸引力的角度来看，上海和深圳表现为人才净流入，而北京近4年一直表现为人才净流出。《中国科学基金杂志》统计的全国杰出人才流动数据也同样显示，2020年北京市杰出人才净流出29人，同期广东、上海、浙江和江苏都呈现净流入态势。这种现象产生的原因可能是多元的，一方面北京作为超大城市，客观上存在交通拥堵、环境污染等“大城市病”问题，现阶段难以得到根治。北京人才发展战略研究院发布的《全球城市人才黏性指数报告（2021）》显示，在形成城市人才黏性的多个维度中，北京创新潜能驱动力极强，但在生态健康吸纳力和公共生活承受力上排名靠后，这在一定程度上影响了数字化人才在北京长久留存。另一方面，北京的人才吸引政策力度相比较其他城市也存在不足，虽然北京市和各区都出台了人才优惠政策，以吸引国内外数字人才，但从实际执行情况来看，仍存在优惠政策门槛较高、竞争较为激烈、审核周期较长等问题，而对于未达到特定要求的数字人才而言，北京虽然从2018年开启积分落户政策，但每年通过的数量较少，一定程度上影响了北京对于数字人才的吸引力。

---

① 清华大学经济管理学院互联网发展与治理研究中心（CIDG）和LinkedIn（领英）中国.数字经济时代的创新城市和城市群发展研究报告［R］.2019.

从结构上看，北京市虽然人才聚集，但其中数字人才的占比不到 20%，且更多分布于 ICT 基础行业（占到 52.7%）。从北京市未来进一步提升产业数字化的发展需求来看，ICT 融合行业中数字人才仍短缺，未来人才结构和配置需要进一步优化，复合型人才的吸引和留存将是北京未来数字经济发展始终需要关注的问题。

1.3　北京数字经济发展面临的挑战

进入数字时代，发展数字经济成为顺应时代的必然之举，而数字技术高速迭代的特性也使得数字领域的竞争瞬息万变。北京目前虽然数字经济发展势头良好，在绝大多数维度成为全国数字经济发展的“领头羊”，但竞争压力不减；放眼国际，北京在诸多领域仍然有极大的赶超空间。

1.3.1　数字经济国内区域竞争激烈

在“十三五”规划后，推进数字经济发展成为全国的共识，各省份都加快了数字经济及其相关产业的推进步伐。根据《2020 中国数字经济发展指数白皮书》的概括，我国各地数字经济发展可分为起步、发展、追赶、新秀以及引领五个阶段。其中，西藏和青海尚属起步阶段，山东、河南、湖北、四川和福建五省进入新秀阶段，上海、浙江、江苏、北京和广东 5 个省份处于引领阶段，其他 19 个省份则分别处于发展和追赶阶段。同时，我国数字经济发展已经形成了突出的区域聚集特征，京津冀、长三角、珠三角成为我国数字经济发展的三大核心区域，这些区域的经济和产业基础优势明显，能够为数字经济的发展提供丰富的资金和人才，为数字经济与实体经济的融合提供广阔的发展空间。但是，随着数字经济进入高速发展时期，各省份进一步加大对数字经济全链条发展的重视与投入力度，区域之间竞争日趋激烈。从具体策略上看，同属引领阶段的 5 个省份中，上海、浙江、江苏和广东都试图利用区域发展优势，进一步扩大相关进出口贸易范围，大力发展数字产业集群。北京虽也处于数字经济发展三大核心区域之一的京津冀地区，但相较于长三角和珠三角，北京目前所能获得的区域助力和协同效能相对较少，数字经济发展面临着严峻的外部威胁。

1. 长三角地区区域优势明显

长三角作为我国经济最发达、产业创新能力最活跃的地区之一，数字经济发展水平在全国处于领先位置。新华三集团和中国信息通信研究院（简称中国信通院）联合发布的统计数据显示（见表1-1）①，在城市级的比较中，2020 年上海市数字经济规模和基于多维度的数字经济指数均排名全国第 1 位，北京市规模居于第 2 位，在数字经济指数上也落后于上海市。虽然北京市在 2021 年实现了指数的反转，但差距并不大。

表 1-1 2020 年部分代表性城市数字经济规模和指数情况

城市	数字经济规模 / 亿元	数字经济指数
上海	20590	91.6
北京	19468	90.5
深圳	14658	91.2
广州	13084	88.6
杭州	8429	90.0
南京	7337	80.6

2021 年《中国统计年鉴》中的统计数据显示，2020 年上海市每平方千米互联网宽带接入端口 3685.71 个，每平方千米固定互联网宽带接入户数为 1458.73 户，每平方千米移动互联网接入流量为 49.13 万千兆字节，均在 5 个省份中排名第 1 位（见表 1-2）。而北京市这 3 项指标分别为 1240.54 个、444.82 户和 22.80 万千兆字节，均在 5 个省份中排名第 2 位。

表 1-2 2020 年部分省份互联网指标情况

省份	每平方千米互联网宽带接入端口 / 个	每平方千米固定互联网宽带接入户数 / 户	每平方千米移动互联网接入流量 / 千兆字节
北京	1240.54	444.82	227992.50
上海	3685.71	1458.73	491346.19
广东	480.73	216.11	102252.73
浙江	591.32	288.12	99123.34
江苏	704.18	366.16	106278.76

① 新华三集团 · 数字经济研究院，中国信通院 . 中国城市数字经济指数蓝皮书（2021）[R] .2021.

2. 珠三角地区企业数字化转型遥遥领先

随着数字经济的发展，各地都开始推进数字基础设施建设，推动数字经济和实体经济深度融合、数字产业化发展和产业数字化转型，多个省份也已经在数字经济方面形成了自身特色，增强了数字经济的竞争优势，这对于北京也形成了一定的竞争威胁。中国信通院 2021 年发布的《中国数字经济发展白皮书（2020）》中的统计数据显示，从数字产业化和产业数字化的拆分来看，2020 年广东省数字产业化增加值超过 1.5 万亿元，产业数字化增加值超过 3.5 万亿元，均排名全国第 1 位（见表 1–3）。2020 年北京市数字产业化增加值和产业数字化增加值均超过 1.0 万亿元，数字产业化增加值全国排名第 3 位，产业数字化增加值全国排名第 5 位，和广东省相比有较大差距。

表 1–3　2020 年部分省份数字经济指标全国排名

省份	数字产业化增加值排名	产业数字化增加值排名
北京	3	5
上海	5	4
广东	1	1
浙江	4	3
江苏	2	2

2021 年《中国统计年鉴》中的统计数据显示，2020 年广东省邮政业务总量为 5807.81 亿元，电信业务总量为 12046.36 亿元，有电子商务交易活动的企业有 16936 个，均在 5 个省份中排名第 1 位（见表 1–4）。2020 年北京市邮政业务总量为 480.24 亿元，电信业务总量为 3247.63 亿元，有电子商务交易活动的企业有 8877 个，和广东省相比均有很大的差距。

表 1–4　2020 年部分省份产业规模有关情况

省份	邮政业务总量 / 亿元	电信业务总量 / 亿元	有电子商务交易活动的企业数量 / 个
北京	480.24	3247.63	8877
上海	848.14	2824.19	5434
广东	5807.81	12046.36	16936
浙江	4310.94	8309.99	12563
江苏	1699.51	9188.72	12511

1.3.2 数字经济国际竞争力差距明显

《全球数字经济竞争力发展报告（2020）》中的统计数据显示，2020 年北京总得分为 57.38 分，在全球 30 个主要城市中排名第 8 位。其中，2020 年北京市经济与基础设施竞争力得分为 62.93 分，在全球 30 个主要城市中排名第 3 位，新加坡排名第 1 位，得分为 82.17 分（见表 1–5）。2020 年北京市数字创新竞争力得分为 60.98 分，排名第 9 位，纽约排名第 1 位，得分为 87.35 分。2020 年北京市数字人才竞争力得分为 48.22 分，排名第 23 位，波士顿排名第 1 位，得分为 93.57 分。

表 1–5 2020 年全球部分城市数字经济竞争力总体排名情况

城市	总得分	排名	经济与基础设施竞争力得分	排名	数字创新竞争力得分	排名	数字人才竞争力得分	排名
纽约	74.88	1	69.40	2	87.35	1	67.90	6
波士顿	70.98	2	48.36	9	70.99	5	93.57	1
伦敦	65.52	3	54.75	5	73.62	3	68.20	5
新加坡	63.96	4	82.17	1	56.21	12	53.51	19
东京	63.83	5	49.83	8	86.53	2	55.12	18
旧金山	63.55	6	58.99	4	64.08	6	67.58	7
洛杉矶	59.40	7	43.44	14	71.56	4	63.21	10
北京	57.38	8	62.93	3	60.98	9	48.22	23
上海	52.34	12	52.90	5	55.33	13	48.78	22

目前，我国数字经济领域的核心关键技术受到国外限制，面临着很严重的“卡脖子”问题。在基础技术方面，储存技术、大数据基础算法技术等均被国外垄断，虽然北京市目前基础算法等数字底层技术全国领先，但与国际顶尖城市相比差距明显，计算、推算、计数（G06）等高价值专利占比仅为 2%，明显低于纽约的 27.4%、东京的 8.5%。在基础元器件方面，5G 产业主要依赖射频芯片、光通信芯片、中高频射频器件等先进元器件的进口。在基础软件的操作系统领域，PC 操作系统被微软的 Windows 垄断，数据库操作系统被甲骨文、IBM、微软、SAP 四家公司垄断。在基础工艺方面，德国和日本在镜片和光刻等精细生产工艺和产品上具有优势。我国和世界上发达国家

相比，在整体水平上还有差距，面临着严峻的竞争压力。

1.4　建议与展望

1.4.1　把握时代发展机遇，确立全球发展坐标

2021年8月，中共北京市委办公厅、北京市人民政府办公厅发布了《北京市关于加快建设全球数字经济标杆城市的实施方案》，确立北京将通过5~10年的接续努力，打造引领全球数字经济发展的“六个高地”，将北京由全国领先推向国际标杆。全球数字经济标杆城市建设是北京顺应数字时代来临大趋势、为响应我国“十四五”规划总体部署的战略安排提出的将数字经济与城市发展全面融合、探寻新发展路径的有益尝试。在“十四五”规划期间，北京将致力于全方位打造全球领先的数字经济新体系，在关键性领域率先实施一批标杆工程，培育壮大数字经济标杆企业，这也将成为北京未来数字经济发展的重要指导与重点方向。

北京围绕“四个中心”建设，正在探索一条科技驱动、减量发展的路径，而数字经济以其高成长性、广覆盖性等特点，成为不二选择。现阶段，北京通过“五子联动”的顶层设计，让重要任务之间有效呼应，形成了“一盘棋”的发展态势，也为集中利用资源和政策优势，全力推进经济数字化发展和城市数智化升级提供了充分的可能性。无论是从国际大势、全国规划，还是从首都实际来看，现阶段北京发展数字经济迎来了前所未有的重要机遇，进一步发挥北京的优势，推动数字经济的全面发展，尤其是推进数字经济赋能成效的提升和城市治理应用，适逢其时。从发展方向来看，北京放大发展坐标，树立全球视野，瞄准国际前沿，对标世界领先标准，确立建设全球数字经济标杆城市的远景目标，顺应数字时代高度对外开放和全球要素流动的内在要求。北京作为首都，是我国数字经济发展当之无愧的领跑者，也是数字对外开放合作的重要窗口，更应该目光长远，把握国际动向，对标国际前沿，补短板、锻长板，参与国际竞争，提升国际影响力。

1.4.2　充分发挥场景优势，推进产业融合发展

北京过往数字经济的发展在很大程度上得益于丰富的数字化应用场景，这与北京的首都地位密不可分，是北京的特有优势所在，而随着北京“四个中心”建设的推进，这一优势还将进一步放大。北京也是具有代表性的超大

城市，庞大的人口规模和局部高密度的城市居住特点，也为数字化的应用提供了具有代表性的城市治理应用场景。因此，进一步挖掘场景优势潜能，提升数字技术的应用效能，也应是北京利用自身优势推进数字技术应用推广的重要方向。

与此同时，在北京前期发展中，数字核心产业发展优势更明显，数字赋能水平还有待提升，在各项排名中，产业融合一直是北京的相对劣势。数字核心产业发展固然是产业数字化的坚实基础，但随着数字经济的深入发展，通过挖掘和激活应用端的有效需求也有利于刺激供给端的创新发展。北京在需求端的优势目前还没有得到最大化的呈现，在后续发展中应该加以应用，尤其是鼓励多方参与，扩大应用覆盖的时空范围，利用数字技术改造传统产业，利用数据资源有效赋能产业的转型升级，推动一大批企业实现数字化转型，尤其要在关键技术领域形成更多突破，降低外部依赖，更大限度地激发产业融合能效，提升数字经济发展的质量，推动数字经济发展的城市应用方案的优化。

1.4.3 提升城市孵化效率，培育特色新兴产业

城市从其诞生之初，就通过生产要素的集聚形成了规模效应，成为经济发展和创新创业的主要策源地。在自身规模、资源禀赋和社会环境等方面差异的影响下，城市形成了不同的特色和优势产业，呈现不同的发展特点。北京经济基础坚实，数字经济核心产业发展已经形成一定规模，在工业互联网、人工智能、区块链和智能网联交通等方面独具优势；加上作为首都的独特吸引力，不仅有头部数字企业集聚，也形成了一批极具潜力的中小企业，表现出了强大的企业培育能力和产业孵化能力。因此，北京作为科技创新城市的强大孵化能力应该成为数字经济发展的重要抓手，通过数字化出行、数字健康、智能制造等新兴产业集群的有效培育，形成以点带面、协同呼应的发展态势。比如，中关村科技园是传统技术研发类高新产业孵化的代表，经开区的自动驾驶示范区则为智能网联交通产业链提供了充分的基础设施保障和优惠的政策支持。在未来发展中，北京需要依托数字技术应用的巨大潜能和丰富场景，通过统筹保障，完善城市孵化生态，提供更全面细致的全链条服务，提升孵化效率，将城市打造成为一个功能完善的“超级孵化器”。

1.4.4 推进数据资产化尝试，释放数据要素价值

虽然数据作为新的生产要素被广泛关注的时间并不长，但其潜在的规模

与应用前景已经大大超越了人们的想象，数据要素的重要性不言而喻，然而全球对于数据资源“生成—汇聚—交易—消费—应用”全链条的认识、理解与实践都尚在初级阶段。依托本身超大城市的规模和首都的特殊定位，北京在数据要素资源上的优势显而易见，高效的算力平台建设和良好的数字网络平台与企业基础，也将为北京激活这些资产提供有效支撑。虽然现阶段北京在政府服务等方面已经开始进行数据资源的应用推广，北京国际大数据交易所的开办也标志着在数据资产化和市场化方面的新尝试，但与其潜能仍相去甚远，未来可供拓展的空间极大。随着城市数字原生基础设施的投放应用、“两区”建设的推进和京津冀发展协同性的提升，北京的数据生发和归集潜能将得以进一步发挥，如何盘活应用汇聚的超大规模的数据要素资产，将成为北京未来数字经济发展的重要课题。北京提出建设国际数据要素配置枢纽高地的目标，一方面要通过全球领先的超大规模数据平台、算力平台、融合交换处理计算平台和大数据交易所等的建设，完善北京参与国际数据资源集散的技术与市场条件；另一方面要通过孵化数据服务产业，完善数字贸易功能分区，打造数据资产产业链，吸引和培育数字经济标杆企业来强化北京在数据要素资源配置中的中心地位，利用比较优势形成数据资源收益的最大化。

专栏一　《北京市建设全球数字经济标杆城市感知度调查问卷（居民版）》分析

为更好地了解北京市居民对于城市数字经济发展和城市数字智能水平现状的感知与态度，课题组设计并发放了《北京市建设全球数字经济标杆城市感知度调查问卷（居民版）》，共计回收有效问卷 105 份。问卷共计 33 个问题，其中设计了一些逻辑跳转问题，除了第 5 题是对调查者基本信息的捕捉外，其余问题都是关于北京市数字经济发展与城市数字治理水平的，从政策、应用、对未来展望等方面了解居民的真实感受。

本次问卷的填写样本中接近 3/4 是研究生及以上的高学历人群，年龄主要分布在 16~25 岁（41.9%）与 26~40 岁（44.76%），主要职业为政府和事业单位工作人员、企业员工与学生。在智能手机使用和支付行为选择方面，100% 的受访样本都表示使用移动支付，其中 91% 的样本表示移动支付占到了日常生活中支付行为的 90% 以上；智能手机的使用比率也基本达到了 100%，有近 30% 的样本已经开始使用 5G 资费套餐。在金融数字化方面，手机银行等金融客户端的使用比率也达到了92%，其中大多数的受访者表示手机银行等的使用可以极大地节省时间成本和避免网点的营业时间限制，也有40%的手机银行使用者表示线上平台对接的非金融功能可以帮助提升效率；调查样本中仅有6人表示从未听说过数字人民币，了解数字人民币的调查样本中有近78%的人以各种各样的方式体验过数字人民币的相关应用。在日常出行方面，无论选择何种出行方式，大多数调查样本都体验着数字化的路况共享和便捷的非现金支付，在以公共交通作为主要出行方式的人群中，选择仍以现金方式购票的人数为0；有93.33%的样本体验过使用网约车平台预约车辆，几乎所有的使用者都给出了“便捷”的评价。在政务和医疗服务方面，网上预约挂号成为主流的挂号方式，有超过六成的人群体验过政府部门的线上服务，对于线上服务便捷性的满意程度也达到了80%以上。在对数字经济和北京推进全球数字经济标杆城市建设感知度方面，仅有2人表示对于数字经济的概念毫无了解，虽然有28%的受访者表示并不知道北京在推进全球数字经济标杆城市建设，但从北京数字经济发展的现状出发，受访者对于北京市在数字经济发展方面所取得的成果都表示基本满意，超过91%的受访者对于北京建设全球数字经济标杆城市持有乐观态度。

参考文献

［1］中国网络空间研究院．中国互联网发展报告2021［M］．北京：中国工信出版集团，2021.

［2］国家工业信息安全发展研究中心．全国数字经济发展指数（2021）［R］.2022.

［3］财新智库.2022年5月中国数字经济指数报告［R］.2022.

［4］腾讯研究院．数字化转型指数报告2021［R］.2021.

［5］北京市统计局，国家统计局北京调查总队．北京市2021年国民经济和社会发展统计公报［R/OL］.［2022-03-01］.http：//tjj.beijing.gov.cn/bwtt_31461/202203/t20220301_2618685.html.

［6］北京经济与信息化局.2021年北京经济平稳恢复高质量发展取得新成效［R/OL］.［2022-02-15］.http：//jxj.beijing.gov.cn/jxsj/jjyx/202202/

t20220215_2610366.html.
[7]《北京市政府工作报告》全文发布[N/OL].[2021-01-23].https://view.inews.qq.com/a/20220113A017SD00.
[8] 北京市统计局.北京全面加快建设全球数字经济标杆城市[R/OL].[2022-04-10].http://www.beijing.gov.cn/gongkai/shuju/sjjd/202204/t20220410_2670717.html.
[9] 工业互联网系列访谈|着眼北京，看工业互联网标识解析体系的硕果[EB/OL].[2021-12-14].http://www.iitime.com.cn/html/10184/242587.htm.
[10] 北京市经济与信息化局.专访北京市经济和信息化局局长：推动全球数字经济标杆城市建设取得新突破[R/OL].[2022-06-30]. http://jxj.beijing.gov.cn/jxdt/gzdt/202206/t20220630_2755872.html.
[11] 新华三集团·数字中国研究院.城市数字化发展指数（2022）：城市篇[R].2022.
[12] 余晓晖.产业数字化是数字经济的主战场[N/OL].光明日报，[2022-07-07].https://m.gmw.cn/baijia/2022-07/22/35902999.html.
[13] 清华大学经济管理学院互联网发展与治理研究中心（CIDG）和 LinkedIn（领英）中国.数字经济时代的创新城市和城市群发展研究报告[R].2019.
[14] 复旦大学数字与移动治理实验室.中国地方政府数据开放报告：城市（2021 年度）[R].2022.
[15] 叶堂林，李国梁.京津冀发展报告（2022）——数字经济助推区域协同发展[M].北京：社会科学文献出版社，2022.
[16] 新华三集团·数字经济研究院，中国信通院.中国城市数字经济指数蓝皮书（2021）[R].2021.

第2篇　理论篇

数字时代，数字经济发展面临很多新的理论问题。北京作为引领全国数字经济发展的“排头兵”，加大对数字经济的前沿理论研究力度尤为重要。数字经济统计分类和数据确权是数字经济理论研究的两大基础核心问题，本篇主要针对这两大问题展开研究，探讨数字经济统计分类、规模测算、数据确权、流通方面的理论和实践问题，在对国内外数字经济统计测算和数据确权进行理论梳理的基础上，对北京数字经济统计测算和数据确权状况进行分析，并给出相关建议与展望，旨在丰富、深化数字经济相关理论研究，更好地指导我国数字经济发展实践，推动北京数字经济理论研究和创新走向前沿、更好地发挥引领作用。

第2章 数字经济统计分类与规模测算

数字经济规模的统计测度是评价数字经济发展的重要基础性问题。数字经济已经成为引领科技革命和产业变革的核心力量，数字经济的发展得到了国内外各界高度的重视。数字经济增加值作为数字经济发展规模以及对整体经济贡献度的重要统计指标，是描述数字经济统计测算的重要方法（许宪春、张美慧，2022）。国际组织、多国官方统计机构和学术界对数字经济的统计分类和规模测度展开了一系列研究。然而，由于国内外缺乏统一的数字经济定义，因此在产业分类标准界定和测算方法方面仍未达成一致，数字经济增加值的评价结果差异明显，可比程度较低，未能真实地描述数字经济发展规模及其对整体经济的贡献，也未能对我国数字经济高质量发展的相关政策做出科学、有效的指引。本部分系统地梳理分析数字经济统计分类、数字经济增加值的测算方法，总结数字经济增加值测算面临的问题与争议。同时，通过梳理总结已有数字经济增加值测算的相关研究，从地区比较的角度，对北京市数字经济统计及其规模进行评价。

2.1 既有数字经济统计分类与规模测算

2.1.1 数字经济统计分类

数字经济核算和规模测算是数字经济发展中的基础问题，直接影响对数字经济发展的标准评价与比较。现有的对数字经济范围的界定，具有代表性和接受度较高的研究范式，主要见于经济合作与发展组织（OECD）及美国经济和统计管理局（ESA）的分类框架。在中国国家统计局发布官方分类《数字经济及其核心产业统计分类（2021）》之前，国内的研究也基本以 OECD 和 ESA 方案为依托。目前，国内外各机构的数字经济产业分类逻辑和其所包含的核心行业基本相同，包括驱动数字经济运行的数字基础设施行业，以及数字技术作为通用技术渗透到传统行业后衍生出的高度数字化行业，但数据口径、框架体系的差异会带来测算结果的显著差异。

2.1.1.1 数字经济分类框架的国际借鉴——OECD与BEA

OECD把“数字经济”设置为常态化议题，组建了一个“数字经济时代GDP测度问题”专家组，成员包括有关国家政府统计机构的专业人员、国际货币基金组织（IMF）和欧盟统计局等的国际组织专家。2018年，国际官方统计协会（IAOS）第16次会议上发布的研究成果——《测度数字经济的框架》，公布了数字经济的分类方案和卫星账户的构建方法。美国ESA经过多年的研究和积累，其下属的美国经济分析局（BEA）发布了《定义和测度数字经济》研究报告，公布了数字经济分类方案及2006—2016年美国的数字经济规模，并在2019年将测算周期拓展至1997—2017年。新西兰统计局和澳大利亚统计局也分别借鉴了这一分类方案和方法，测算本国的数字经济规模。目前，采用“窄口径”的视角对数字经济范围进行界定和分类，主要见于OECD和ESA的分类框架。

（1）OECD数字经济分类框架

2018年，OECD发布了《测度数字经济的框架》研究报告，构建了一个包括各类市场主体、产品、交易特征等多维度的数字经济框架，并基于此阐述了数字经济卫星账户的构建方法。具体表现如下：第一，以SNA为基础，突破创新生产边界。除了SNA框架中已经包含的数字经济部分，还纳入了数字经济带来的免费内容、非货币交易、住户参与的分享经济等新业态。第二，视“信息/数据”为新产品。为了反映数字经济的新特征，也为了给数据资产的概念打下基础，OECD主张将互联网企业收集的数据信息作为一种独立的产品进行统计。第三，以交易特征为视角对数字经济活动进行界定，由此确定了分类数字经济“窄口径”标准。OECD认为只要符合下面其中一个特征的经济活动就可以被视为数字经济：一是数字化订购，二是撮合交易平台，三是数字化提供。第四，数字经济中的ICTs应作为“赋能者”。并不是所有ICTs的交易活动都符合数字经济的交易特征，那些在数字经济的产生和发展中发挥重要基础设施作用的ICTs，将以“赋能者”角色被纳入数字经济范畴中。第五，将数字产品和数字产业限定在“全面数字化”范围。数字产品应作为服务产品存在，“数字货物”不属于数字产品。第六，在全面数字化范围内将数字产业分为6类一级产业。在卫星账户中，OECD将数字经济涵盖的一级产业划分为数字化赋能、数字中介平台、网络零售、其他数字化企业、依赖中介平台的企业及其他。

（2）BEA 数字经济分类框架

2018 年 3 月，BEA 发布了《定义和测度数字经济》报告，详细介绍了对数字经济的统计分类。BEA 借鉴 OECD 的成果，采用了“窄口径”界定数字经济活动，并将其划分为 3 个一级分类，即数字化赋能基础设施、电子商务和数字媒体。数字化赋能基础设施是支撑计算机网络与数字经济存在及使用的基础物理材料和组织架构；电子商务是指基于计算机网络进行的买卖交易活动；数字媒体属于在线访问的数字产品，包括全面数字化的产品，是指人们在数字设备上观看、创造、获取或储存的内容。BEA 根据北美产业分类体系和投入产出表，确定了 200 多种数字经济产品。

2.1.1.2 中国数字经济分类框架

中国数字经济分类框架的构建以相关产业政策为指导，以落实产业发展为目的。一些数字经济发展较快省份的官方统计机构也对数字经济相关产业的统计分类展开了积极探索，比较有代表性的是浙江省统计局制定的《浙江省数字经济核心产业统计分类目录》，其通过直接在现有产业分类中提取与《国民经济行业分类（2017）》的某些行业完全对应且数字化程度较高的行业，提高对数字经济规模测算的可操作程度。2021 年 6 月 3 日，国家统计局发布了《数字经济及其核心产业统计分类（2021）》，涵盖了与数字技术存在关联的各种经济活动。一方面，我国通过借鉴 OECD 和 BEA 关于数字经济分类的方法，遵循两者在分类中的共性原则，建立具有国际可比性的数字经济产业统计分类；另一方面，《中华人民共和国国民经济和社会发展第十四个五年规划和 2035 年远景目标纲要》《国家信息化发展战略纲要》《网络强国战略发展纲要》等政策文件，从“数字产业化”和“产业数字化”两个方面，在经济社会全行业和数字产业化发展领域，确定数字经济及其核心产业的基本范围。数字经济统计分类框架也将遵循《数字经济及其核心产业统计分类（2021）》要求。

（1）中国数字经济统计分类的编制逻辑

编制数字经济产业分类，应遵循以下三个原则。一是借鉴国际数字经济产业分类标准。基准分类中的数字基础设施产业、电子商务产业和数字内容产业范围与 BEA 的分类范围基本能够衔接，满足国际可比性的要求。二是参考国内相关产业分类基础。基准分类中产业数字化部分充分参考《数字经济及其核心产业统计分类（2021）》，立足中国数字经济发展现状，体现中国数字经济应用场景丰富的特征。三是根据经济活动同质性对数字经济生产活动进行归并。根据北京市生产要素投入、生产工艺及技术、产出特点和产出用途等特征，对数字经济生产活动进行识别，并与《数字经济及其核心产业统计分类（2021）》代码对应，得到由国民经济行业分类代码表示的数字经济产业分类，实现与《数字经济及其核心产业统计分类（2021）》的有效对接。

（2）中国数字经济统计分类方案

根据《数字经济及其核心产业统计分类（2021）》，对于数字经济狭义的理解是将数字经济视为一种产业经济，数字化货物和服务的生产、消费与分配活动需从依附传统国民经济活动的部门中剥离出来，发展成为国民经济中独立的核心产业，即数字化产业。对于广义的数字经济内涵，2016 年中国发布的《二十国集团数字经济发展与合作倡议》提出了数字经济的定义，认为“数字经济指的是以数字化信息与知识作为生产要素，以信息化网络为载体，以 ICT 的使用来促进效率提升和宏观经济结构优化的经济活动总和”。数字经济代表着以数字化技术为基础、以数字化平台为主要媒介、以数字化赋权基础设施为重要支撑进行的一系列经济活动。

本书以《数字经济及其核心产业统计分类（2021）》为基准，从数字经济生产、数字经济流通、数字经济交换和数字经济消费四个方面概括划分数字经济行业。数字经济生产，主要是指保障数字经济发生的相关产业，包括计算机硬件、计算机软件、互联网及相关服务三部分。数字经济流通，一是相关数字产业自身的流动，包括电信互联网广播、互联网发行与出版；二是利用数字技术进行的一些数据处理服务，包括数字技术服务、互联网信息服务等。数字经济交换，包括互联网批发、贸易代理、互联网零售、互联网平台和互联网金融。数字经济消费，与农业和工业经济商品的生产及消费分离不同，数字经济产品对生产设备的依附性极强，比如新闻资讯、网络游戏等依赖终端设备，数字经济消费与数字经济生产、数字经济流通具有较强的重合性，所以本书不再单列数字经济消费的行业分类，认为数字经济消费的增加值已包含在数字经济生产和数字经济流通之中。

数字化效率提升强调的是数字经济赋能传统产业的效率，数字化效率提升业分类框架见表 2–1。

表 2–1 数字化效率提升业分类框架

名称	分类	国民经济行业代码及名称
智慧农业	数字化设施种植	01* 农业
	数字林业	02* 林业
	自动化养殖	03* 畜牧业、04* 渔业

续表

名称	分类	国民经济行业代码及名称
智慧农业	新技术育种	0211* 林木育种、0212* 林木育苗、0511* 种子种苗培育活动、0531* 畜牧良种繁殖活动、0541* 鱼苗及鱼种场活动
	其他智慧农业	05* 农、林、牧、渔专业及辅助性活动
智能制造	数字化通用、专用设备制造	34* 通用设备制造业、35* 专用设备制造业
	数字化运输设备制造	36* 汽车制造业、37* 铁路、船舶、航空航天和其他运输设备制造业
	数字化电气机械、器材和仪器仪表制造	38* 电气机械和器材制造业、40* 仪器仪表制造业
	其他智能制造	C* 制造业
智能交通	智能铁路运输	53* 铁路运输业
	智能道路运输	54* 道路运输业
	智能水上运输	55* 水上运输业
	智能航空运输	56* 航空运输业
	其他智能交通	57* 管道运输业、58* 多式联运和运输代理业
智慧物流	智慧仓储	59* 装卸搬运和仓储业
	智慧配送	60* 邮政业
数字金融	银行金融服务	66* 货币金融服务
	数字资本市场服务	67* 资本市场服务
	互联网保险	68* 保险业
	其他数字金融	69* 其他金融业
数字商贸	数字化批发	51* 批发业
	数字化零售	52* 零售业
	数字化住宿	61* 住宿业
	数字化餐饮	62* 餐饮业
	数字化租赁	71* 租赁业
	数字化商务服务	72* 商务服务业
数字社会	智慧教育	83* 教育
	智慧医疗	84* 卫生
	数字化社会工作	85* 社会工作
数字政府	行政办公自动化	S* 公共管理、社会保障和社会组织
	网上税务办理	9221* 综合事务管理机构
	互联网海关服务	9221* 综合事务管理机构
	网上社会保障服务	94* 社会保障
	其他数字政府	S* 公共管理、社会保障和社会组织

续表

名称	分类	国民经济行业代码及名称
其他数字化效率提升业	数字采矿	B*　采矿业
	智能化电力、热力、燃气及水生产和供应	D*　电力、热力、燃气及水生产和供应业
	数字化建筑业	E*　建筑业
	互联网房地产业	K*　房地产业
	专业技术服务业数字化	M*　科学研究和技术服务业
	数字化水利、环境和市政设施管理	N*　水利、环境和公共设施管理业
	互联网居民生活服务	O*　居民服务、修理和其他服务业
	互联网文体娱乐业	86*　新闻和出版业、88*　文化艺术业、89*　体育、90*　娱乐业

资料来源：《数字经济及其核心产业统计分类（2021）》。

2.1.2　数字经济规模测算问题

为了弥补数字经济统计的不足，起初学术界尝试编制指数以反映数字经济的发展水平。欧盟在 2014 年发布了数字经济与社会指数（Digital Economy and Society Index，DESI），利用宽带接入、人力资本、互联网应用、数字技术应用和数字化公共服务程度 5 个维度 31 项二级指标对数字经济的发展进行测度。中国对数字经济指数的研究，在 2017 年出现了批量、突破性进展，国内多家研究机构对数字经济分类进行了多年的探索和实践。

随着国家统计局公布《数字经济及其核心产业统计分类（2021）》，学术界尝试对应数字经济产业分类框架，基于国民经济核算体系测算数字经济。主要着眼于两个层面：一是利用国家统计年鉴和《北京统计年鉴》数据直接计算"数字产业化"，即估算数字产品制造业、数字产品服务业、数字技术应用业和数字要素驱动业四类核心产业的增加值；二是着眼于数字化效率提升业，利用生产率和经济增长模型以及变量空间非均衡估计法等估算方法推算"产业数字化"。

2.1.2.1　基于指数编制的数字经济发展测算体系

在相关指数编制研究方面，有关国际组织、机构和学者开展了大量研究。在国际上，OECD（2014）构建了 ICT 与数字经济统计指标体系；欧盟统计局（Eurostat）编制了 DESI 来反映欧盟各成员国数字经济发展水平与进程（Eurostat，2017）；Ojanpera 和 Graham（2017）构建了数字知识经济指数（Digital Knowledge Economy Index，DKEI）。

在国内，指数编制出现了批量、突破性进展，但由于对数字经济的理解和观察视角不同，各指标分类和设计存在一定的差异。研究机构对指数的编制相对具有代表性的有：中国信通院的数字经济发展指数（Digital Economy Index，DEI）、赛迪顾问中国数字经济发展指数（Digital Economy Development Index，DEDI）、上海社科院全球数字经济竞争力指数、腾讯“互联网 +”数字经济指数、财新智库等机构发布的中国数字经济指数（China Digital Economy Index，CDEI）。

此外，一些学者也尝试基于数字经济的内涵，着眼于数字经济的条件、应用与环境，全方位搭建数字经济指标体系。王军等（2021）选取 9 个细分指标，分别为体现数字经济发展载体的传统基础设施和新型数字基础设施，体现数字产业化的产业规模和产业种类，体现产业数字化的农业数字化、工业数字化及服务业数字化，体现数字经济发展环境的治理环境和创新环境；基于 2013—2018 年 30 个省份的面板数据，构建数字经济发展水平评价指标体系，应用熵值法赋予权重，并采取描述性统计、泰尔指数、自然间断点分级法、莫兰指数等方法对中国数字经济省级差异进行实证分析。毛丰付和张帆（2021）基于全国工商企业注册微观数据，遴选出数字经济核心产业的微观企业，构建 1994—2018 年 31 个省份样本面板数据集，以企业进入和退出率描述数字经济的时空演变以及与地区经济增长的融合情况，运用泰尔指数和协调度指数对省域间差异进行分析。

2.1.2.2 基于国民经济核算框架的增加值测算体系

除了数字经济产业划分框架以外，数字经济规模测度以及数字经济背景下宏观经济统计研究，也已经引起国家统计机构学者和国际组织的关注。目前，国民经济核算框架对数字经济测度的研究方法、研究内容未能达成一致，可细分为 GDP 核算中的生产法和基于增长核算框架的测算方法（许宪春、张美慧，2022）。

（1）GDP 核算中的生产法

GDP 核算中的生产法遵循“先界定数字经济范围，再核算增加值”的思路，运用 GDP 核算中的生产法测算数字经济增加值。其以数字经济产业分类为基础，加总数字经济各产业增加值，测算出的数字经济增加值为 GDP 的一部分，主要集中在国民经济核算中的增加值测算以及构建卫星账户等相关领域。

在增加值测算研究方面，伴随数字经济的快速发展及其对经济增长的促进作用，在国际上，发达国家分别尝试测度数字经济对经济增长值的贡献，但关于数字经济增加值的测算范围和测算方法均未统一，使得测算结果存在一定差异。BEA 利用供给使用表对美国数字经济增加值和总产出等规模进行了测算研究（Barefoot et al.，2018；BEA，2019）；澳大利亚统计局借鉴 BEA 的测算方法，对澳大利亚的数字经济增加值及其对整体经济的贡献程度进行测度（ABS，2019）；新西兰统计局（Stats NZ）借鉴 OECD 数字经济概念框架，测算了新西兰数字订购产品总产出对国民经济总产出的贡献（Stats NZ，2017）。

OECD（2015）提出了数字经济的测算框架。一些学者对免费数字内容核算方法展开了研究（Leonard et al.，2016；Brynjolfsson et al.，2017）。Ahmad 和 Schreyer（2016）认为，从概念上理解 GDP 能够捕捉到数字经济活动及其创造的增加值。数字经济的漏统也不能作为唯一的因素来解释劳动生产率增速放缓（Ahmad et al.，2017）。Diewert 和 Fox（2016）定义了福利测度的框架，关注数字化产品与福利变化的影响。在国内，续继和唐琦（2019）从多角度分析了数字经济给名义产出水平核算带来的挑战，提出数字经济与相关国民经济核算研究的潜在方向。许宪春等（2019）从新经济概念界定和行业分类、增加值核算等方面对新经济统计理论和方法进行了详细的探讨，并分析了大数据在中国绿色发展中发挥的作用。中国信通院（2019）从数字产业化、产业数字化以及数字化治理等方面对中国的数字经济规模进行了测算。向书坚和吴文君（2019）在借鉴 OECD 数字经济研究框架的基础上，对中国数字经济促成产业和电子商务产业增加值进行了测算研究。

在卫星账户构建研究方面，相关组织、统计机构及学者开展了构建数字经济卫星账户（Digital Economy Satellite Account，DESA）的研究。在国际上，OECD 提出了数字贸易维度框架与数字经济卫星账户基本框架，并尝试编制 DESA 的供给使用表（OECD，2017b）；Barefoot 等（2018）对美国数字经济规模的测算为其数字经济卫星账户的构建奠定了基础。在国内，杨仲山和张美慧（2019）构建了中国数字经济静态总量指标与数字经济直接贡献指标。

在中国国家统计局推出数字经济分类方案前，国内学者的研究也基本以 OECD 和美国的方案为依托，对中国的数字经济规模进行测算，探讨中国数字经济卫星账户的构建方案。康铁祥（2008）借鉴了美国 ESA 的方法，利用中国 2002 年的投入产出表，在“全面数字化”的口径范围内对中国的数字经济进行了测算。向书坚和吴文君（2019）基于国内外数字经济的相关分类和中国核算实践，构建了包括生产核算、资金流量核算和资本核算的数字经济核算框架，并对2012—2017年中国数字经济主要产业部门的增加值进行了初步测算。杨仲山和张美慧（2019）参照OECD的基本方法，构建了中国数字经济卫星账户。许宪春和张美慧（2020）在OECD分类方案的基础上，结合中国投入产出表，推算了中国数字经济的规模。韩兆安等（2021）构建了数字经济测算框架并完成中国省际数字经济规模测算。

（2）基于增长核算框架的测算方法

基于增长核算框架的数字经济增加值测算方法是在计算产业数字化规模、数字技术对传统产业的渗透作用或融合作用的过程中，从GDP增长中剥离出数字技术贡献的部分（许宪春、张美慧，2022）。基于增长核算框架测算数字经济增加值的基本逻辑思路是将数字经济分为两个方面：一是与数字技术直接相关的细分产业部门增加值，即数字产业化；二是由渗透性和协同性带来的传统产业效率提升所对应的增加值，即产业数字化。然而，由于对第二部分增加值的测算依赖一定的经济学假定，因此基于增长核算框架测算产业数字化规模的方法现有研究尚未达成一致。

第一，数字经济产业的规模测算。

数字产业化部分的测算基于国民经济核算框架，通过统计产品目录与国民经济行业分类筛选出数字经济产品以及生产这些产品的国民经济行业，进而测算上述数字经济相关产业的总产出、增加值等总量指标。数字经济规模核算的步骤主要包括：界定数字经济范围，筛选数字经济产品与数字经济产业，确定核算方法，测算数字经济增加值、数字经济总产出等指标的规模。

数字经济产业规模测算体系是基于《数字经济及其核心产业统计分类（2021）》和《国民经济行业分类（2017）》确定的。许宪春和张美慧（2020）指出，数字经济生产包括数字产品制造业、数字产品服务业、数字技术应用业和数字要素驱动业这四类核心产业；中国信通院（2021）指出数字产业化部分主要包括电子信息设备制造、电子信息设备销售和租赁、电子信息传输服务、计算机服务和软件业、其他信息相关服务，以及由数字技术广泛融合、渗透带来的新兴行业，如云计算、物联网、大数据、互联网金融等，对上述行业增加值进行加总得到数字产业增加值。

第二，数字经济赋能产出增加的规模测算。

产业数字化部分对应国民经济非数字产业部门使用数字技术和数字产品

带来的产出增加与效率提升。产业数字化的规模测算比较有代表性的是中国信通院、蔡跃洲等的研究。中国信通院（2021）运用增长核算框架尝试剥离传统产业产出中数字技术的贡献部分，就数字技术对传统产业渗透所提升产业增加值和效率进行单独测算。具体为：首先界定 ICT 投资的范围，包括计算机硬件、软件和通信设备方面的投资；其次，确定 ICT 投资额的计算方法，并计算 ICT 投资价格指数；最后，计算 ICT 实际投资额和 ICT 资本存量。蔡跃洲等（2021）提出的由数字经济渗透性和协同性带来的传统产业效率提升所对应的增加值测算框架，先基于增长核算框架测算 GDP 增长贡献度，再测算数字经济增加值规模。具体为：首先，通过增长核算框架将 GDP 增长分解为资本要素增长、劳动要素增长和全要素生产率；其次，计算 TFP 增长与数字技术渗透率之间的关系，测算数字经济渗透效应对 GDP 增长的贡献率；最后，得到目标测算年份数字经济效率提升所对应的增加值规模。

2.2　存在的问题与争议

国际组织、政府统计机构和学者对数字经济测算的研究虽取得了显著进展，然而现有研究还存在以下待完善之处：一是数字经济测度方法有待深入探索，二是数字经济赋能传统产业增加值测算需进一步完善，三是具有国际可比性的数字经济规模有待准确测算。具体来说，关于数字经济统计分类及其增加值测算的理论和实践研究还处于不断完善的阶段，较难实现宏观层面数字经济卫星账户的实践编制，导致具有可比性的数字经济规模测算困难。

2.2.1　数字经济产业和增加值测算范围的界定

虽然国内外各机构对数字经济产业划分的具体细项存在差异，但其分类逻辑和所包含的核心行业基本相同，包括驱动数字经济运行的数字基础设施行业，以及以数字技术作为通用技术渗透到传统行业后衍生出的高度数字化行业。OECD 和 BEA 均采用“窄口径”的“全面数字化”概念来界定产品与产业，其中并不涵盖那些“部分数字化”的产品，比如 ICTs 以“赋能者”的角色被纳入数字经济。这种处理方式体现出数字经济与其他经济活动的显著差异化特征。一些研究人员虽尝试探索数字经济“窄口径”分类方案，但学术界仍未达成一致的看法，框架体系存在显著差异。

造成数字经济规模差异的主要原因是数字经济范围界定和分类的不同，分类方案与现行的国际和国内产业分类体系及方法无法形成有效对接，模型推算方法也不符合现行经济统计工作的实践和要求。随着数字化技术水平的不断发展，数字经济的表现形态及其影响都有可能发生变化，意味着数字经济的范围和分类工作将面临新的挑战。

2.2.2　数字经济赋能产业增加值测算的完善

数字经济的发展对 GDP 核算的挑战是学者和统计部门共同关注的焦点。由于在生产率统计中无法体现计算机技术的进步效应，数据要素对经济增长的间接贡献（如促进全要素生产率）大多是不可测度的，对数字经济的真实发展水平的评价仍需进一步发展与深化，数字经济的发展也会出现“生产率悖论”问题。一方面，数字经济产生的新业态和带来的产品质量的提升没有在核算中被及时监测，从而无法在产出和生产率增长中得到体现；另一方面，数字经济的发展使住户和个人的一些生产活动无法被现有核算体系充分反映，模糊了消费者和生产者、耐用消费品和投资的边界，存在“未被捕获 GDP”。例如，IT 技术的应用所带来的收入、就业、税收等方面的影响，已经通过各生产主体经济指标汇总反映在总量中，由于没有关于数字经济的专门分类和统计，因此无法准确反映其影响；数字经济将会带来免费媒体、免费服务等领域的错误测量问题，可能会影响 GDP 和要素生产率（Ahmad et al.，2017）。

2.2.3　数字经济增加值测算结果可比性

根据前文梳理的不同研究机构和学者的观点可知，数字经济增加值测算结果的可比性较低。由于数字经济范围的界定和增加值测算方法的不同，不同国际组织、官方统计机构、研究机构和学者之间关于数字经济增加值的测算结果存在较大差异，既缺乏国际可比性，也缺乏一国地区间的可比性，这阻碍了准确评价国家间数字经济发展差异，无法发挥数字经济增加值作为数字经济发展规模统计指标的重要作用，限制了对决策部门制定数字经济发展战略的参考性。OECD（2018）建议可以先计算数字经济产业的增加值来反映数字经济发展规模，为数字经济卫星账户的实践编制奠定研究基础，通过该方法测算得出的数字经济增加值和结构也将具有较强的国际可比较性。因此，如何提升数字经济增加值测算结果之间的可比性，是当前数字经济领域面临的重要挑战。

2.3　北京数字经济统计与规模测算

在对数字经济的内涵阐释、数字经济统计与测度、数字经济国际比较及经验借鉴等方面进行研究的基础上，学者们对数字经济统计与测度开展了深度研究，并完成了国家层面的数字经济规模测度（许宪春、张美慧，2020；蔡跃洲、牛新星，2021）。一些研究开始关注省际层面的数字经济发展问题，尝试客观估算各省份数字经济发展的具体规模以及数字经济在国民经济中的地位。

基于国民经济核算体系测算的北京市数字经济发展规模，将着眼于两个层面：一是利用《中国统计年鉴》和《北京统计年鉴》数据直接计算“数字产业化”规模，即估算数字产品制造业、数字产品服务业、数字技术应用业和数字要素驱动业这四类核心产业的增加值；二是着眼于数字化效率提升业，利用生产率和经济增长模型等计量估算方法推算“产业数字化”规模。首先，遵循《数字经济及其核心产业统计分类（2021）》编制北京市数字经济产业分类，立足北京市数字经济发展现状，体现北京市数字经济应用场景，在重视产业数字化的基础上构建北京市数字经济产业分类，服务于打造中国数字经济发展“北京样板”、全球数字经济发展“北京标杆”的北京市数字经济发展战略。其次，运用 GDP 核算生产法对“宽口径”数字经济增加值进行测算，需要将国民经济各行业增加值中与数字经济相关的部分剥离出来。随着数字经济不断地被应用于各个行业，北京市数字化效率提升业分布将逐渐向第三产业延展，其中在数字化对服务业效率的提升层面，应重点关注北京市数字经济赋能。

2.3.1　北京数字经济产业规模

图 2–1 显示了基于国民经济核算体系测算的数字经济产业增加值（韩兆安等，2021）。2012—2017 年北京市数字经济产业增加值均表现为正增长，年均增长率为 12.23%，高于 9.4% 的 GDP 增长率。可见，数字经济产业成为北京市经济增长的引擎，对促进地区经济增长具有显著作用。

表 2–2 显示了 2017 年北京市数字经济产业增加值占 GDP 比重及结构构成（韩兆安等，2021）。2017 年，北京市数字经济流通领域增加值占数字经济增加值的比重为 63.51%，高于数字经济生产领域和数字经济交换增加值之和，说明北京市数字经济主要集中于数字经济流通领域。从省份比较来看，北京市数字经济产业结构构成与上海市相似，但是显著区别于浙江省、江苏省和

广东省。这 3 个省份的数字经济生产领域增加值所占比重相对较高，分别

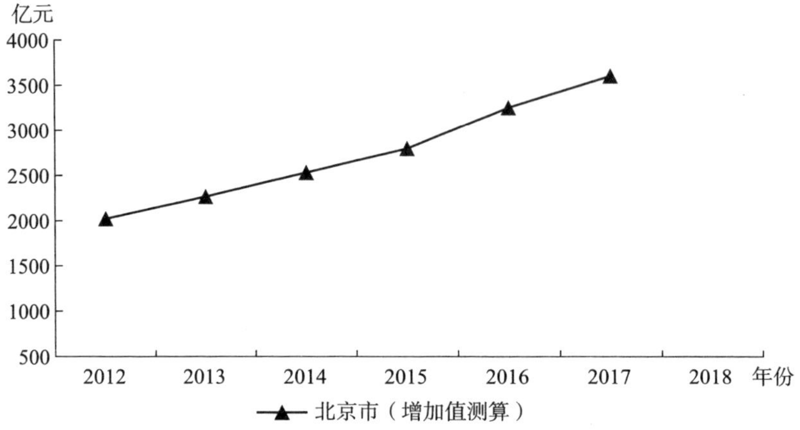

图 2-1　2012—2017 年北京市数字经济产业增加值规模变化趋势

资料来源：韩兆安，赵景峰，吴海珍．中国省际数字经济规模测算、非均衡性与地区差异研究［J］．数量经济技术经济研究，2021，38（8）：164-181.

为 48.33%、69.41% 和 74.40%，说明数字经济主要集中于数字经济生产领域，与全国的结构构成相似。此外，2017 年，北京市数字经济产业增加值占 GDP 比重为 12.86%，高于全国平均水平，仅次于广东省，说明北京市数字经济产业发展处于相对较高的水平，但仍然有进一步发展的空间。

表 2-2　2017 年北京市数字经济产业增加值占 GDP 比重、增加值的结构及与代表省份比较

省份	数字经济生产增加值/亿元	占数字经济增加值比重/%	数字经济流通增加值/亿元	占数字经济增加值比重/%	数字经济交换增加值/亿元	占数字经济增加值比重/%	数字经济产业增加值/亿元	数字经济产业增加值占 GDP 比重/%
北京	1278.78	35.50	2287.68	63.51	35.53	0.99	3601.99	12.86
上海	1305.08	47.83	1348.81	49.43	74.69	2.74	2728.58	8.91
江苏	5317.64	69.41	2205.34	28.79	138.03	1.80	7661.01	8.92
浙江	1313.98	48.33	1304.59	47.98	100.35	3.69	2718.92	5.25
广东	8767.69	74.40	2809.37	23.84	207.71	1.76	11784.70	13.14
全国	30529.72	57.55	21176.48	39.92	1343.77	2.53	53049.90	6.41

资料来源：韩兆安，赵景峰，吴海珍．中国省际数字经济规模测算、非均衡性与地区差异研究［J］．数量经济技术经济研究，2021，38（8）：164-181.

作为比较，本书也汇总了利用指标编制测算北京市数字经济发展水平以

及以微观数字经济企业动态描述北京市数字经济发展动态的相关研究（毛丰付、张帆，2021），从而更为系统地描述北京市数字经济发展情况。首先，王军等（2021）利用指标编制测算北京市数字经济发展情况，其基于数字经济的内涵，着眼于数字经济的条件、应用与环境，依据数字经济的内涵和现实背景共设数字经济发展载体、数字产业化、产业数字化及数字经济发展环境 4 个指标，从宏观层面反映数字经济所需的先决条件、ICT 产业发展、数字产业融合及发展环境。变量的选取主要遵循科学性、层次性及数据的可获得性等原则，共选取 30 个变量。图 2–2 为熵值法测算出的 2013—2018 年北京市数字经济发展水平综合指数（DEDCI）。从结果可以看出，2013—2018 年，北京市数字经济发展水平的变化趋势与基于国民经济核算体系测算的数字经济产业增加值变化趋势在总体上基本相似，北京市数字经济呈现较为快速的发展态势，指数值从 2013 年的 0.3 上升至 2018 年的接近 0.7。

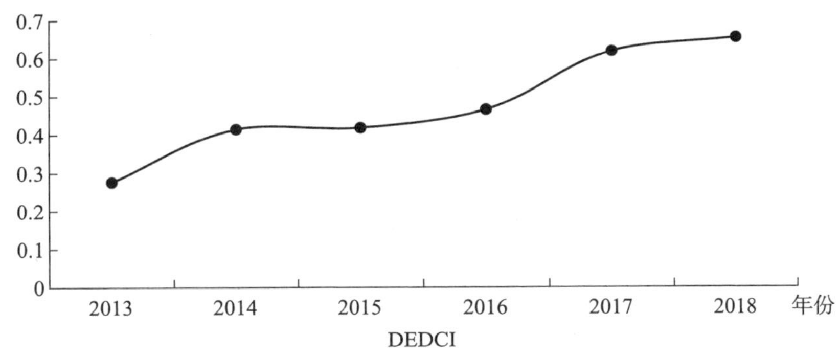

图 2–2　2013—2018 年北京市数字经济发展水平变化趋势

资料来源：王军，朱杰，罗茜．中国数字经济发展水平及演变测度［J］．数量经济技术经济研究，2021，38（7）：26–42.

其次，毛丰付和张帆（2021）以微观数字经济企业进入率和退出率的动态，描述北京市数字经济发展动态。数字经济核心产业包括计算机通信和其他电子设备制造业、电子信息机电制造业、专用电子设备制造业、电信广播电视和卫星传输服务业、互联网及其相关服务业、软件和信息技术服务业、文化数字内容及其服务业 7 大类 128 个小类行业。毛丰付和张帆通过对全国工商企业注册数据进行处理，从中筛选出数字经济企业样本，最终汇总至省域层面，共得到 439 万家企业数据，具体包括数字经济企业总量、新增企业数量和退出企业数量。图 2–3 和图 2–4 分别显示了北京市微观数字经济企业进入率和退出率的变化趋势以及与相关省份的对比情况。

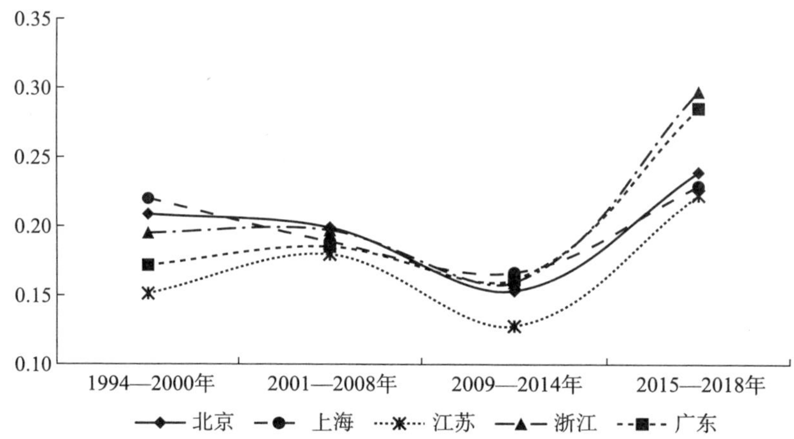

图 2-3　1994—2018 年北京市数字经济企业进入率的变化趋势及与相关省份对比

资料来源：毛丰付，张帆．中国地区数字经济的演变：1994—2018［J］．数量经济技术经济研究，2021，38（7）：3-25.

根据图 2-3，1994—2018 年北京市数字经济企业进入率的均值都大于 0.1，表明数字经济企业处于快速发展阶段。分时间段看，1994—2000 年、2001—2008 年、2009—2014 年和 2015—2018 年，北京市数字经济企业进入率的均值分别约为 0.208、0.190、0.153 和 0.239。从变化趋势来看，2009—2014 年相对于 2001—2008 年和 1994—2000 年发生了明显转变，均值有所下降。2015—2018 年是数字经济发展最快的阶段，数字经济企业以较快速度成长。从北京、上海、浙江、江苏和广东 5 个省份比较来看，这 5 个省份数字经济企业进入率的均值变化趋势相似，均出现了两轮下降过程，但期末值都大于期初值。以上结果表明，北京市数字经济企业进入率具有较为明显的易变特征，即使在波谷，进入率也维持在 10% 以上，数字经济企业一直处于快速发展阶段。

根据图 2-4，从 1994—2018 年看，北京市数字经济企业退出率的均值为 0.0157，小于 0.1000，表明数字经济企业处于快速发展阶段。分时间段看，1994—2000 年，北京市数字经济企业退出率最小为 0.0003；2015—2018 年，北京市数字经济企业退出率最小为 0.0187。与浙江省、江苏省、上海市和广东省相比，北京市数字经济企业退出率最低，而且表现出先上升后下降的趋势。北京市数字经济企业退出率随时间波动与相关省份的差异明显，而且呈现先扩大后缩小的态势。总体而言，2015—2018 年，相较于前 3 个阶段，互联网企业退出率的均值更小且趋于稳定。北京市数字经济企业退出率具有易变特征，但退出率波动在 10% 的范围内且逐步下降，数字经济企业仍然处于快速发展阶段。从总体看，数字经济的进入率明显高于退出率，说明北京市数字经济处于不稳定且快速发展阶段。

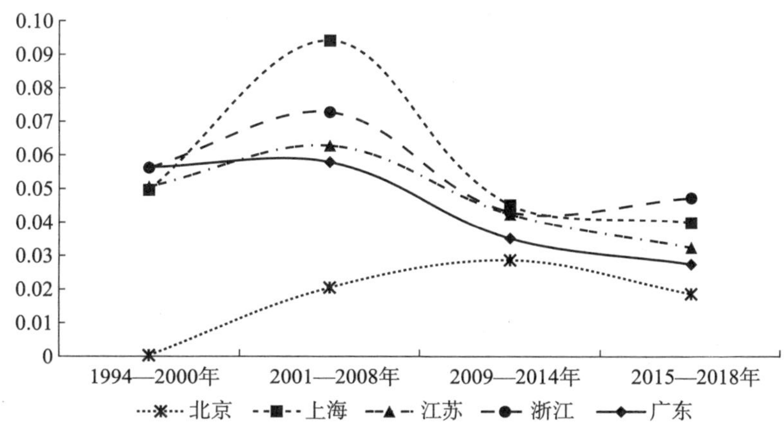

图 2-4　1994—2018 年北京市数字经济企业退出率的变化趋势及与相关省份对比

资料来源：毛丰付，张帆．中国地区数字经济的演变：1994—2018［J］．数量经济技术经济研究，2021，38（7）：3-25.

2.3.2　北京数字经济赋能的产出效率

数字经济的发展经历了从数字化技术演变到数字化产业，进一步形成数字化经济活动的过程。目前，对于产业数字化程度的测算主要是运用模型和指数进行间接推算，在方法层面仍然缺乏一致性的标准。国内有关机构现有的数字经济测算较多采用模型进行推算，比如在假设技术进步为希克斯中性、市场为完全竞争性的基础上，以要素投入回报来代表数字经济的增加值。一些文献尝试对数字经济的产出效率进行研究，蔡昌等（2020）选取代表性 ICT 行业的固定资产投资总量来衡量资本投入，以该行业的总就业人数衡量劳动投入，以实际 GDP 及劳动生产率为产出，从静态和动态层面测算了中国数字经济产出效率。蔡跃洲等（2021）从 ICT 渗透效应角度评价了中国“产业数字化”增加值对 GDP 的贡献。

关于地区数字经济赋能传统产业增加值的定量测算研究较少，对于北京市数字经济产出效率的定量评价主要是基于对中国数字经济产出效率的地区差异的研究。李研（2021）研究了中国各省份数字经济产出效率的地区差异及动态演变，对北京市数字经济产出效率进行了测算。根据《浙江省数字经济核心产业统计分类目录》，李研将数字经济核心产业划分为计算机、通信和其他电子设备制造业，电子信息机电制造业，专用电子设备制造业，电信、广播电视和卫星传输服务业，互联网及其相关服务业，软件和信息技术服务业，文化数字内容及其服务业共 7 个分类，使用 ICT 行业全社会固定资产投资总量计算资本投入，总就业人数衡量劳动投入，其增加值代表产出，对北京市数字经济产出效率进行测度，结果如图 2–5 所示。

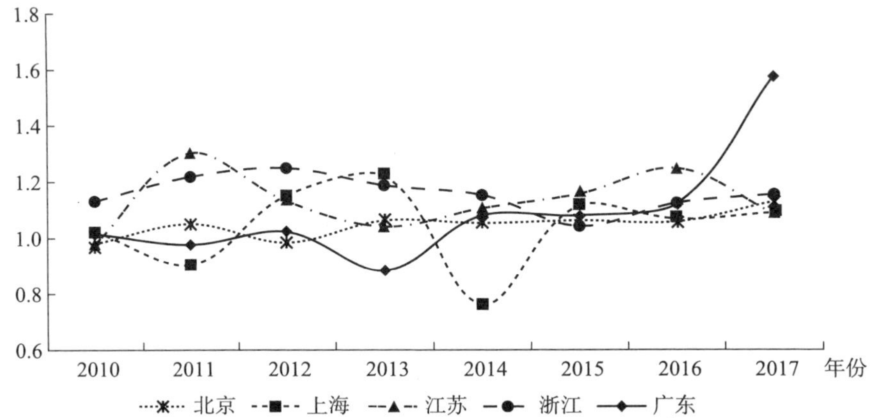

图 2–5　2010—2017 年北京市数字经济产出效率变化趋势及与相关省份比较

资料来源：李研 . 中国数字经济产出效率的地区差异及动态演变［J］. 数量经济技术经济研究，2021，38（2）：60–77.

根据图 2–5，2010—2017 年，北京市数字经济产出效率呈现比较平稳的波动态势。相较于呈现上升态势的广东省和浙江省，北京市数字经济产业赋能传统产业效率较为平稳，与上海市与江苏省情况相似。由于北京市经济发展水平较高，信息化程度较高，数字化赋能传统产业发展比较稳定，因此具有较为平稳的数字经济效率水平。

参考文献

［1］EUROSTAT. Digital economy & society in the EU：a browse through our online world in figures［R］. Luxembourg：Eurostat，2017.

［2］OJANPERA S，M GRAHAM. The digital knowledge economy index：mapping content production［R］. Fifth IMF Statistical Forum–measuring the Digital Economy，2017.

［3］BAREFOOT B，D CURTIS，W JOLLIFF，et al. Defining and

Measuring the Digital Economy [R] . BEA Working Paper，2018.

[4] BEA. Measuring the Digital Economy：An Update Incorporating Data from the 2018 Comprehensive Update of the Industry Economic Accounts [EB/OL] . https//www.bea.gov/system/files/2019–04/digital–economy–report–update–April–2019_1.pdf.

[5] STATS N Z. Valuing New Zeland' s Digital Economy [EB/OL] . http：// www. oecd . org / official documents /public display document pdf/ ? cote=STD/CSSP/WPNA（2017）3&docLanguage=En，2017.

[6] ABS. Measuring Digital Activities in the Australian Economy [EB/OL] . https：//www.abs.gov.au/websitedbs/D3310114.nsf/home/ABS +Chief + Economist +–+Full +Paper +of +Measuring +Digital +Activities +in +the + Australian +Economy，2019.

[7] OECD. OECD Digital Economy Outlook 2015 [M] . Pairs：OECD Publishing，2015.

[8] LEONARD N，J SAMUELS，R SOLOVEICHIK. Valuing "Free" Media in GDP：An Experimental Approach [EB/OL] . https：//www.bea.gov/research/papers/2017/measuring–free–digital–economy–within–gdp–and–productivity–accounts，2016.

[9] BRYNJOLFSSON E，F EGGERS，A GANNAMANENI. Using Massive Online Choice Experiments to Measure Changes in Well–Being [R] . NBER Working Paper，2017.

[10] AHMAD N，J RIBARSKY，M REINSDORF. Can Potential Mismeasurement of the Digital Economy Explain the Post–Crisis Slowdown in GDP and Productivity Growth [R] . OECD Statistics Working Paper，2017.

[11] AHMAD N，P SCHREYER. Measuring GDP in a Digitalised Economy [M] . Pairs：OECD Publishing，2016.

[12] DIEWERT W E，and K J FOX. The Digital Economy，GDP and

Consumer Welfare［R］. EMG Workshop UNSW，2016.

［13］韩兆安，赵景峰，吴海珍．中国省际数字经济规模测算、非均衡性与地区差异研究［J］．数量经济技术经济研究，2021，38（8）：164–181.

［14］王军，朱杰，罗茜．中国数字经济发展水平及演变测度［J］．数量经济技术经济研究，2021，38（7）：26–42.

［15］毛丰付，张帆．中国地区数字经济的演变：1994—2018［J］．数量经济技术经济研究，2021，38（7）：3–25.

［16］李研．中国数字经济产出效率的地区差异及动态演变［J］．数量经济技术经济研究，2021，38（2）：60–77.

［17］许宪春，张美慧．数字经济增加值测算问题研究综述［J］．计量经济学报，2022，2（1）：19–31.

［18］蔡跃洲，牛新星．中国数字经济增加值规模测算及结构分析［J］．中国社会科学，2021（11）：4–30，204.

［19］许宪春，张美慧．中国数字经济规模测算研究：基于国际比较的视角［J］．中国工业经济，2020（5）：23–41.

［20］蔡昌，林高怡，李劲微．中国数字经济产出效率：区位差异及变化趋势［J］．财会月刊，2020（6）：153–160.

［21］向书坚，吴文君．中国数字经济卫星账户框架设计研究［J］．统计研究，2019，36（10）：3–16.

［22］续继，唐琦．数字经济与国民经济核算文献评述［J］．经济学动态，2019（10）：117–131.

［23］杨仲山，张美慧．数字经济卫星账户：国际经验及中国编制方案的设计［J］．统计研究，2019，36（5）：16–30.

［24］许宪春，任雪，常子豪．大数据与绿色发展［J］．中国工业经济，2019（4）：5–22.

［25］中国信通院．中国数字经济发展白皮书（2017 年）［R］．2017.

［26］中国信通院．G20 国家数字经济发展研究报告（2018 年）［R］．2018.

［27］中国信通院．中国数字经济发展与就业白皮书（2019 年）［R］．2019.

[28] 国家统计局 . 2017 国民经济行业分类注释 [M]. 北京：中国统计出版社，2018.

[29] 国家统计局 . 统计用产品分类目录 [M]. 北京：中国统计出版社，2010.

第3章　数据确权与流通：理论基础和北京实践

2020 年 4 月，中共中央、国务院发布《关于构建更加完善的要素市场化配置体制机制的意见》，将数据作为与土地、劳动力、资本、技术并列的生产要素，要求“加快培育数据要素市场”。2022 年 6 月，中央全面深化改革委员会审议通过了《关于构建数据基础制度更好发挥数据要素作用的意见》，提出要建立数据产权制度，推进公共数据、企业数据、个人数据分类分级确权授权使用，建立合规高效的数据要素流通和交易制度，建设规范的数据交易市场。

产权的清晰界定，是市场有效运行的基础（Coase，1960①；Besley，1995②）。在现实中，由于产权配置不清晰，各数据主体的权益和对应的责任难以有效界定，数据所有者偏向保护自己的数据，希望引进整合其他所有者的数据，结果导致数据资源不能得到有效整合，数据价值倍增难以实现。因此，数据产权的安排以及交易机制的设计，已经成为亟待研究的基础性理论问题。

北京市虽具有政府政策重视、数字产业发展领先、人才与技术资源丰厚等优势，但仍存在数据产权模糊不清，数据治理法规、制度、标准建设滞后，数据交易模式有待探索等问题。这些问题阻碍了数据资源的优化配置，北京市亟须加快数据确权和交易的制度建设，以推进北京市数字经济发展，并在全国范围内发挥引领作用。

① Coase，R. H. The problem of social cost［A］. In Classic papers in natural resource economics［M］. Palgrave Macmillan，London，1960：87–137.

② Besley，T. Property rights and investment incentives：Theory and evidence from Ghana［J］. Journal of political Economy，1995，103（5）：903–937.

3.1　数据确权的理论基础

3.1.1　数据生产要素的内涵和特征

每一次重大技术变革，必然催生也必须依赖新的生产要素。农业时代以劳动力和土地为核心生产要素，工业时代以资本、技术和人力资本为核心生产要素，而在数字时代，数据成为新的核心生产要素。

在传统经济形态中，数据也发挥了辅助性作用，农民会通过记录时令、气候、收成等数字来指导生产；传统公司也在日常业务中收集、处理和分析信息，并用以提高生产效率。在互联网时代，数据存量、数据更新速度、数据处理能力都呈指数级增长，逐渐建构了映射物理世界的数字世界。数据第一次在生产过程中发挥基础性、主导性作用，成为新的生产要素，以数据驱动决策来替代经验决策。

为什么在互联网时代，数据会成为关键生产要素呢？因为互联网时代的“数据”具有以下两大特征。

首先，互联网时代的“数据”是大数据。麦肯锡（McKinsey，2011）将大数据定义为“可捕获、可传输、可汇总、可存储、可分析的大量数据”。①2001 年 Garner 分析师 Doug Laney 最先提出“3V”模型，认为大数据有 3 个特征：第一，大数量（volume），可以从各种来源收集数据，包括社交媒体、网上购物、物联网；第二，高速度（velocity），数据以前所未有的速度流动，可以实时产生、实时处理；第三，多种类（variety），数据有各种格式，从传统数据库中的结构化数据到各种格式的文本文档、图片、视频、音频等非结构化数据。Mayer-Schönberger 和 Cukier②，在此基础上增加了“价值”（value），提出了“4V”理论。大数据的“价值”是什么？英国竞争和市场管理局发布的题为《消费者数据的商业使用》③的报告对此做了很好的阐释，即“大数据的‘价值’在于给消费者、经营者和社会经济发展带来诸多益处，如针对性的广告投放、更为精确的客户分析、个性化的产品或者服务、产品

---

① McKinsey Global Institute. Big data：The next frontier for innovation，competition，and productivity［R］. 2011.

② Mayer-Schönberger V.，Cukier，K. Big data：A revolution that will transform how we live，work，and think［M］. Houghton Mifflin Harcourt，2013.

③ The UK Competition and Markets Authority. The commercial use of consumer data report on the CMA's call for information［R］. 2015：6-7.

或者服务的创新与研发、业务流程的改进或者完善、免费的网络产品或者服务等”。

其次，活数据。如果大数据只是海量数据的简单加和，那么仍很难被称为“新的生产要素”。现在越来越多的数据是杂乱无章的、完全没有结构的，这些数据如何变成信息、变成知识、变成决策，需要强大的数据处理能力。对数据的“处理加工”，是数据资源创造价值的关键。在数据处理的价值链上，只有通过不断“加工”，才能够持续提高数据使用的便利性，分析数据蕴含的内在规律，逐步实现数据的“增值”，并最终指导商业决策，提高生产效率。例如，视频平台 Netflix 会将视频内容细分为 7 万种视频“微类型”（micro-genres），挖掘用户偏好，再通过元素的重组，为下一步新的影视内容摄制提供参考。Airbnb（爱彼迎）会根据后台的数据分析，下架有不良记录、差评较多的房东的房源，将经验丰富、评价较高的房东的房源置于推荐列表前端，从而提高房源和房客之间匹配的成功率。智能制造工厂积累海量生产现场设备数据，可以训练人工智能算法，为工厂赋予“智慧大脑”，优化生产流程，实现智能化生产。美国得克萨斯大学（2012）的研究显示，企业通过提升数据使用率和提高使用数据的质量，能够显著提高企业绩效。企业数据使用率提高 10%，可带来零售、咨询、航空等领域的人均产出分别提升 49%、39% 和 21%。

与传统的生产要素不同，数据还存在 3 个显著特点，即“无形”“专用性”“非竞争性”。

第一，与工业革命不同，数字革命没有带来新的有形生产资料。例如，“新的能源（如工业革命的石油、电力）、新的材料（如工业革命的钢铁）。数据的‘产出’与技术 / 业态密切相关，是一种附着在技术 / 业态上的无形资产——比如”谷歌和百度的数字资产质量就和其市场形态，以及各自搜索引擎的底层技术紧密相连。数据生产要素的本质价值仍在于优化其他生产要素的配置效率，从而提高生产力。随着快速的技术迭代，数字无形资产的减值速度也可能大大加快。

第二，数据生产要素的专用性更高，在不同场景下，数据估值会有显著不同。例如，许多数字平台积累的数据依附于平台，在内部有较高的生产效率。这也会导致平台更强的垄断倾向。一方面，平台拥有大数据的唯一私有入口（平台公开的数据仅是数字资本的九牛一毛）；另一方面，平台拥有处理大数据的能力优势。例如，阿里“生意参谋”软件基于全渠道大数据，为商家提供数据披露、分析、诊断、建议、优化、预测等“一站式”数据产品服务。阿里“生意参谋”软件的数据其实来自消费者、商户的交易行为，但是要经过阿里大数据部门的挖掘和加工，才能发挥其价值。

第三，非竞争性指的是一个使用者对该物品的消费并不减少它对其他使用者的供应。能源、机械等传统工业生产资料是竞争性的，假如你在加油站加了一升汽油，那么别人就无法再消费这一升汽油，因为已经损耗的生产资料难以再利用。但是，数据可以被无限次使用，而且边际效益递增。数据的使用可以进一步增加数据，形成正反馈。例如，社交媒体依靠庞大的用户行为数据库，挖掘用户自然属性、兴趣爱好、行为特征等标签，这个数据库可以反复使用和挖掘。平台利用这些数据帮助广告主锁定目标用户群体，实现高效营销，还可以追踪消费者的反馈，进一步优化算法。

绝大部分数据资源都是非竞争性的，但不一定具备非排他性。非排他性指的是，当某人在付费消费某种产品时，不能排除其他没有付费的人没有消费这一产品，或者排除的成本很高。

满足非竞争性、非排他性的数据，就被定义为公共产品，一般是免费公开的。由私人部门提供的公共产品会有投资不足和供给不足的问题，公共产品一般由政府部门提供。例如，宏观统计数据、法院审判数据、工商注册数据等。2009 年，美国联邦政府推出数据开放门户网站 Data.gov，为之前分散在联邦政府不同机构网站上的数据统一提供托管平台。2019 年，美国《开放政府数据法案》要求，除涉及国家安全和其他特殊原因的数据以外，联邦政府应该在线发布它们拥有的数据，并且这些公开数据需采取标准化、机器可读的形式。《2020 中国地方政府数据开放报告》显示，目前我国 54.83% 的省级行政区（不包含港澳台）、73.33% 的副省级和 32.08% 的地级行政区已推出了政府数据开放平台。

满足非竞争性、排他性的数据被定义为俱乐部产品，如果产权清晰，则可以通过订购、交易市场等方式进行交易。

3.1.2　数据权体系

在经济学理论中，产权指人们对于资产的剩余控制权，即在合约规定的他人使用权或法律明确限定的权利之外，所有者对其资产的使用和转手的全部权利。因此，德莫塞茨提出，产权具有“排他性”和“可转移性”（Demsetz，1974）。产权是一束权利（a bundle of rights），包括使用权、收益权、转让权等多种权利，这些权利可能属于同一个主体，也可能分属于不同的主体。

数据确权的难点在哪里呢？数据产权界定中，往往涉及多个主体。若数据产生主体与采集和使用主体为同一主体，或者自然数据被单一主体采集和使用，一般不存在判定标准的争议。但是，现实中常见的情况是，个人为数据产生者和使用者，而企业为数据的采集者和使用者。这样就存在数据产权归属个人，或归属某个企业的问题。

数据涉及多个个体，数据权也包含多个层面。数据权有两个维度的含义：其一，指向公权力，以国家为中心构建的数据权力，即国家数据主权，其核心内容是数据管理权和数据控制权；其二，指向私权利，以个人为中心构建的数据权利，包括数据人格权和数据财产权。数据人格权主要包括数据知情同意权、数据修改权、数据被遗忘权，数据财产权主要包括数据采集权、数据可携权、数据使用权和数据收益权（见图 3–1）。

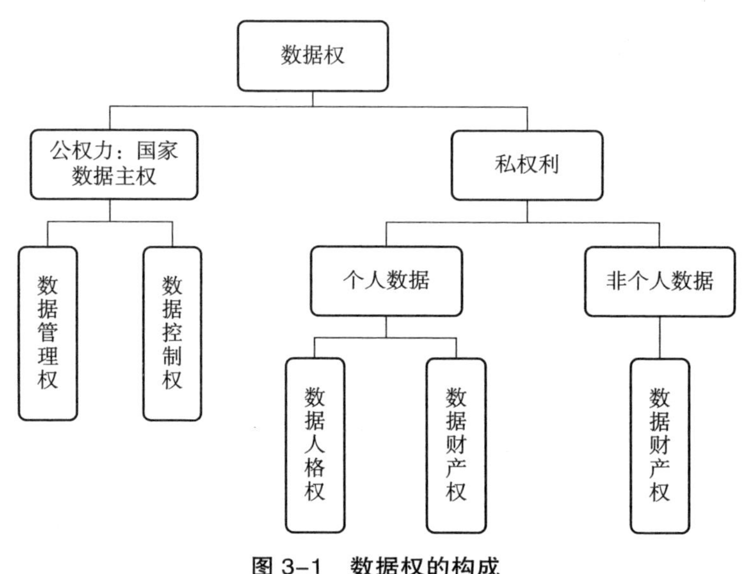

图 3–1　数据权的构成

在公权力领域，国家存在数据主权。随着数据成为重要价值来源，数据流动性不断增强。思科公司的研究表明，数据跨境流动可以改善企业流程并产生巨大的经济价值。2015—2024 年，数据跨境流动的潜在价值估计最少约为 30 万亿美元。但是，数据跨境流动也可能造成个人隐私泄露和国家数据安全风险。

全球各国在数字产业竞争力方面差异巨大，主要的数字平台都集中在中、美两国，而且美国的谷歌、亚马逊、Facebook 等数字平台的全球性远高于我国的数字平台。因此，其他国家的用户数据自然向美国等少数国家汇聚，这不仅存在个人隐私泄露的风险，也对弱势国家的数据安全造成严峻挑战，涉及政治、情报、国防等国家安全领域。针对这些问题，学术界开始提出“数据主权”（Data Sovereignty）的概念。例如，有学者提出“数据主权是指国家对其政权管辖地域内的数据享有的生成、传播、管理、控制、利用和保护的权力”，包括数据管理权和数据控制权。数据管理权是指一国对本国数据生成、处理、传播、利用、交易、储存等环节的管理权；数据控制权是指一国对本国数据采取保护措施，保障数据的真实性、完整性和保密性。

在私权利方面，数据分为个人数据和非个人数据。在大数据时代，个人的生活轨迹与生活习惯得到了前所未有的大规模记录。在商业领域，个人信息作为数据集合的主要来源，其基础信息、地理坐标、浏览痕迹、消费习惯、出行轨迹等都会被数据控制者收集，进而利用大数据分析技术进行预测分析，以制定营销方案、优化算法设计。

首先，公民对其个人信息数据，具有数据人格权。在理论上，个人信息是一种人格利益，应归属于信息主体。《中华人民共和国民法典》明确规定自然人享有个人信息权。对于个人信息的范围，《中华人民共和国个人信息保护法》明确规定“个人信息是以电子或者其他方式记录的与已识别或者可识别的自然人有关的各种信息，不包括匿名化处理后的信息”。《中华人民共和国个人信息保护法》规定，个人信息处理应以“告知—同意”为原则，个人信息主体对其个人信息被他人收集、存储、转让和使用过程中的知情权与自主决定权的利益，并不代表个人对其信息享有某种经济利益。

其次，公民的数据财产权，包括数据的使用权、交易权、携带权、收益权等。有学者建议应该赋予消费者个人数据产权，使其能够基于数据市场与数据企业进行谈判，以实现数据价值最大化和合理的隐私保护。

最后，数据合法采集者的财产权。对于企业合法采集的原始个人数据，企业仅在授权范围内享有使用权，但没有所有权，不能转让、交易。

对原始数据进行加工形成的数据，是否能形成企业数字资产，需要综合考虑以下因素：用途和加工方式是否经客户明确授权；加工数据和原始数字是否具有显著差异；加工数据的使用是否违反隐私保护、反垄断等法律原则和规定。

当数据分散在个体手里时，其实不太有用，没有一定的生产力，个体没办法加工和分析数据进而使其产生价值。具有生产力的主体有规模优势，以合适的价格、机制，把汇集的数据放到交易市场，能促进数据交互、加工，进而产生更多价值。

3.1.3 数据确权存在的问题

第一，数据产生、收集、存储、加工、使用、传输等环节涉及多个主体，数据权属尚未有清晰的界定。尤为突出的问题是个人、企业和公共利益的三方冲突。在现实生活中，个人信息作为数据集合的主要来源，其基础信息、地理坐标、消费习惯、出行轨迹等都会被平台等数据控制者收集，进而利用大数据分析技术进行预测分析，以制定营销方案、优化算法设计。但个人用户与以数字平台为代表的数据控制者之间缺乏明确的利益分配机制。同时，大数据也会给公共治理带来新的问题，如不法分子利用大数据给国家安全、社会稳定和民众隐私、财产、人身利益等造成威胁。

第二，数据要素的基本特征会加速数据垄断。数据的价值根源在于“大”和“活”，在数字时代，个人的生活轨迹和市场主体的商业活动得到了前所未有的大规模记录。但是海量数据的简单加和，并不能称为“新的生产要素”。把庞杂的数据变成信息、变成知识、变成决策，需要强大的数据处理能力。只有不断对大数据进行深加工，分析数据蕴含的内在规律，才能逐步实现数据的“增值”，并最终指导商业决策，提高生产效率。数字平台掌握着最大规模的数据资源和最强大的数据处理能力，能够不断提高数据价值，形成数据价值的反馈闭环，在数据要素领域形成巨大优势。

第三，数据依附特定场景，缺失数据资产估值和定价机制。与传统的生产要素不同，数据还存在一个显著特点：无形性。不同于传统物权，数据作为一种无形资产，通常是消费者行为、企业生产经营的附属产物，其价值主要在于优化资源配置，依附特定场景，难以通过市场交易定价。

第四，数据要素也具备非竞争性，可以被无限次使用，且易于复制，与传统物权的“一物不能容二主”原则相冲突，因此很难确认和转让所有权。

3.1.4 数据确权路径研究

目前，数据确权需要达到三方面目的：第一，保护个人隐私和数据安全；第二，合理界定数据要素各参与方的权利和义务，促进数据权益的公平分配；第三，降低数据要素的交易成本，提高数据要素的使用与开发效率，充分发掘数据要素红利。

首先，应将保护个人隐私和数据安全放在首要位置。对于涉及个人隐私和国家安全的数据，应进行分类管理；对于与个人身份挂钩的数据、涉及国家安全的敏感数据，应加强数据的安全监管。

其次，数据产权如何在个人和企业之间分配，是数据确权中的最大难点。

目前，数据产权实际上混合了人格权、个人和数据采集者各方的财产利益，而个人用户和以数字平台为代表的数据控制者之间缺乏明确的利益分配机制。“知情—同意”机制也存在很多缺陷：网络服务提供者出具的隐私声明条款一般冗长、晦涩、难懂，很少有信息主体完全阅读，信息主体一般会直接点击同意以进行下一步，这种隐私声明逐渐沦为僵尸条款，且信息主体对个人信息缺乏实际的控制权，相关权利的行使也举步维艰。

研究者一般认为，个人信息属于信息主体（个人）的权利，数据产品则属于数据产品生产者或持有者的权利。但是，由于数据要素的非竞争性、低复制成本，而且强势一方（如企业）很容易通过合同、协议将个人数据的所有权低价，甚至免费“交易”到自己手中，赋予个人绝对权利并不能有效保障个人的数据隐私和安全，也不利于数据要素的交易流通。

基于科斯定理，交易成本主要是缔约成本和履约成本。我们可以分别假设大数据权利归属何者，再逐个分析各自的交易成本进行对比。假如将数据产权赋予数据采集者，缔约的成本并不高，因为数据采集者只需拟定一份双方满意的合同，数据采集者必须不泄露个人信息并按授权范围使用。然而，履约成本却很高，因为作为个人很难监督企业的数据行为，而且一旦数据产业发生违约，个人也很难维护自己的权益。假如将数据产权赋予个人，缔约成本和履约成本都会非常高。在缔约中，因为不同的个人有不同的隐私需要，数据采集者可能需要逐个去谈判，或许还须拟定很多种能满足不同需要的合同。在履约中，不同的个人基于被赋予的产权还会产生一大堆不同的数据请求，而这些请求可能并不合理，但数据产业将不得不花费成本来处理这些问题。此外，大数据的交易和利用等可能会变得非常麻烦。比较上述两种假设，将数据产权赋予数据采集者的交易成本会比赋予个人显得低一些，主要体现在缔约成本降低上。所以，按照科斯定理的安排，将数据产权赋予数据产业会合理一些。

当然，无论将数据产权赋予何者，交易成本都不会太低，所以此时还需援用霍布斯定理来论证。霍布斯定理要求法律把产权分配给评价最高的一方，以降低合作失败导致的损失。可能有学者轻易就能得出数据产业对数据产权的评价最高的结论。数据产权归属数据产业，数据产业能产生规模经济和范围经济，而单个的个人信息对个人而言时常是没有价值的，即使极个别的信息或许对个人而言确实非常重要，然而对数据采集者而言，只有汇集形成的海量数据在数据运行和处理的构架下，才能发挥出极大的价值，因而数据采集者对数据产权会更为珍视。

但是，由于数据的非竞争性特征，适用于具有竞争性和排他性特征的私人物品的科斯产权定理不再充分有效。Frischmann（2012）指出，在资产或产品具有非竞争性时，仅仅将资产的排他性使用赋予价值最大的那个人，并不会带来社会总福利最大化的结果。由于数据对很多人都具有价值，对于非竞争性数据来说，更多的人使用同一个数据并不会增加成本，而是会创造更多的价值，因此让每个使用数据创造价值的人都能以相同或相近的成本来接入和使用数据，会实现社会总福利的最大化。因此，可以赋予个人“数据可携权”，数据主体有权获取个人数据并要求数据控制者将其直接转移给另一个控制者。“数据可携权”不仅可以加强个人信息保护，也可有效破除数据流通障碍，让数据可以低成本地在数据利用者之间进行转移，还有助于打破大型平台的数据垄断。

因此，为避免个人信息滥用和鼓励数据资产流通，应当针对不同隐私级别的个人信息，给予数据主体（个人）不同等级的拒绝权、可携权、获取收益等数据产权，赋予数据控制者有限制的使用权、收益权。

最后，关于企业数据资产的产权保护，学者也提出了三种保护路径。

一是知识产权路径。在现有的法律体系中，知识产权和数据都是无形资产，两者的物理特征相似。黄立芳（2014）[①] 提出数据是开发者技术、知识、劳动的结果，数据产权具有知识产权属性，数据开发过程中凝聚了开发者智慧和劳动的智力创造，应当将数据产权纳入知识产权范畴，并予以保护。但是很多学者也提出了反对意见，因为很多数据并没有独创性，知识产权路径也不利于数据的自由流动

二是周林彬和马恩斯（2018）[②] 从制度效率高低、克服制度禀赋阻力大小、交易成本大小三个方面，论证了物权所有权保护路径促进数据交易和数据产业发展的适用性。“物权路径”的制度效率最高，债权次之，知识产权最次。

有学者认为，数据是无体物，因而对以有体物为基石的传统物权观念冲击太大；数据没有独创性，因而与知识产权客体也有本质上的差异。数据难以为现有的财产权利体系所容纳，应与时俱进构建新的数据财产权利类型。

龙卫球（2017）[③] 认为，数据不适用知识产权保护路径，其主张新型财产权保护路径，建立一个保护“无形物”的独立的财产权体系，重新平衡用户

---

① 黄立芳 . 大数据时代呼唤数据产权［J］. 法制博览（中旬刊），2014（12）：50–51.

② 周林彬，马恩斯 . 大数据确权的法律经济学分析［J］. 东北师大学报（哲学社会科学版），2018（2）：30–37.

③ 龙卫球 . 数据新型财产权构建及其体系研究［J］. 政法论坛，2017，35（4）：63–77.

和数据从业者的利益关系，让用户拥有基于个人信息的人格权和财产权，数据经营者拥有基于数据资产的经营权和财产权。学者也建议将数据纳入虚拟财产权及其保护之中。

三是根据《中华人民共和国反不正当竞争法》规定，经营者不得实施侵犯商业秘密的行为。商业秘密是指不为公众所知悉、具有商业价值并经权利人采取相应保密措施的技术信息、经营信息等商业信息。在学理上，对于商业秘密的认定标准有三个，即保密性、新颖性及价值性。数据控制者所掌握的数据如果满足上述三要素，也可以援引《中华人民共和国反不正当竞争法》保护数据权益。目前，关于数据经济利益的纠纷，法院常常援引《中华人民共和国反不正当竞争法》进行判断。例如，“新浪微博诉脉脉案”“淘宝诉美景不正当竞争纠纷案”等。

3.2 国内外数据确权的法律基础

3.2.1 我国数据产权界定

2016年7月公布的《中华人民共和国民法总则》（一审稿草案）曾将“数据信息”作为一种知识产权，但遭到大多数专家反对，最终只留下“法律对数据、网络虚拟财产的保护有规定的，依照其规定”“自然人的个人信息受法律保护”等模糊表述。2020年，《中共中央 国务院关于构建更加完善的要素市场化配置体制机制的意见》提出“研究根据数据性质完善产权性质”。

但是，对于数据主权保护、个人信息保护、非个人数据产权保护的基本方向，在学术界、政策界、法律界还是达成了一定共识——“个人数据具有人格权属性”“企业对其投入大量智力劳动成果形成的数据产品和服务具有财产性权益”。

2021年9月施行的《中华人民共和国数据安全法》为解决数据安全问题提供了一些重要遵循，但在最重要的数据确权问题上，仍然留白。

2021年1月1日生效的《中华人民共和国民法典》明确规定自然人享有个人信息权。对于个人信息的范围，《中华人民共和国个人信息保护法》明确规定“个人信息是以电子或者其他方式记录的与已识别或者可识别的自然人有关的各种信息，不包括匿名化处理后的信息”。《中华人民共和国个人信息保护法》规定，个人信息处理应以“告知—同意”为原则，个人信息主体拥有对其个人信息被他人收集、存储、转让和使用过程中的知情权和自主决定权。

对于非个人数据，如企业开发的数据资源是经营者投入大量人力、物力长期开发、积累形成的，如果其他经营者“搭便车”，利用了该企业所掌握的数据资源开展经营活动，那么经营者也可以依据《中华人民共和国反不正当竞争法》主张对竞争性财产权益的保护。

例如，2018 年 12 月 18 日，杭州市中级人民法院做出二审判决，确认淘宝（中国）软件有限公司对大数据产品“生意参谋”数据享有竞争性财产权益，安徽美景信息科技有限公司需停止涉案不正当竞争行为，并赔偿淘宝（中国）软件有限公司经济损失及为制止不正当竞争行为所支付的合理费用共计 200 万元。

在上述案件中，淘宝（中国）软件有限公司系“生意参谋”数据产品的开发者和运营者，通过“生意参谋”为商家的店铺经营、行业发展、品牌竞争等提供相关的数据分析与服务并收取费用，形成特定的商业模式，给其带来较大的商业利益。该产品体现了淘宝（中国）软件有限公司的竞争优势，已成为其核心竞争利益所在。安徽美景信息科技有限公司开发和运营“咕咕互助平台”软件和“咕咕生意参谋众筹”网站，并在“咕咕生意参谋众筹”网站上推广“咕咕互助平台”软件，教唆、引诱已订购“生意参谋”产品的淘宝（中国）软件有限公司用户下载“咕咕互助平台”软件，通过该软件分享、共用子账户，并从中牟利。

法院确认，“生意参谋”数据产品的产品研发者投入大量成本，尤其是智力投入，能为其带来可观的商业利益与市场竞争优势，这一数据产品已经成为淘宝（中国）软件有限公司一项重要财产性权益。安徽美景信息科技有限公司未付出劳动创造，将涉案数据产品直接作为获取商业利益的工具，此种据他人劳动成果为己牟利的行为，明显有悖公认的商业道德，属于不劳而获“搭便车”的不正当竞争行为，如果不加以禁止将挫伤大数据产品开发者的创造积极性，阻碍大数据产业发展，进而会影响到广大消费者福祉的改善。

2021 年 6 月 29 日，《深圳经济特区数据条例》经深圳市第七届人民代表大会常务委员会第二次会议审议通过，自 2022 年 1 月 1 日起施行。内容涵盖了个人信息数据、公共数据、数据市场、数据安全等方面，是国内数据领域首部综合性地方法律法规。

2020 年，国务院发布的《综合改革试点实施方案》提出，深圳要“率先完善数据产权制度，探索数据产权保护和利用新机制”。虽然目前就数据权属问题还未形成统一认识，难以通过地方性法规旗帜鲜明地创设“数据权”这一新的权利类型，但是对于“个人数据具有人格权属性”“企业对其投入大量智力劳动成果形成的数据产品和服务具有财产性权益”已经达成普遍共识。

基于这一认识，《深圳经济特区数据条例》率先在立法中探索数据相关权益范围和类型，明确自然人对个人数据依法享有人格权益，包括知情同意、补充更正、删除、查阅复制等权益；自然人、法人和非法人组织对其合法处理数据形成的数据产品和服务享有法律、行政法规及条例规定的财产权益，可以依法自主使用，取得收益，进行处分。

为进一步规范个人数据处理活动，《深圳经济特区数据条例》借鉴国际主流个人数据立法的规定，确立了以“告知—同意”为基础的个人数据处理规则。一是处理个人数据具有告知义务，应当在处理前向自然人告知数据处理者的基本信息，处理个人数据的种类、范围、目的和方式，存储个人数据的期限，可能存在的安全风险、采取的安全保护措施，以及自然人依法享有的权利、行使权利的方式等事项。二是处理个人数据应当征得自然人的同意，在其同意的范围内处理其个人数据，不得通过误导、欺骗、胁迫等违背自然人真实意愿的方式获取自然人的同意，并对同意规则的例外情形做出了规定。三是针对自然人撤回同意的情形，规定数据处理者应当提供撤回同意的途径，不得对撤回同意进行不合理限制或者附加不合理条件；并在立法中首次认可了数据处理者在自然人撤回同意前，基于同意进行的合法数据处理的有效性。

《深圳经济特区数据条例》首创性地规定，数据处理者基于提升产品或者服务质量的目的，对自然人进行用户画像的，应当明示用户画像的主要规则和用途；自然人有权拒绝数据处理者对其进行上述用户画像和基于用户画像进行的个性化推荐，数据处理者应当为其提供拒绝的途径。

3.2.2　欧盟的数据产权界定

在个人信息保护和数据确权方面，欧盟走在世界前列。欧盟将数据区分为“个人数据”和“非个人数据”。对于“非个人数据”，欧盟在 2018 年 10 月推出《非个人数据自由流动条例》，鼓励欧盟境内非个人数据自由流动，消除欧盟成员国数据本地化的限制。

根据欧盟《通用数据保护条例》（GDPR），“个人数据”指的是任何指向一个已识别或可识别的自然人（“数据主体”）的信息，如姓名、身份证件号码、定位数据等。原则上，“个人数据”归属自然人，“非个人数据”归属“数据生产者”——所有者或者长期使用者。

关于“个人数据”，GDPR 规定数据处理必须建立在“告知—同意”的基础上。如果数据主体未明确表示同意，只有履行公共职责、实现公共利益等少数特例情况下，数据处理具有合法性。而且，同意不能是模糊不清的，数据控制者必须以一种容易理解的形式，使用清晰和平白的语言，而且数据处理应执行“数据最小化”原则，不超过个人数据处理目的之必要。另外，数据主体有权随时撤回其同意。

数据主体所拥有的权利有哪些呢？ GDPR 提出个人拥有对数据的知情权、访问权、拒绝权、可携带权、被遗忘权，为个人信息的保护提供了坚实的法律保障。

第一，知情权。GDPR 规定，处理个人数据必须有合法理由，包括数据主体的同意、为了履行合同需要、履行法定义务的需要等。而且，数据主体随时可以撤回同意。撤回同意与做出同意应当同样容易。在信息披露方面，数据控制者必须以简单、明晰、易获取的方式，以清楚明确的语言，向用户提供数据控制者的身份、联系方式、个人数据储存阶段、个人信息处理目的和过程等信息。第二，访问权。用户有权从数据管理者那里确认个人数据是否正在被处理，也有权访问自己的个人数据，有权获知个人数据对第三方的披露情况。数据控制者应当向用户提供正在处理的个人数据副本。第三，拒绝权。用户有权拒绝其个人数据被处理。尤其如果个人数据用于营销目的，那么数据主体有权在任何时候拒绝个人数据处理。第四，可携带权。可携带权是指用户可以无障碍地将其个人数据从一个信息服务提供者处转移至另一个信息服务提供者。例如，“脸书”的用户可以将其账号中的照片以及其他资料转移至其他社交网络服务提供商。第五，被遗忘权。当用户依法撤回同意或者数据控制者不再有合法理由继续处理该数据时，用户有权要求删除数据。数据控制者不仅要删除自己控制的数据，还被要求负责对其公开传播的数据，通知其他第三方停止利用、删除。这是对传统“删除权”的扩张。

自 2018 年欧盟 GDPR 生效以来，欧洲各国监管机构对各大数字平台做出了多次处罚。例如，2021 年 7 月，卢森堡数据保护局认为亚马逊对个人数据的处理不符合 GDPR，对其处以 7.46 亿欧元罚款。自 2018 年以来，爱尔兰数据保护委员会（Data Protection Commission，DPC）就开始对 Whats App 开展专项调查，最终在 2021 年 9 月，DPC 认定 Whats App 违反了 GDPR 的多项条款，包括未能以合法、公平和透明的方式处理用户的个人数据；未能“以简洁、透明、易懂且易于访问的形式，使用清晰明了的语言”提供有关如何收集数据的信息；未能通知用户数据的存储位置、相关联系人的详细信息，以及收集数据的目的和接收数据的人；未能通知用户何时从第三方获取和处理他们的个人数据以及这些数据的来源。DPC 对 Whats App 处以 2.25 亿欧元罚款，并要求其在三个月内完成整改，切实提高数据处理和共享的透明度。

对于非个人数据，2018 年 10 月，欧洲议会投票通过《非个人数据自由流动条例》，旨在促进欧盟境内非个人数据自由流动。首先，“非个人数据”指的是与已识别或可识别的人无关的任何数据，如匿名化处理后的数据，或者设备到设备的数据。其次，为了促进欧洲数据统一市场，该《非个人数据自由流动条例》要求成员国政府消除现有的数据本地化要求，除非基于公共安全事由，欧盟成员国不得限制数据处理和存储的地理位置。最后，该《非个人数据自由流动条例》要求云服务行业建立行为准则，包括信息披露、数据备份的进程和位置、可用的数据格式、所需的技术配置等，保障专业用户能够自由地迁移数据。

3.3　北京数据确权和数据流通：实践演进

3.3.1　北京数据确权实践

2021 年 4 月，北京市经济和信息化局公告称，中国政法大学作为供应商承担“北京市数据立法研究论证支撑服务项目”。这意味着北京数据立法工作已提上日程。

2022 年 1 月，《北京市营商环境创新试点工作实施方案》出台，提出北京将加快培育数据要素市场。第一，构建数字经济规则体系，推动出台数字经济促进条例，制定数据交易、数据交易主体多级认证、数据分级保护、数据跨境交易等规则；第二，北京将在重点区域开展数据确权探索，实现对数据主权的可控可管，在数据流通和数据安全等方面形成开放环境下的新型监管体系；第三，北京将以金融、征信、医疗等场景为突破口，推动高价值核心数据通过本市数据交易场所实现进场交易，不断扩大数据交易规模，促进形成开放领先的数字产业生态。

3.3.2　北京市政府数据开放实践

在前文中，我们提到政府数据属于公共资源，具有非竞争性和非排他性。在保障国家安全和公民隐私的前提下，将公共数据最大限度地开放给社会，有利于提高数据利用效率，增加政府透明度，提升政府治理能力。2015 年 8 月，国务院印发的《促进大数据发展行动纲要》提出要稳步推动公共数据资源开放，加快建设国家政府数据统一开放平台。截至 2021 年 4 月底，我国已有 174 个省级和市级地方政府上线了数据开放平台。

目前，北京市政府正在持续推进政府数据开放工作。在法规政策方面，2020 年 9 月，北京市制定了《北京市政务数据开放服务指南》；2021 年 1 月，北京市经济和信息化局印发了《北京市公共数据管理办法》，为北京市政府数据开放奠定了规范发展的基础。《北京市公共数据管理办法》将公共数据定义为“具有公共使用价值的，不涉及国家秘密、商业秘密和个人隐私的，依托计算机信息系统记录和保存的各类数据”。北京市建立统一的公共数据目录和市、区两级大数据平台，而且北京市将对公共数据实行分类管理，分为无条件开放、有条件开放。无条件开放的公共数据，用户可直接从大数据平台获取；有条件开放的数据，符合条件的用户可以向数据专区、数据服务窗口等提出申请。《政务数据分级与安全保护规范》是对国际、国家、相关行业领域、其他省市数据分级安全保护的典型案例进行收集整理，对采取的技术措施和管理手段进行汇总，分析各自特点、优势和不足，率先制定北京市数据分级安全保护规范，明确数据分级方法以及第一级至第四级数据的通用要求、技术要求和管理要求。

自 2018 年起，北京市经济和信息化局、中共北京市委机构编制委员会办公室和北京市财政局牵头政府各相关部门，逐条梳理建立“职责目录”，对应形成全市“数据目录”一本大台账，利用区块链的分布式存储、不可篡改、合约机制等特点，建立起北京市“目录区块链”，将各部门目录“上链”锁定，实现了数据变化的实时探知、数据访问的全程留痕、数据共享的有序关联，在根本上解决了数据共享难题。

北京市在政务服务中心设立数据服务窗口，为社会提供数据开放咨询申请的新渠道，并制定了《北京市政务数据开放服务指南（试行）》，倒逼政府数据开放工作。

2019 年 10 月，北京首个线上数据共享流程依托“北京市目录区块链”开启，申请、授权、确认、共享、使用等各个环节均在“北京市目录区块链”管控下自动执行，10 分钟内全部完成。目前，“北京市目录区块链”通过建立统一数据目录，聚合全市 62 个市级部门、1000 多个业务处室的数据，基于区块链等技术，形成可靠、稳定的数据资源共享开放体系。

北京依托建设全球数字经济标杆城市的契机，开发数据专区模式，建设不同领域的数据专区，授权企业做平台化运营，积极培育一批数据服务企业，带动相关产业发展，推动数据在数字经济、社会治理方面的应用，有效发挥数据要素的社会价值。

截至 2021 年 12 月，北京市已向社会无条件开放 113 个单位 7535 个数据集、548863 个数据项、约 0.78 亿条涉及公共服务、财税金融、城市管理等热点领域的公共数据。如果算上有条件开放的数据，北京市公共开放数据已累计达到 9214 个数据集，共计 60 余亿条数据记录。

复旦大学数字与移动治理实验室发布的 2020 年《中国地方政府数据开放平台报告》对全国各地政府数据开放程度进行了评估，发现在 16 个参与排名的省级行政区中，北京市处于第 7 位，属于中游位置（见表 3–1）。与浙江省、上海市相比，北京市在准备度、平台层、利用层方面，还相对落后。准备度指的是数据开放的准备工作，包括法规政策效力与内容、标准规范、组织与领导等 3 个一级指标；平台层度量数据开放平台建设情况，包括平台关系、发现预览、数据获取、成果提交展示、互动反馈、用户体验等指标；利用层是数据开放的成果，包括利用促进、利用多样性、有效成果数量、成果质量等。

表 3–1　各地政府数据开放程度

省份	准备度	平台层	数据层	利用层	综合指数	排名
浙江	16.00	13.99	35.42	13.15	78.56	1
上海	15.80	15.75	22.98	13.55	68.08	2
山东	10.31	15.85	24.11	9.50	59.77	3
贵州	10.63	14.95	15.48	9.90	50.96	4
广东	6.20	10.38	23.75	5.00	45.33	5
福建	9.66	8.77	19.24	7.00	44.67	6
北京	8.31	4.82	23.50	7.50	44.13	7
天津	8.36	8.11	20.48	7.00	43.95	8
四川	5.80	11.39	20.64	4.75	42.58	9
广西	2.00	10.34	17.60	2.50	32.44	10
江西	5.00	3.28	13.51	6.00	27.79	11
海南	5.69	5.28	8.14	7.00	26.11	12
河南	2.00	3.89	16.72	0.50	23.11	13
湖北	1.60	3.79	10.68	2.00	18.07	14
江苏	1.80	2.27	0.00	7.00	11.07	15
青海	1.60	1.07	0.00	4.00	6.67	16

3.3.3 北京市数据交易实践

2021 年 3 月 31 日，北京市经济和信息化局会同北京市金融局、北京市商务局、中共中央网络安全和信息化委员会办公室等部门，组织北京金控集团牵头发起成立北京国际大数据交易所（以下简称“北数所”），定位于打造国内领先的数据交易基础设施和国际数据跨境流通枢纽。

北京国际大数据交易有限公司作为北数所的运营主体，由北京金控集团作为第一大股东发起设立，股东方还包括华控清交、京东数科和微芯感知 3 家企业，注册资本金 2 亿元。北数所提供数据清洗、供需撮合、法律咨询、价值评估、权属认证等一系列服务。从定位看，北数所立足京津冀地区，辐射带动全国，面向全球提供服务，规格明显高于很多省市的地方数据交易所。

2021 年 9 月 30 日，北数所数据交易平台 IDeX 系统上线。该平台基于分布式计算与存储技术，能够实现企业开户以及数据资产登记、发布、交易、支付、结算等一系列功能。

这是国内首家利用综合数据技术，探索数据交易创新模式的新平台，依托隐私计算、区块链及智能合约、数据确权标识、测试沙盒等领域的技术优势，构建新型数据交易系统，支持全链条交易服务体系的建设。

IDeX 系统基于分布式计算与存储技术建设而成，具有核心业务稳定、数据要素一致、数据交易安全、功能扩展灵活的特点，实现了企业开户以及数据资产登记、发布、交易、支付、结算等交易功能，上架了涵盖数据集、数据报告、数据服务等多种形式的数据产品，可提供上传下载、API 接口、线下部署等灵活多样的交割方式，能够满足集合数据、算法、算力形成的数据合约的交易需求，将为数据交易提供灵活、便捷、规范的信息化平台。

北数所已有多项创新，取得了以下成果。

在数据储备方面，北数所将政府数据和产业数据纳入资源库，有了比较丰富的数据资源基础。北数所实现了与北京政务资源网的联通和金融公共数据专区的对接，将北京市丰富的政府数据纳入数据资源库。北数所还成立了北京国际数据交易联盟，截至 2022 年，大型商业银行、电信运营商、头部互联网企业以及数据中介服务等 100 多家机构或企业参与其中。

在技术支撑方面，北数所将利用区块链等底层技术，做到产品有凭证、交易有留痕。北数所对上架产品进行数据资产登记并颁发数字资产凭证，对上架产品的内容以及凭证流转过程中的所有数据进行存证监管。通过区块链技术对交易记录存证上链，确保可追溯、防篡改，为数据供需双方提供可信的数据融合计算环境。

在交易模式方面，北数所首创基于区块链的“数字交易合约”模式，这是数据提供商、应用商和服务商共同达成的数字交易约定，涵盖交易主体、服务报价、交割方式、存证码等信息，是交易连续、真实、可追溯的高可信“动态交易账本”。

在安全合规方面，北数所研发北京数据托管服务平台，并于 2022 年正式投入使用。北京数据托管服务平台建设的主要目的是保障数据交易的安全合规。平台上聚集了数据资源方、授权运营方、安全保障方、合规处理方、场景应用方等各类具备较高公信力的机构，对数据来源和采集过程进行合法性验证，对受托数据进行标准化清洗和脱敏处理，实现数据的合规存储、授权管理和市场应用。

数据跨境流通的安全性、合规性和便捷性是目前的焦点问题。数据跨境流动还处于敏感地带，如何规范数据出境活动，还处于探索阶段。2022 年 7 月，国家互联网信息办公室颁布《数据出境安全评估办法》，提出数据出境安全评估将采用自我评估与政府评估相结合的方式，数据处理者向境外提供重要数据和大量个人信息的，应当通过所在地省级网信部门向国家网信部门申报数据出境安全评估。

目前，北数所已与某跨国公司正式签署服务协议，并通过数据托管服务平台为该公司在国内产生的数据进行托管存储和脱敏处理。至此，北京数据托管服务平台首个试点项目成功落地。北数所的北京数据托管服务平台，有助于探索和建设跨境数据安全交易的技术与监管规则。

3.4 政策建议与未来展望

3.4.1 对北京数据确权的政策建议

基于建设全球数字经济标杆城市的目标，北京市可以开展数据确权立法的先行先试，在数据确权和数据交易等方面探索地方性法规规范，探索可复制可推广的规则、制度、标准等。

首先，关于个人信息保护，北京市可以基于 2021 年推出的《中华人民共和国个人信息保护法》提出地方实施细则，树立可推广的操作标准，明确自然人对个人数据依法享有人格权益，包括知情同意、撤回同意、删除、查阅复制等。北京可创设“数据可携权”，并明确执行规则，规定数据主体有权获取个人数据并要求数据控制者将个人数据直接转移到另一个控制者。“数据可携权”不仅可以加强个人信息保护，也可有效破除个人信息流通障碍，有助于打破大型平台的数据垄断。

其次，针对非个人信息数据，包括匿名化处理之后的个人信息数据，对企业合法获得和处理的数据认可数据财产权益，赋予其占有、使用、收益和处分的权利，为数字经济发展和数据要素市场化配置提供法律保障。

最后，关于数据产权性质目前尚未明确，数据产权会随应用场景变化而变化，可能衍生出新的权利，使得事先约定权利属性非常困难。因此，北京市可以不必急于钉死数据权利属性，而应探索维护各方合法权益、提高数据利用效率的具体路径，保持适度的制度弹性。同时，注重安全与发展并重，把握好数据安全与促进数据开发利用之间“度”的问题。一方面，构建全生命周期的数据安全保护机制；另一方面，不能因为担心安全风险，就把数据封锁起来，应划清数据处理和交易的合法范围，在合法范围内，积极鼓励数字经济的发展。

3.4.2 对北京数据交易的政策建议

第一，探索建立数据交易规则、安全保障机制等政策体系。可以对不同安全风险的数据进行分类管理，对低风险的数据类别开具白名单，鼓励其自由流动，对高风险的数据类别则加强安全合规要求。

第二，建立大数据交易标准，探索标准交易合约设计。数据流通规模的扩大，依赖数据的通用化和标准化。北数所探索标准交易合约设计；同时，针对不同来源数据、不同类型的数据，尝试制定不同的交易模式和定价策略，允许数据所有权与使用权分离，探索免费开放、授权调用、共同建模、加密计算等多种交易模式。稀缺、价值高的数据，可以实施拍卖或卖方定价；政府公共数据，可以实施免费开放或成本定价。

第三，积极推动数据质量评估认证和数据定价体系建设，为市场培育专业第三方机构，提供数据评估与定价咨询服务，同时也允许市场主体自行评估数据质量，自行确定交易价格。

第四，加快政府数据开放进程，与数据交易形成良性互动。政府数据开放可以丰富数据品类、扩大数据规模，为数据交易提供供给端保障；政府数据应用效果凸显之后，也会起到示范作用，激励其他数据控制者参与数据交易。

参考文献

[1] McKinsey Global Institute. Big data: The next frontier for innovation, competition, and productivity [R].2011.

[2] Mayer-Schönberger V, Cukier K. Big data: A revolution that will transform how we live, work, and think [M]. Houghton Mifflin Harcourt, 2013.

[3] The UK Competition and Markets Authority. The commercial use of consumer data report on the CMA's call for information [R].2015, p.6-7.

[4] Boutin, Xavier, Clemens, Georg. Defining "Big Data" in Antitrust [J]. Comption Policy International: Antitrust Chronicle , 2017, Volume 1, Number 2, p.3, 6.

[5] Demsetz H. Toward a theory of property rights [A]. In Classic papers in natural resource economics [M].1974, pp. 163-177, Palgrave Macmillan, London.

[6] Coase R H. The problem of social cost [A]. In Classic papers in natural resource economics [M].1960, pp. 87-137, Palgrave Macmillan, London.

[7] Besley T. Property rights and investment incentives: Theory and evidence from Ghana [J]. Journal of Political Economy, 1995, 103 (5): 903-937.

[8] Bollier D, Firestone C M. The promise and peril of big data [M]. Washington, DC: Aspen Institute, Communications and Society Program, 2010.

[9] Boyd D, Crawford K. Critical questions for big data: Provocations for a cultural, technological, and scholarly phenomenon [Z]. Information Communication & Society, 2012, 15 (5): 662-679.

［10］黄立芳．大数据时代呼唤数据产权［J］．法制博览（中旬刊），2014（12）：50–51.
［11］周林彬，马恩斯．大数据确权的法律经济学分析［J］．东北师大学报（哲学社会科学版），2018（2）：30–37.
［12］龙卫球．数据新型财产权构建及其体系研究［J］．政法论坛，2017，35（4）：63–77.
［13］郭庆来，王博弘，田年丰，等．能源互联网数据交易：架构与关键技术［J］．电工技术学报，2020，35（11）：2285–2295.
［14］王海龙，田有亮，尹鑫．基于区块链的大数据确权方案［J］．计算机科学，2018，45（2）：15–19，24.
［15］唐斯斯，刘叶婷．我国大数据交易亟待突破［J］．中国发展观察，2016（13）：19–21.
［16］王卫，张梦君，王晶．国内外大数据交易平台调研分析［J］．情报杂志，2019，38（2）：181–186，194.
［17］樊荣．贵阳大数据交易所成立一年实现五大突破［N］．贵阳日报，2016–04–14.
［18］何培育，王潇睿．我国大数据交易平台的现实困境及对策研究［J］．现代情报，2019，37（8）：98–105，153.
［19］王玉林，高富平．大数据的财产属性研究［J］．图书与情报，2016（1）：29–35，43.

第3篇　实践篇

数字产业是数字经济发展的核心。数字经济以数字核心产业为支撑，数字技术与传统产业融合催生出大量的新业态、新模式，深刻影响和改变了企业的日常生产经营活动。北京作为全国创新策源地，拥有丰富的产业数字化转型、发展、创新的资源支持，数字经济产业发展领先全国。课题组通过实地调研、访问、座谈等方式，跟踪研究北京数字经济发展实践的进展、现状和问题。本篇从北京数字核心产业发展、产业数字化发展和企业数字化转型3个方面，全面梳理和分析北京数字经济产业发展的现状与存在的问题，并提出相应的政策建议与展望。

第4章　北京数字核心产业发展分析

数字经济的概念诞生于20世纪末。虽然在20世纪中叶，ICTs已经开始出现并作为新兴产业受到广泛的关注，但受时代所限，当时对于这一技术变革的未来展望也主要集中于ICT的发展上，并催生了“信息经济”这一概念。伴随着互联网的兴起，“信息经济”向“网络经济”转变，直至20世纪90年代中后期，才有西方学者提出了“数字经济”的概念并使其得到应用。进入21世纪后，ICTs不断深入发展，并极大地改变了生产方式和人们的生活方式，数字经济的内涵也不断丰富。我国“十四五”规划纲要提出，要“加快数字化发展，建设数字中国”，并明确指出要培育壮大新兴数字产业，提升数字产业水平，构建新的应用场景和产业生态。

国家统计局2021年发布的《数字经济及其核心产业统计分类》参考了“十四五”规划纲要等文件，并借鉴国内外相关机构对数字经济的分类方法，将数字经济产业分为5个大类：数字产品制造业、数字产品服务业、数字技术应用业、数字要素驱动业和数字化效率提升业。前四大类是数字经济中的数字产业化部分，也称为“数字经济核心产业”，是为产业数字化发展提供数字技术、产品、服务、基础设施和解决方案，以及完全依赖数字技术、数据要素的各类经济活动，构成了数字经济发展的基础，对应于《国民经济行业分类》中的26个大类、68个中类、126个小类，主要包括计算机通信和其他电子设备制造业、电信广播电视和卫星传输服务、互联网和相关服务、软件和信息技术服务业等。

从应用来看，数字经济核心产业是最早被关注与量化的，在现行的统计中也已经能基本达成共识。早期由联合国国际电信联盟（ITU）提出的ICT发展指数（IDI）和世界经济论坛（WEF）构建的网络准备指数（NRI）都是从数字经济相关的产业出发进行度量的，至今仍作为代表全球各国数字经济发展水平的重要指标而广受关注。虽然从理论上数字经济的概念被不断拓展，但出于数据可得性和便捷性的考量，既有的与数字经济相关的实证研究中，数字经济的测度指标仍然大量基于数字基础设施和数字经济核心产业的发展水平而构建，如互联网普及率、互联网产业的产出与从业人员、移动电话普及率等。因此，数字经济核心产业发展是一个地区数字经济发展的首要关注点和基础环节。

北京数字经济核心产业发展稳健，在2022年5月财新智库发布的数字经济指数排序中，北京在基于大数据产业、人工智能产业和互联网产业发展水平测算出的产业指数排序中位列全国第2名，仅次于广东省。在新华三集团最新披露的城市数字化发展指数排名中，北京首次获得第1名，在数字经济指标中也获得了各个城市中的最高分，在关键领域创新、前沿技术布局、新兴数字产业发展等细分领域也都获得了满分。北京的数字经济发展不仅表现在核心产业产值的不断提升与企业的做大做强上，还体现在核心产业技术发展带来的先导驱动作用。比如，基于区块链的电子普通发票应用试点和供应链债权债务平台，都体现了北京在数字技术驱动方面已经进入了应用阶段。

4.1　北京数字经济核心产业发展的现状与成就

北京市一直以来聚焦5G、车联网、工业互联网等数字基础设施建设，并持续优化信息产业等优势领域，在数字经济核心产业发展方面取得了良好的成效，在全国处于绝对的领先地位。北京市统计局发布的《北京市2021年国民经济和社会发展统计公报》显示，2021年，北京数字经济核心产业实现增加值8918.1亿元，同比增长16.4%，占全市GDP比重达22.1%，超过全国平均水平（7.8%），也高于上海、浙江、江苏等地区。其中，高技术产业、战略性新兴产业快速发展，分别实现增加值10866.9亿元和9961.6亿元，增速分别为14.2%和14.0%，地区产值占比也有所增加。从细分行业来看，2021年，软件和信息服务业实现营业收入2.2亿元，占全国比重达到25.7%，规模稳居全国首位；计算机、通信和其他电子设备制造业增长19.6%；工业机器人、集成电路、智能手机产量比上年分别增长56.0%、21.7%和17.1%①；北京依托北斗卫星导航系统打造北斗时空信息科技创新链与产业链，实现产业总体产值约1300.0亿元②。

① 北京市经济和信息化局.2021年北京经济平稳恢复高质量发展取得新成效［R/OL］.［2022-02-15］.http：//jxj.beijing.gov.cn/jxsj/jjyx/202202/t20220215_2610366.htm.l.

② 北京市经济和信息化局.《北京市北斗时空信息产业发展白皮书（2022）》重磅发布［R/OL］.［2022-07-29］.http：//jxj.beijing.gov.cn/jxdt/zwyw/202208/t20220802_2784881.html.

数字经济发展需要坚实的数字基础设施，新基建概念的提出进一步拓展了数字基础设施的范畴，不仅涵盖传统的信息基础设施，还包括深度应用数字技术的融合基础设施和支撑研发具有公益属性的创新基础设施。北京作为首都，在基础设施投入和建设方面持续发力，网络建设、产业规模和服务质量等方面一直处于全国前列。2021 年，北京在建数字新基建项目 282 个，完成投资 745.1 亿元，同比增长 26.4%，占全市投资的比重为 9.1%，同比提高 1.5 个百分点。5G 基站数量达到 5.2 万个，自 2019 年以来年均增长 74.9%，万人基站数量全国第 1 名，实现了五环内全覆盖和五环外重点区域与典型场景精准覆盖。通过冬奥会等应用场景测试，北京率先实现了“5G+8K”全产业链应用贯通。城市算力服务网指数、数字经济人才占比均居全国首位。

北京数字经济核心产业发展也离不开数字经济企业的培育和发展。北京数字经济大型企业数量逐年增多，收入千亿元级企业由 2018 年的 2 家增长到 2021 年的 5 家；百亿元级企业由 2018 年的 39 家增长到 2021 年的 58 家。[①] 北京数字经济核心产业新设企业年均增加 1 万家，全市数字经济核心产业规模以上企业 8060 家，占全市规模以上企业数量的 19.2%。北京人工智能、区块链高新技术企业数量全国第 1 名，2021 年“独角兽”企业数量达到 92 家，领跑全国，累计估值超过 3 万亿元，六成以上分布在电子商务、人工智能、健康科技、软件服务、企业服务等领域[②]，表现出北京在数字经济核心产业方面的强劲动能。同时，北京也是数字经济领域投融资最为活跃的城市之一，人工智能企业获得融资比重 21.9%，区块链企业获得融资比重 34.3%。[③]

4.1.1 重点领域技术突破，创新能力显著提升

2021 年全球创新指数报告显示，我国在国别排名中位列第 12 名，但在全球科技集群排名中，北京位列第 3 名，较上年上升 1 位。2021 年北京数字经济核心产业企业发明专利授权量达到 4.3 万件，同比增长 1.2 倍，占全市发明

---

① 北京科协.2022 全球数字经济大会圆满收官　北京数字经济“晒”出漂亮成绩单［R/OL］.［2022-07-31］.https：//mp.weixin.qq.com/s?__biz=MzU1NzcwOTY5NA==&mid=2247627348&idx=1&sn=bb47525af7381ff1ad0b1de4b4f9166e&chksm=fc3d1245cb4a9b532026bcd5bed1f0c23e1eb1c3ea7ca44e46ba80d2b1b407b8583f9a171192&scene=27#wechat_redirect.

② 王斌.北京共有 92 家“独角兽”企业　数量位居全国第一［EB/OL］.［2022-07-02］.t.ynet.cn/baijia/33004186.html.

③ 孙文轩．四大亮点！2022 全球数字经济大会将于 7 月 28 日至 30 日举办［N/OL］. 新京报，［2022-07-15］.https：//baijiahao.baidu.com/s?id=1738427934926149451&wfr=spider&for=pc.

专利授权量比重为 54.2%，较上年提高了 23.7 个百分点。[①]

为在重点领域实现突破，补齐技术短板，加强数字赋能，北京市继续推进重点项目建设，并取得了阶段性成效。北京微芯区块链与边缘计算研究院于 2021 年 1 月发布了国内首个自主可控的区块链软硬件技术体系——“长安链”，可服务多个中央部委和央企在政务跨省通办、市场监管、供应链金融等重大关键场景中的应用，交易处理性能达到 10 万 TPS 的世界领先水平。2021 年 5 月，北京量子信息科学研究院量子计算研究部第一代超导量子计算云平台正式上线，对大众全面开放，这是北京首个超导量子云平台，为量子算法和量子模拟研究提供了一个真实的物理测试场景。2021 年 6 月，在北京智源大会开幕式上，智源研究院发布了全球最大的超大规模智能模型“悟道 2.0”。该模型依托自主的超大规模智能模型技术创新体系，旨在打造数据和知识双轮驱动的认知智能，让机器能够像人一样思考，从而实现超越图灵测试的机器认知能力；同月，全球首款 96 核区块链专用加速芯片在京发布，芯片基于 RISC-V 开源指令集，极大提升了区块链的性能，芯片具备的数据隐私保护能力则可实现“数据可用不可见”。2021 年 12 月，全国首个提供 8K 服务的电视频道——北京广播电视台冬奥纪实 8K 超高清试验频道正式开播，并提供 8K 超高清技术服务，完成了北京冬奥赛事的转播，依托 5G 基础，北京在 8K 超高清制播领域不断突破瓶颈，带动了技术标准的制定和产业链条的繁荣。

在北京各项政策的引导下，北京数字经济核心产业的开放力度加大，自主创新活跃，具有国际竞争优势的产业生态体系加速形成，工业互联网平台数量、接入资源量、国家级智能制造系统方案供应商数量都居全国第 1 位。在北京市“五子联动”发展进程中，数字领域创新成果不断涌现，创新驱动能力不断提升。北京市已经形成了全国最完整的北斗产业链布局，规模以上企业约 116 家、上市企业 23 家，占全国半数以上，20 余家企业入选国家级“专精特新”小巨人；作为全国人工智能发展的“领头羊”，北京已经在 17 个人工智能发展领域领跑全国，正在逐步形成具有全球影响力的人工智能产业生态体系；根据中国工业与应用数学学会区块链专委会、中国通信工业协会区块链专委会、中国移动通信联合会区块链专委会等联合发布的 2021 年中国城市区块链综合指数，北京得分蝉联榜首，在政策环境、产业融合、政务应

① 北京市统计局.北京全面加快建设全球数字经济标杆城市［R/OL］.［2022-04-10］.http://www.beijing.gov.cn/gongkai/shuju/sjjd/202204/t20220410_2670717.html.

用、创新创业、安全风险和安全保障6个维度均领跑全国。

4.1.2 头部企业持续引领，行业内投融资活跃

近年来，北京数字经济类企业数量持续增加，并且不断做大做强。自2019年以来，北京数字经济核心产业新设企业年均增加1万家，全市数字经济核心产业规模以上企业达8000多家。[①] 数字经济核心产业发展中，头部企业引领作用增强，产业集中度提升，骨干企业领先优势明显，新兴领域企业成长迅速。

北京市数字经济企业在大数据、人工智能、区块链等多个新兴领域实力凸显。2019年，福布斯发布的全球数字经济百强榜中，我国共有14家企业入选，其中北京有6家企业上榜。2022年，Clarivate全球百强创新机构名单发布，中国大陆地区共有5家企业上榜，北京京东方因其在电子和计算机设备方面的创新发展首次位列其中。2019—2021年，小米连续3年入驻榜单。

中国互联网协会发布的“2021年中国互联网综合实力前百家企业”榜单中，百度、京东、美团、字节跳动、快手、三六零安全、小米等34家企业上榜，前10位的企业中北京就占到了6家。在互联网周刊发布的聚焦数字经济领域发展的“2022数字经济100强榜单”中，北京寒武纪等36家企业上榜，覆盖区块链、数字货币、元宇宙、东数西算、人工智能等多项细分领域。在2021年度中国软件业务收入前百家企业、中国软件和信息技术服务综合竞争力百强等企业榜单中，北京市入选企业数量超三成；在第六届大数据产业生态大会上公布的中国大数据企业50强榜单中，北京市企业占到了半数。中国互联网成长型企业20强榜单中，北京有8家企业入选，在2021年中国区块链百强企业名录中，北京有19家企业上榜，均居全国首位。

北京市软件和信息服务业企业的突出表现也吸引了风险投资的关注，根据零壹智库发布的《中国数字科技投融资全景报告（2022）》，2021年北京数字科技融资数量最多，为826笔，融资总额仅次于上海，为数字科技融资最为活跃的地区。2021年，北京地区数字科技企业上市数量也占到了全国总数的近30%。智研咨询披露的数据显示，我国数字经济投融资事件集中发生在北京、广东和上海三地，其中北京以1362笔位列第1名，在数字经济投资机构分布中，北京也以22.7%的占比稳居首位。

---

① 北青网.北京数字经济“晒”出漂亮成绩单 近3年核心产业年均新设1万家企业［EB/OL］.［2022-07-31］.https：//t.ynet.cn/baijia/33141695.html.

4.1.3　产业布局持续优化，区域发展协同性增强

北京市从“十三五”规划以来就一直关注产业布局，并积极进行产业生态构建，推进区域协调发展。北京市出台的一系列政策都对数字经济核心产业发展形成引领作用，北京工业互联网网络安全布局更加清晰，信息技术应用创新产业亮点突出，各领域应用加速落地，贡献新的增长极。北京已成为全国工业互联网发展高地，顺义、海淀、朝阳和石景山四区联合，成功入选国家新型工业化产业示范基地；国家网络安全产业园区建设取得阶段性突破，形成“三园协同、多点联动、辐射全国”的总体布局网；信创产业核心环节实现布局，“四梁八柱”企业快速聚集，产业生态搭建完成。同时，北京市也注重发挥政府引导基金的乘数效应，推进北京数字化设计与制造创新中心等重大项目加速落地，通过落实好税收等普惠式政策增强企业获得感，并征集遴选科技领军人才，支持创新型企业人才的引进培养，建立软件人才库。

北京市除在本市发展数字经济外，也不断推进京津冀协同发展，尤其是以本市优势产业资源，驱动京津冀地区的创新发展，强化合作优势。北京数字产业在京津冀、长三角、粤港澳大湾区等国家重大战略区域都有布局，取长补短，更好地实现产业、技术和资本的协同。从具体分布来看，北京市数字产业的境外战略布局主要集中在几大国家重大战略区域，其中京津冀区域占比近三成，与京域内的发展形成合力。2014 年以来，数字产业在津冀累计设立分支机构 2046 家，其中 2019 年为 220 家。京津冀联合创新成果丰硕，2011—2019 年，北京软件企业参与三地联合创新的企业主体数量达 2178 家，成为中坚力量。深圳、广州成为行业布局大湾区的重点城市，超三成案例为跨行业布局。

4.2　北京数字经济核心产业发展的问题与挑战

从整体来看，北京市数字产业化发展得益于良好的产业基础，发展势头强劲，并通过政策引导，在重点领域持续发力，在完善基础设施的同时叠加各项技术，应用场景不断丰富，也形成了一些重点区域的产业集聚，形成了示范和辐射效应。但在现阶段，也存在一些问题。

4.2.1　关键技术短板有待进一步补齐

北京数字经济核心产业发展从规模上已经相当可观，主要产业近年来一直保持稳定增长，并形成了对整个北京经济发展的有力支撑。虽然近年北京

市通过重点项目的推进，在人工智能、芯片制造等一些关键技术领域有所突破，数字领域科创能力快速提升，但并未彻底改变核心关键技术的依赖性局面。2019 年，工信部明确指出，我国的高端芯片、工业控制软件、核心元器件、基本算法等 300 多项与数字产业相关的关键技术仍然受制于人，原始创新能力存在不足。核心关键技术的薄弱使得北京数字经济核心产业发展更容易在应用型技术上实现突破，而在基础研究上的创新仍显不足，这阻碍了数字技术产业全链条的拓展，难以构建起完整的数字经济核心产业体系，也进一步制约了产业融合发展和数字技术的赋能水平。随着北京将发展数字经济作为探索新发展格局的重要抓手，重点领域数字技术基础薄弱、高附加值环节“卡脖子”问题仍需要在未来一段时间内通过政策引导、科技投入和人才培养等多方共同努力予以解决。

4.2.2 产业生态有待进一步完善

数字经济发展具有高渗透性、正外部性和边际效益递增等特点，除了单个企业的点状技术突破和线状产业链发展外，还应该通过跨行业、跨空间的合作与赋能，最大限度互相渗透，这就需要产业生态的建设和发展。当然，以区块链、人工智能、云计算等为代表的数字技术现在还处在发展的前期，相比传统产业，从技术突破到应用落地的过程中还存在较多的空白亟须填补，在数字产业化迅猛发展的当下，多个环节都需要市场中不同主体加强合作，优势互补，共建良好的产业生态。以区块链产业发展为例，“长安链”上线后也构建了产业生态联盟，目前成员有 50 家，其运行模式是由政府主导，由微芯院整合顶尖高校资源主导技术突破，政府各部门和大型企业参与应用场景建设。虽然相较此前由企业或行业组织主导的区块链平台，“长安链”在平台性能和多方协作上有了长足的进步，但与应用潜力相比，目前的产业生态建设仅仅处于起步阶段。因此，未来想要继续实现重点领域的技术和应用突破，仍需要在保障安全的前提下进一步多元化成员主体，扩大应用覆盖的时空范围，加强科技创新与产业发展的融合互动，扩大国际开放程度，推进跨区域的数据协同互通。

4.2.3 标杆企业培育仍需发力

虽然北京数字经济发展领跑全国，各前沿领域内的企业数量不断增加，投融资十分活跃，头部企业数量和质量在各项国内榜单中都具有明显优势，但北京头部数字型企业创新能力在全球范围内并不具备明显优势。在近几年，

Clarivate 依据发明专利数量、质量、成果影响力、全球化保护等指标遴选发布的全球百强创新机构名单中，北京除了小米和京东方曾经上榜外，其他数字头部企业并未出现在榜单中，我国大陆地区整体上榜企业数量相比较美国和日本仍有较大差距。事实上，近些年来我国不少互联网企业的发展更多依托巨大的消费市场和庞大的互联网使用人群带来的应用优势，企业本身拥有的关键技术专利数量偏少，不少企业间还存在一定的同质竞争。随着我国用户增量规模的减少，互联网红利正在逐渐消失，因此北京的头部数字型企业也面临转型问题，如何在这个过程中进一步实现突破，升级成为真正的标杆企业，也是北京数字经济核心产业发展现阶段面临的现实问题。在打造全球数字经济标杆城市的进程中，数字型企业在科技创新方面的标杆引领作用还有待进一步培育与发挥。

4.3 北京数字经济核心产业发展的建议与展望

4.3.1 持续技术攻关打造全球标杆

2021 年，北京在区块链、人工智能、云计算、芯片制造等方面都发布了重要成果，展现了在数字核心技术领域的重大突破，也是北京科创中心建设的成效体现。2022 年，全球数字经济大会上，一批北京企业又发布了云融技术创新、先进计算等领域的多项首创产品和首发服务，进一步展现了标杆工程引领和标杆企业培育的初期成果。有了这样的良好开局，北京数字经济核心产业发展应该充分发挥现有优势，超前布局，调动研发潜能，在技术上持续攻关，形成更多技术突破，把握发展主动权，提升北京在全球数字技术版图中的位置。《北京市“十四五”时期国际科技创新中心建设规划》明确提出，要加强原创性、引领性科技攻关，实现“从 0 到 1”的突破，解决核心技术“卡脖子”问题，形成完整的现代科学技术体系，加速布局“数据、算力、算法”驱动的公共关键技术和底层技术平台。与此同时，还应该超前布局，扩大开放程度，在国际上积极参与竞争，抢占技术战略制高点，在前沿技术、新型科研组织模式、技术标准制定等方面寻求话语权，在数字经济核心产业领域形成标杆引领作用。

4.3.2 利用首都特色优势，多场景实现技术应用

北京利用首都特色优势，在集中强大的创新力量推进自主技术研发的同

时，也十分注重数字核心技术的应用与赋能。2020年发布的《北京市加快新场景建设培育数字经济新生态行动方案》就提出，要实施应用场景“十百千”工程，多为市场主体提供应用场景。随着“五子联动”发展战略的推进，2022年初北京市政府进一步提出要着力推出20个重大应用场景，推动形成区块链、人工智能、扩展现实和超高清显示等产业集群。北京的数字基础设施完善，近年来数字经济发展增速强劲，首都特色优势也产生了一系列或典型或有特色的应用场景，通过应用场景的创建、培育和全域布局，北京有望利用场景创新带动底层技术、关键核心技术应用及迭代创新，抢占先发优势，带动前沿产业发展，也推进城市发展的各项需求得以充分满足。

4.3.3 构建全产业链发展生态，充分激活数据资源

进入数字时代，数据资源成为新的生产要素并得到广泛关注，但对其应用尝试才刚刚起步，如何最大限度挖掘与激活数据要素潜能，是当前全球面临的共性问题。要充分释放数据要素价值，构建起数字驱动的新发展体系，就需要率先打通数据资源“生成—汇聚—交易—消费—应用”的全链条，推进数字经济全产业链的开放发展，培育数字未来产业，形成开放领先的数字社会生态。2022年5月，北京市经济和信息化局发布《北京市数字经济全产业链开放发展行动方案》，这对北京数字经济核心产业，尤其是基础技术领域的发展提出了更高的要求，也是北京近期数字经济综合发展的全局指引。方案提出将构建数字技术创新生态，超前布局6G、未来网络、类脑智能、量子计算等未来科技前沿领域，吸引国内外开源项目与机构在京落地，形成以公共平台、底层技术、龙头企业等为核心构建的多样化数字技术创新生态。方案强调通过标准制定、场景开放、试点落地、政策规范和企业孵化等多环节形成合力，吸引不同市场主体参与其中，率先尝试建成活跃有序的数字要素市场体系，实现既开放共享又兼顾安全健康的数字经济产业生态，充分激活数字要素潜能，引领经济和社会的全面进步。

专栏二 中关村国家自主创新示范区

中关村国家自主创新示范区是中国高科技产业中心，也是我国第一个国家级高新技术产业开发区、第一个国家自主创新示范区、第一个国家级人才特区，是北京创新孵化的重要策源地和数字经济核心产业发展的重要集聚地。

中关村国家自主创新示范区源于20世纪80年代初期的中关村电子一条街。改革开放后，在“科学技术是第一生产力”号召的指引下，一大批科技人员走出科研院所和高等院校，率先创办民营高科技企业，在中关村自发地集聚。在40多年的发展历程中，中关村地区不断涌现出代表着我国科技创新和应用前沿的高科技企业，成为全国具有标志性意义的示范区域。2009年3月，国务院印发《关于同意支持中关村科技园区建设国家自主创新示范区的批复》，明确中关村科技园区的新定位是国家自主创新示范区，目标是成为具有全球影响力的科技创新中心，并同意在中关村示范区实施股权激励、科技金融改革创新等试点工作，使中关村成为中国首个国家级自主创新示范区。中关村已经成为中国创新发展的一面旗帜，2013年9月30日，中共中央政治局第九次集体学习选择在中关村举行，习近平总书记在讲话中指出，面向未来，中关村要加快向具有全球影响力的科技创新中心进军。

为了凸显中关村示范园区的辐射作用，中关村科技园区的空间范围经历了多次调整。2012年10月，国务院印发《关于同意调整中关村国家自主创新示范区空间规模和布局的批复》。此次调整后，中关村示范区空间规模被扩展为488平方千米，在北京各区都开设了分园，形成了“一区多园”的发展格局。为积极推进数字经济发展，北京在“十四五”时期提出了“三城一区”建设作为进一步加强全国科技创新中心建设的抓手。其中，中关村科学城着力于系统布局基础前沿技术，利用该区域高等院校、研究所和国家重点实验室集聚的优势，承担了多项国家科技重大专项，在关键技术上形成了突破，并在前期中关村高科技企业的良好基础上，强化科技应用。2021年，中关村国家自主创新示范区高新技术企业实现总收入8.3万亿元，较上年增长14.9%，其中技术收入占总收入的比重为21.6%①。

目前，中关村国家自主创新示范区已经成为北京的标杆，数字资源密集，聚焦于前沿科技，创新成果大量涌现。在数字经济核心产业方面，中关村已形成以新一代信息技术、人工智能、集成电路、高技术服务业等为代表的数字经济产业集群。2022年3月，又有人工智能、大数据、集成电路、医药健康等15项高精尖项目组团落地中关村科学城。截至2022年第一季度，由市科委、中关村管委会、海淀区政府与中关村创业大街合力打造的国际青年创业平台在孵项目增至76个，一季度累计新增10个外籍或海归的国际化项目，

① 北京市统计局，国家统计局北京调查总队．北京市2021年国民经济和社会发展统计公报［R/OL］.［2022-03-01］.http：//tjj.beijing.gov.cn/bwtt_31461/202203/t20220301_2618685.html.

覆盖了新一代信息技术、医疗健康等高精尖领域[①]，已形成以联想集团、航天科技等为代表的高科技企业8000余家，科技创新服务中介机构1000余家。

专栏三 北京市高级别自动驾驶示范区

为推动数字经济核心产业发展，北京市也不断推进模式改革创新，北京市高级别自动驾驶示范区就是在创新模式下智能网联汽车产业发展的展示窗口。自动驾驶技术及其应用是北京市高精尖产业的重点发展方向之一，也是北京市为解决数字技术核心产业发展存在的“卡脖子”问题而选取的一个重要突破口。在2020年中关村论坛新闻发布会上，北京市宣布将在经济技术开发区建设全球首个高级别自动驾驶示范区，拟在前期领先的工作基础上，统筹“车、路、云、网、图”等各类优质要素资源，瞄准L4级以上高级别自动驾驶车辆规模化运行。

在自动驾驶领域，我国起步相对较晚，英、美等国在20世纪70年代就开始进行相关技术的研究，毕马威发布的自动驾驶汽车成熟度指数显示，我国在2019年和2020年仅排名全球第20位。但是近年来，我国传统汽车企业和互联网企业纷纷加强其投资与技术研发，从各公司披露的融资规模来看，我国2021年自动驾驶研发投入仅次于美国。在全国范围内，北京在自动驾驶领域也以最多的融资事件数量和融资总量领跑全国，仅2021年就完成了34笔投资。[②]

北京市高级别自动驾驶示范区建设采用“先试先行”的理念，不断完善顶层设计，并搭配出台了一系列创新政策，正在着力打造高级别自动驾驶的北京方案。示范区建设目标高企，主要瞄准支持L4级以上高级别自动驾驶车辆的规模化运行，并向下兼容低级别自动驾驶车辆的测试运营和车联网应用场景实践，引导企业在技术路线选择上采用“车路云一体化”的解决方案，改变众多企业被动选择单车智能的现实局面，实现技术引领，推进技术进步。

北京市选择在经济技术开发区先行推进“车路云一体化”和自动驾驶尝试，希望采取“小步快走、迭代完善”的方式，不断修正和完善建设方式及

---

① 中关村国际青年创业平台在孵项目增至76个［N/OL］. 北京日报，［2022-04-23］.http：//bj.news.cn/2022-04/23/c_1128587514.htm.

② 自动驾驶企业的幕后金主们：全国自动驾驶企业融资地图出炉［N/OL］. 南方都市报，［2021-11-17］.https：//www.163.com/dy/article/GP1C74VL05129QAF.html.

内容，逐步识别出车路云之间的最佳配置关系。示范区拟通过四个步骤层层推进：1.0阶段主要进行试验环境搭建，2.0阶段进行小规模部署，3.0阶段进入规模部署和场景拓展，4.0阶段实现模式推广和场景优化。通过创新的形式在示范区先行突破，待经过充分论证检验总结出成熟模式和经验后，再逐步向北京市其他区域复制推广。

截至目前，示范区建设已经顺利完成前两个阶段，开启了3.0阶段。百度、美团、滴滴等多家自动驾驶企业落户亦庄，自动驾驶实验车辆运行常态化，自动驾驶车辆研发和运行测试持续开展，目前在亦庄示范区范围内可实现自动驾驶出租车满足一部分人的出行需求。此外，示范区探索通过合理布局统一的多功能路侧杆体，实现路侧信息的实时监测，目前已经形成了多个实时全息路口信息的云端共享。完成2.0阶段后，经济技术开发区内已经建成329个智能网联标准路口，双向750公里城市道路和10公里高速公路实现“车路云一体化”功能覆盖，分米级高精动态地图平台搭建完成，网联云控系统对外服务能力不断增强，主动安全防护体系与数据管理平台全面部署，支持车网融合的超高速无线通信技术专网完成铺设，标志着示范区在全国率先建成支持高级别自动驾驶的城市级工程试验平台，智能网联汽车产业链发展稳步加速推进。

参考文献

[1] 财新智库.2022年5月中国数字经济指数报告[R].2022.

[2] 新华三集团·数字中国研究院.城市数字化发展指数（2022）：城市篇[R].2022.

[3] 北京市经济和信息化局.2021年北京经济平稳恢复高质量发展取得新成效[R/OL].[2022-02-15].http：//jxj.beijing.gov.cn/jxsj/jjyx/202202/t20220215_2610366.html.

[4] 北京市经济和信息化局.《北京市北斗时空信息产业发展白皮书（2022）》重磅发布[R/OL].[2022-07-29].http：//jxj.beijing.gov.cn/jxdt/zwyw/202208/t20220802_2784881.html.

[5] 北京科协.2022全球数字经济大会圆满收官 北京数字经济“晒”出

漂亮成绩单［R/OL］.［2022-07-31］.https：//mp.weixin.qq.com/s?__biz=MzU1NzcwOTY5NA==&mid=2247627348&idx=1&sn=bb47525af7381ff1ad0b1de4b4f9166e&chksm=fc3d1245cb4a9b532026bcd5bed1f0c23e1eb1c3ea7ca44e46ba80d2b1b407b8583f9a171192&scene=27#wechat_redirect.

［6］北青网.北京共有92家“独角兽”企业 数量位居全国第一［EB/OL］.［2022-07-02］.https：//t.ynet.cn/baijia/33004186.html.

［7］新京报.四大亮点！ 2022全球数字经济大会将于7月28日至30日举办［N/OL］.［2022-07-15］.https：//baijiahao.baidu.com/s?id=1738427934926149451&wfr=spider&for=pc.

［8］北京市统计局.北京全面加快建设全球数字经济标杆城市［R/OL］.［2022-04-10］.http：//www.beijing.gov.cn/gongkai/shuju/sjjd/202204/t20220410_2670717.html.

［9］北青网.北京数字经济“晒”出漂亮成绩单 近3年核心产业年均新设1万家企业［EB/OL］.［2022-07-31］.https：//t.ynet.cn/baijia/33141695.html.

［10］北京市统计局，国家统计局北京调查总队.北京市2021年国民经济和社会发展统计公报［R/OL］.［2022-03-01］.http：//tjj.beijing.gov.cn/bwtt_31461/202203/t20220301_2618685.html.

［11］中关村国际青年创业平台在孵项目增至76个［N/OL］.北京日报，［2022-04-23］.http：//bj.news.cn/2022-04/23/c_1128587514.htm.

［12］自动驾驶企业的幕后金主们：全国自动驾驶企业融资地图出炉［N/OL］.南方都市报，［2021-11-17］.https：//www.163.com/dy/article/GP1C74VL05129QAF.html.

第5章　北京产业数字化发展分析

产业数字化是指传统产业通过对数字技术的引进和使用，创造新产业、新业态、新商业模式，从而不断满足新需求的一种数字化转型活动，是传统产业利用数字技术对业务进行升级，提升生产数量和生产效率的过程。产业数字化既是数字经济发展的主阵地，也是数字经济赋能经济高质量发展的重要抓手。随着北京市“两区”建设和数字经济快速发展，产业数字化在推动首都经济恢复、引领转型升级中发挥了重要作用。本章旨在分析北京市产业数字化转型现状及问题，并针对提高北京市产业数字化水平、推动数字经济快速发展提出建议。本章将详细阐述如何提高北京农业数字化水平、加快数字乡村建设，推动数字技术赋能北京传统工业、加快工业数字化转型，提高北京服务业数字化水平、加快生活服务业数字化升级，以期在北京建设全球数字经济标杆城市的大背景下，推动北京数字经济快速发展。

5.1　北京产业数字化发展现状

随着北京市“两区”建设和数字经济快速发展，新一代互联网、云计算产创基地项目加速推进，新基建投资大幅增长，5G 建设、车联网、数据中心、新平台、智慧应用等领域加快布局，在推动首都经济恢复、引领转型升级中发挥重要作用，产业数字化成为拉动北京数字经济增长的关键因素。

中国信通院发布的《北京数字经济研究报告（2021 年）》显示，2020 年北京产业数字化规模已达 13371 亿元，数字经济占 GDP 比重达 55.9%，列全国第 1 位，超过了上海（55.1%）与广东（47.2%）。从产业数字化情况看，北京市农业数字经济渗透率为 5.8%，第二产业数字经济渗透率为 22.1%，第三产业数字经济渗透率为 43.4%。其中，第二、第三产业数字经济渗透率均高于全国平均水平，而农业数字化程度低于全国平均水平。在北京建设全球数字经济标杆城市过程中，农业、农村数字化水平亟待提高，工业、服务业数字化快速发展成为关键。

5.1.1 北京市农业数字化现状分析

北京市长期以来非常重视农业、农村信息化建设，把发展数字农业、农村作为实现农业、农村现代化的重要路径。积极尝试通过现代信息技术在农业、农村各领域各环节广泛而深度地应用，实现数字化升级改造和全面感知，依靠信息技术创新驱动农业、农村发展质量、效率和动力。目前，北京在农业、农村网络基础设施建设，农业物联网技术应用，“互联网 +”现代农业，农业、农村信息服务，美丽智慧乡村建设等方面均取得了较为丰硕的成果，具体表现在以下四个方面。

5.1.1.1 农村互联网基础设施水平不断提升

北京市农村网络基础设施逐步完善，4G 网络和互联网光纤已经覆盖北京市所有区县，推动农村互联网使用成本逐步下降。5G 基础设施建设步伐进一步加快。2021 年 1 月至 10 月，房山区建成 5G 通信基站 711 个，改造完成农村地区有线网络光纤入户 5857 户。怀柔区累计开通 5G 基站 893 个，实现城区、科学城、国际都会以及重点景区 5G 网络全覆盖。农村地区 5G 网络覆盖能力达到 60% 以上，逐步实现村村通 5G 的目标。

5.1.1.2 农业生产数字化转型不断推进

北京市农业生产和经营体系不断向着数字化、网络化和智能化发展，智能农业设施装备研发不断加速，大数据在农业领域的应用日益广泛，带动了传统农业生产的数字化转型。北京先后实施了涉农信息资源整合、农业物联网试点示范工程、智慧农园建设等，在农业园区建设室外农业环境监测站，使用温室环境监控系统软硬件产品，农业生产数字化水平显著提升。信息技术在畜禽养殖、设施园艺、水产养殖和大田种植等领域得到广泛应用。

5.1.1.3 农业经营网络日趋完善

北京市涉农网络零售已形成具有首都特色的新型组织模式，即以服务本地为主、以农产品服务为主、以第三方合作为主、以服务郊区县为主，并凸显其在高端农产品生产和精加工、品牌打造方面的特点。据已有调研报告的数据，北京市 85.19% 的行政村建有电商服务站点，为农业、农村电子商务发展提供基础支撑。经营主体中有 44.62% 通过网络销售农产品，55.17% 自建网络销售平台，72.41% 借助于第三方平台开展网络销售，72.41% 的经营主体对网络销售效果表示满意（郭美荣、李瑾，2021）。

5.1.1.4　信息服务模式不断创新

北京市全面推进信息进村入户工程，建设了北京益农信息社，普通农户不出村、新型农业经营主体不出户就可享受到便捷、经济、高效的生产生活信息服务。在新冠疫情期间，农村交通不畅、产品市场信息滞后，北京益农信息社及其村群通过搭建信息互通桥梁，助力京郊农产品上行，大大缓解了村民销售难、储存难的问题。

5.1.2　北京市工业数字化现状分析

当前，北京市已经明确形成以顺义、海淀、朝阳、石景山四区为重点承载区，昌平等为拓展区的“4+N”产业集群发展布局。一方面，积极推进顺义、海淀、朝阳、石景山国家新型工业化产业示范基地建设。顺义区依托汽车、航空航天和半导体产业集聚优势，打造赋能中心和典型示范，做强标识生态；海淀区依托中关村科学城和国家网络安全产业园、朝阳区依托中国工业互联网研究院等，布局平台和安全领域；石景山区重点发展安全、边缘计算和平台。另一方面，大力拓展发展空间，以上述四区为核心，拓展北京市工业互联网发展空间。推进西城区、东城区等布局安全和金融发展，推进昌平区、大兴区、经济技术开发区等围绕区内航空航天、汽车等高精尖产业探索并开放应用场景，打造智能工厂标杆。具体体现在以下四个方面。

5.1.2.1　出台全方位政策体系，助力工业互联网建设

在政策体系构建上，北京已经形成了从市到各区的全方位政策体系。围绕《北京工业互联网发展行动计划（2018—2020年）》及《北京市加快新型基础设施建设行动方案（2020—2022年）》，石景山区、顺义区、朝阳区相继印发了《北京市石景山区工业互联网产业发展规划（2020—2025年）》《顺义区关于支持智能制造加快发展的若干措施》《朝阳区加快新型基础设施建设行动方案（2020—2022年）》，海淀区和经济技术开发区等也正在抓紧制定新基建和工业互联网相关政策，不断加强市区协同的政策体系建设，精准优化工业互联网创新发展环境，为实现工业互联网产业新技术、新业态、新模式的蓬勃发展提供强大的政策助力。

5.1.2.2　汇聚工业互联科技成果转化，助力北京打造国际科创中心

北京市深入实施工业互联网创新发展战略，加强国际科技创新中心建设，

积极打造工业互联网创新发展示范城市。2021 年 9 月 17 日，总建筑面积 45 万平方米的中关村工业互联网产业园在北京市石景山区奠基。该产业园由中关村发展集团与石景山区政府战略合作开发，代表着北京工业互联网产业加速迈向高质量时代。中关村工业互联网产业园的建设，将提供工业互联网发展所需的资金、技术、管理、人员等各种要素，提高工业互联网解决方案的输出能力，推动北京工业化和信息化在更广范围、更深程度、更高水平上融合发展，提升北京产业基础高级化、产业链供应链现代化水平，为全国制造业转型提供北京样本。

5.1.2.3 完善工业互联网生态体系，打造工业互联网发展高地

北京依托科技创新优势，发展工业互联网高端环节，网络、平台、安全体系逐步完善。在基础网络方面，北京建立了工业互联网标识解析国家顶级节点（北京）、国家顶级节点指挥运营中心，接入航天云网、中检溯源等 17 个二级节点，标识注册量达到22.68亿个，均居全国第1位。在平台赋能方面，培育用友精智、东方国信、航天云网 3 个国家级跨行业跨领域工业互联网平台，截至 2020 年 9 月，3 个平台平均工业设备接入数达到 75 万台，服务工业企业近 80 万家。面向制造业数字化、网络化、智能化转型升级的需求，打造产业数字化方案输出地。北京成立了工业互联网技术创新与产业发展联盟、信息化和工业化融合服务联盟，组建了北京工业大数据创新中心、工业技术软件化创新中心和数字化设计与制造创新中心。北京积极推动工业互联网助力中小企业高质量发展，截至 2020 年 7 月，全市规模以上工业企业上云、上平台率超过 40%，中小企业上云、上平台用户超 20 万。北京形成了面向汽车及零部件等领域的区域性工业互联网平台、5G 与工业互联网在建材行业的示范应用、京东物流智慧物流园区等试点示范。

5.1.2.4 以“智造 100”工程为引领，推进制造业企业智能转型升级

北京实施 100 个左右的数字化车间、智能工厂、京津冀联网智能制造等应用示范项目，通过工业互联网系统与设备、智能制造支撑工业软件、核心技术装备等，支持企业实现数字化、网络化、智能化转型。北京市打造 60 个智能制造标杆企业，带动培育一批高水平系统解决方案供应商和智能制造核心装备、关键部件、支撑软件领域单项冠军企业，带动电子信息、生物医药、高端装备、汽车等优势产业发展实现转型升级，智能化发展水平明显提升。北京智能制造模式应用在全国起到了示范引领作用，如北汽福田汽车公司的“以轻量化底盘为核心的新能源商用车供应链网络协同制造”等项目获工

信部智能制造综合标准化和新模式应用项目立项，标准化立项数量居全国第 1 位。

5.1.3　北京市服务业数字化现状分析

北京拥有国内一流的教育、医疗、交通、金融等服务业资源，同时也是互联网行业“独角兽”企业的聚集地，在全国服务业数字化发展方面发挥了重要的引领、示范作用，呈现以下特点。

5.1.3.1　推进传统行业数字化发展与服务模式创新

生活性服务业的数字化转型与新消费的发展相互促进。移动互联网、大数据、云计算等新一代信息技术的应用，促进了服务业商业模式创新，深刻改变了居民的消费方式，持续激发了新的消费需求。“互联网 +”赋能传统行业升级，促进线上、线下深度融合，平台经济、共享经济新模式带动传统服务业转型升级。加强新零售业态布局，电商平台等新兴业态成为行业主导。2019 年，北京实现市场总消费额 2.73 万亿元，较上年增长 7.5%，其中网上零售额达到 3366.30 亿元，较上年增长 23.6%。互联网技术让远程接受优质教育和医疗服务成为现实，在线学习和网上寻医更加普及。网约出租车和共享单车提供了全方位的互联网出行体验。2018 年，北京实现电子商务交易额 21843.00 亿元，占全国的 7.1%。重点互联网出行平台、医疗平台和教育平台交易额分别增长 13.5%、16.1% 和 150.0%。

5.1.3.2　以金融业为主导，加快生产性服务业数字化转型升级

科技创新与应用促进北京金融业产品创新、产业组织创新、服务模式创新，实现全价值链优化，提升金融业发展质量。北京已初步培育形成了金融科技企业集群，在移动支付、监管科技、供应链金融、互联网保险、企业征信等应用领域涌现出一批领军企业，如京东数科、融 360、天云数据等 34 家金融科技企业入选“毕马威中国 2020 领先金融科技双 50 企业名单”，居全国首位。北京将以建设国际一流金融科技示范区为引领，持续优化金融科技创新创业生态，促进金融与科技深度融合发展，形成由金融科技底层技术和行业应用、金融科技监管创新、重大基础设施等组成的金融科技产业链，构建特色突出的金融科技产业培育模式与机制，形成“首都特色、全国辐射、国内示范、国际标准”的金融科技创新示范体系。

5.1.3.3　加速信息技术服务业布局

相关数据显示，截至 2021 年 6 月，在我国备案的区块链企业及项目中，

北京分别拥有 225 家企业和 309 个项目，数量均列全国第 1 位。从产业链方面来看，北京整体推动区块链产业布局，涵盖从基础层、技术层、应用层到产业服务层的全部上、下游产业链，基于“长安链”，在政务、金融等领域落地百余个场景。北京市将聚焦于算力、算法、算据三大领域，重点布局海淀、朝阳等区，重点发展先进计算专用芯片等算力新器件，支持区块链与先进计算在工业互联网、车联网、电子商务、人工智能等领域融合应用。此外，在人工智能领域，北京市将以加快建设国家人工智能创新应用先导区为重点，着力构筑全球人工智能创新策源地和产业发展高地，培育 3 家左右“人工智能 + 芯片”“人工智能 + 信息消费”“人工智能 + 城市运行”的千亿级领军企业。

5.1.3.4 全域打造智慧城市应用场景

北京全域打造智慧城市应用场景，鼓励全域场景创新，吸引各行业、各领域新技术在京孵化、开展应用，培育多家千亿元市值企业。在网络安全和信创领域，北京将以国家网络安全产业园为载体，以海淀区、经济技术开发区、通州区为重点，加快企业集聚和龙头企业培育。

5.2 北京产业数字化的问题分析

5.2.1 北京市农业数字化转型的问题分析

5.2.1.1 网络等基础设施建设有待加强

当前，农村网络接入水平的提升和宽带等通信基础设施建设仍然面临较大挑战。北京市虽然已经实现 4G 网络的全覆盖，房山区、怀柔区等已开始推进 5G 基础设施建设，但是部分地区依然存在移动通信网络信号差的情况，在村委会、公共活动中心等人流量较大的重要活动场所仍未实现 Wi–Fi 覆盖。部分村所建网站、微信公众号等新媒体虽然已完成建设并投入使用，但仍存在信息更新不及时、宣传效果欠佳等问题。对于智慧农业生产经营和休闲观光农业以及智慧乡村建设来说，网络基站少、信号差，无线网络覆盖率低、网速慢等问题仍然存在，制约了北京市加快农业数字化转型的步伐。

5.2.1.2 数字技术与农业、农村融合度有待提升

目前，北京市数字农业发展仍处于起步和探索阶段，数字技术尚未实现

与农业、农村的深度融合，数字经济在农业中的占比远低于工业和服务业。从农业内部产业来看，虽然畜禽养殖的数字化水平相对较高，养殖环境监测技术、智能精准饲喂技术、自动化挤奶、拣蛋、农产品质量追溯系统以及动物疫病智能监测等数字化技术和产品应用覆盖范围较广，应用效果较好，但大田生产的数字化水平较低。此外，数字农业技术应用场景单一，大部分应用还停留在生产环节，产业链其他环节的信息化和数字化程度较低。

5.2.1.3 数字乡村人才队伍建设水平有待提高

北京市数字乡村人才队伍建设水平仍有待提升，数字化技术应用能力不足，仍存在缺少企业研发人员、信息技术服务人员，农村生产经营主体的技术应用能力有限，农民信息素养、信息意识长期不足等问题。已有调研报告的数据显示，28.70% 的涉农政府部门管理人员在学习与使用信息化技术与设备方面存在困难（郭美荣、李瑾，2021）。

5.2.2 北京市工业数字化转型的问题分析

北京市工业数字化转型面临的瓶颈主要体现在以下三个方面。

5.2.2.1 关键核心技术短板制约工业数字化转型

北京虽然是全国科技创新中心，特别是中关村培育了大量全国领先的数字经济企业，但仍然存在企业投入强度偏低，基础研究不足等问题，且大部分企业的研发属于产品开发，产品创新快于应用创新，对中长期的基础研究重视不足，不愿在关键核心技术上下功夫。

5.2.2.2 顶级人才和复合型人才短板制约工业数字化转型

数字经济的发展和产业数字化转型的推进，需要适应互联网、大数据、人工智能等新兴数字技术与实体经济深度融合发展，并深入了解传统制造业运作流程与关键环节的复合型人才、应用型人才和领军型人才。积极引进和培养数字经济领域高端人才是数字经济发展的必要条件，但现阶段北京市仍存在在细分垂直领域深度应用新一代信息技术进行数字化、网络化、智能化改造的跨界人才“一将难求”的情况。

5.2.2.3 应用场景短板制约工业数字化转型

现阶段，北京市的企业仍存在对数字技术和应用场景认识不到位等问题。因为资金投入大、回报周期长、试错成本高，企业往往希望“先看到行业数字化改造的成功经验再启动数字化改造”，导致应用场景碎片化、个性化问题突出，本地的场景应用难以形成产业规模，很多技术在本地转化存在困难。

5.2.3 北京市服务业数字化转型的问题分析

5.2.3.1 生活服务业数字化发展程度不充分

近年来，随着北京市生活服务业转型发展速度加快，虽然由数字化引导的市场规模稳步增长，但在生活服务业总体规模中的占比仍处于较低水平。生活服务业市场主体以中小企业和个体工商户为主，受制于规模小、布局散、实力弱等特点，其数字化转型发展进程较慢，且数字化应用集中在营销、业务和IT等方面，主要为单点效率提升，尚未形成一体化数字解决方案。同时，生活服务业数字化对用户年龄层的覆盖面仍待拓宽，如35岁以上人群在数字化生活服务注册规模和消费金额方面均与“千禧一代”存在明显差距，数字化用户渗透仍显薄弱。

5.2.3.2 生活服务业数字化水平不均衡

服务业数字经济在三大产业中持续领先，但受各细分行业业务属性和地域分布等因素的影响，行业间数字化发展不均衡问题仍然突出。相较产业链下游直接面向消费者的商户而言，生活服务业产业链上游的原材料供应、物流运输环节的数字化程度亟待提升。以餐饮业为例，供应链数字化还处于初级发展阶段。餐饮企业与食材供应商、物流服务商的节点割裂，食材流通环节多、损耗严重，进货成本较高、库存动态管理不足，难以满足餐厅需求。经过2020年初开始的新冠疫情催化，在后疫情时代，信息技术在协调和链接供应链各节点，加速物流、商流、信息流的流通上将有更大的应用空间。

5.2.3.3 数字化转型要素支撑能力不足

首先，资金短缺是企业数字化转型面临的普遍问题，而生活服务企业的转型资金更为短缺。一方面，生活服务企业规模小、竞争激烈，大部分资金用于维持日常经营，能用于中长期数字化投资的资金不足；另一方面，生活服务企业大都经营周期短且不具备股权投资条件，很难获得股权融资，同时缺少抵押，债权融资难度大、成本高。其次，数字技术支撑不足。目前，现有的数字技术服务大都是通用技术，难以满足生活服务企业“短平快”的数字化转型需求。绝大部分生活服务企业无力投资建设个性化的数字化系统，更倾向于购买价格优惠的标准化数字技术服务，但市场上相关服务的供给还不足。最后，服务业数字化人才供给不足。生活服务业数字化转型需要既懂数字技术又懂生活服务经营的复合型人才，中国数字化转型人才总量供应不足且分布不均衡，大部分数字化人才分布在ICT基础产业和科研部门，生活服务业数字化转型人才供应严重不足，而且薪酬水平超出了生活服务业商户的承受范围。

5.3 北京市产业数字化的建议

5.3.1 对北京农业数字化发展的建议

在北京全球数字经济标杆城市建设中，农业数字化发展和数字乡村建设是重要的一翼，不可偏失。北京尚有178个乡镇（其中35个乡）、270多万乡村人口，二元结构依然存在，城乡发展差异显著。北京市应围绕农业强、农民富的发展目标，强化农业、农村数字技术创新，加强数字技术与农业、农村领域融合发展，加快都市型现代农业提档升级，完成美丽乡村的数字化转型，为全球数字经济标杆城市建设提供支撑。

5.3.1.1 加大农村数字基础设施投入力度，利用数字技术解决现实问题

推进乡村基础设施数字化转型升级，加快5G基站、千兆网络等规划布局，加大农村信息资源和服务资源的收集、整合力度。一方面，加快实施数字农业建设工程，启动数字农业创新重大专项，建设农业、农村大数据中心，加快突破乡村数据低成本精准获取技术、数字化底盘技术等关键技术步伐，打通基层数据共建共享壁垒，实现农村地区服务资源的数据化和在线化；另一方面，努力突破乡村场景精准管理技术以及乡村智能化应用系统等关键技术，开展数字种业，实施精准农业智能化推进、农产品透明供应链、休闲农业信息化、农村智能信息服务、农业农村大数据等领域的数字化建设。

5.3.1.2 打造都市农业数字化发展示范区，加快构建协同共生的数字生态步伐

以跨领域融合性技术和集成创新应用技术为支撑，扩大数字乡村基础性、通用性应用场景，打造契合都市现代农业的产业基础和乡村发展实际需求的农业数字化发展示范区，逐步集成生产管理、流通营销、行业监管、公共服务、乡村治理等五大领域业务应用，形成农业、农村发展的数字化生态体系。一方面，聚力打造“农业中关村”，依托现代种业、大数据、区块链，掌握产业链、创新链的关键环节，以长安链“农业中关村”关键节点，平谷农业中

关村数据可信交换联盟链作为全国首个长安链数字经济农业板块基础设施，立足北京，辐射全国，成为区块链农业应用关键节点及重大创新应用场景；另一方面，以北京特色农产品为重点，发展全流程数字化管理和监控，建立数字化可追溯系统，推进农产品全产业链大数据应用，以田园综合体建设、现代农业科技示范园等为场景依托，与农业观光、游览、体验相融合，打造都市数字农业体验区、观光游览示范区，丰富农村数字化应用场景。

5.3.1.3 改善乡村数字环境，建设都市型特色数字乡村

围绕“农业高质效、乡村更宜居、农民共富裕”的目标，综合运用数字技术，构建一体化、全方位的乡村振兴治理与服务数字化体系，营造完美的乡村数字环境。一方面，精心规划乡村数字化生态保护和监测方案，结合乡村振兴战略要求，合理规划、利用山林湖田等，拓展乡村生态旅游业、生态农业数字化应用场景，建设美丽宜居示范村；另一方面，借力国家乡村振兴战略的政策优势，依托北京独特的乡村资源和科技创新高地支撑，推动科学城大型央企在数字能源、清洁能源、可再生能源等领域的技术、产品在北京农村落地并转化实施，在碳达峰、碳中和方面率先示范，为北京乡村数字化建设降低成本、提高效率，为央企提供科技成果就地转化的场景服务，增进央地融合发展，走出具有首都特点的乡村振兴之路，打造大城市乡村以数字化为核心全面振兴示范区和样板。

5.3.2 对北京工业数字化发展的建议

5.3.2.1 加强数字基建，提高创新能力

一方面，全力推进5G网络、工业互联网、大数据中心等“数字基建”工程建设，在充分发挥政府作用的同时，激励市场发挥投资主体功能，集中建设一批网络类数字基础设施；同时，对于关键基础设施建设，要做到适当超前部署，为其未来的深度应用提供前期基础。另一方面，加强核心技术研发，释放数据价值。政府应加大对关键核心技术研发的资助力度，激励企业加强核心技术攻关，夯实技术基础，同时完善政府采购制度，加大采购力度，从需求侧推动工业企业技术研发，帮助新技术、新产品进入市场。

5.3.2.2 加强人才培养，深化产学研合作

加强数字化人才梯队建设，培养既懂企业业务又懂数字化技术的复合型高级人才。深化政产学研合作，鼓励高校科研院所的科研人员深入企业生产

一线，与企业共同开展科技创新，搭建校、地、企三方合作平台，实现信息互通、供需对接、资源共享、优势互补，推进技术创新与产业链深度融合。构建数字化人才制度，完善高效培养和激励数字化人才的选、用、留等各项措施。

5.3.2.3 推进技术融合，打造典型应用场景

推进信息技术与制造业融合发展，鼓励企业运用新技术进行工业互联网内网改造，加快标杆网络建设、重点工业设备和企业上云，打造“云”上产业链，推动工业互联网产业化。支持互联网企业、制造企业乃至软件企业和工控企业等跨界合作，培育专门针对工业云、工业大数据、工业电子商务等专业化业务的解决方案提供商。打造具有示范作用的工业互联网应用场景，形成一批赋能工业高质量发展的典型应用。

5.3.3 对北京服务业数字化发展的建议

5.3.3.1 加强顶层设计，加大政策支持力度

政府应将数字化转型作为服务业高质量发展的重要抓手，明确服务业数字化转型的方向、重点和路径，完善政府、企业、社会的协同治理模式。进一步出台积极有效的政策制度以推动服务业数字化发展，加强财税金融支持，优化政府服务，提高政策精准度，统筹研究制定相关政策及配套措施。

5.3.3.2 加强基础设施建设，提供多样化应用场景

加强数字基础设施建设，建立统一的信息服务机构和服务大数据平台，提供多样化的应用场景。推进服务业线上与线下、商品与服务的融合发展，培育和发展新业态、新模式。通过试点示范，带动服务业整体的数字化转型，尤其要关注医疗、健康、教育等民生关切的数字化转型需求。

5.3.3.3 推动数据公开，释放数据要素价值

加快数字技术在服务业的融合应用，充分发挥数据要素价值。加强大数据顶层设计，建设数据标准体系和共享基础设施，推动政府数据公开，充分发挥数字技术对业态的放大、叠加和倍增作用，促进服务业提质增效。

参考文献

[1] 邓丽姝.夯实北京数字经济新动能的战略思考[J].商业经济研究，

2021（12）：150–154.

［2］杜庆昊．数字产业化和产业数字化的生成逻辑及主要路径［J］．经济体制改革，2021（5）：85–91.

［3］高春凤．“互联网＋”背景下北京农村公共文化空间构建［J］．农业展望，2019，15（12）：125–129，133.

［4］郭美荣，李瑾．数字乡村发展的实践与探索：基于北京的调研［J］．中国农学通报，2021，37（8）：159–164.

［5］梁丽娜，李奇峰．北京都市农业数字化建设路径与前景［J］．农业展望，2021，17（7）：73–77.

［6］潘锋．北京：深刻把握融合发展趋势　推动首都经济数字化转型［N］．中国电子报，2021–04–27（3）.

［7］吴琦．推动数字经济与服务经济融合发展［J］．北京观察，2021（1）：16–17.

［8］肖旭，戚聿东．产业数字化转型的价值维度与理论逻辑［J］．改革，2019（8）：61–70.

［9］杨卓凡．我国产业数字化转型的模式、短板与对策［J］．中国流通经济，2020，34（7）：60–67.

［10］祝合良，王春娟．“双循环”新发展格局战略背景下产业数字化转型：理论与对策［J］．财贸经济，2021，42（3）：14–27.

［11］中国连锁经营协会，阿里新服务研究中心．迈向新服务时代：生活服务业数字化发展报告（2021）［R］．2021.

［12］中国信通院产业与规划研究所，美团研究院．中国生活服务业数字化发展报告（2020）［R］．2020.

第6章 北京企业数字化转型分析

随着数字经济的飞速发展，数字化转型逐渐成为企业的核心战略方向。企业数字化转型的本质是新一代数字技术与实体经济的深度融合，依托数字技术对企业进行智能化、数字化改造，并借助于大数据的海量性和流动性，通过不断化解企业面临的不确定性，提升企业的生产效率，以数据的高效流动改善技术、资金、人才、物资等要素在时空中的配置，并释缓环境不确定性对企业冲击的系统性进程。数字化转型重构了企业的组织方式、生产方式、商业模式和组织边界，并对企业生产、分配、交换和消费等环节的活动产生了重大影响。当前，数字化转型已经成为企业改造提升传统动能、培育发展新动能的重要手段，越来越多的北京市企业加入数字化转型的浪潮。本章旨在分析北京市企业数字化转型的现状及存在的问题，并提出进一步推动北京市企业数字化转型的建议，为数字化相关政策的制定提供思路与方向。

6.1 北京企业数字化转型现状

随着数字经济的发展，数字化转型已经成为企业提升市场竞争力的手段之一，尤其是在新冠疫情的影响下，企业数字化转型已不可回避。北京市企业的数字化转型速度进一步加快，数字化转型成熟度稳步提升，也出现了一些转型成效显著的领军企业。当前，北京市企业已进入数字化转型分水岭。

作为国民经济的支柱和经济发展关键领域的“压舱石”，国有企业是北京市企业数字化转型的骨干力量与“排头兵”。为加快推动市管企业数字化转型，促进国有经济高质量发展，依据国务院国资委《关于加快推进国有企业数字化转型工作的通知》和《北京市关于加快建设全球数字经济标杆城市的实施方案》等政策措施，北京市国资委发布了《关于市管企业加快数字化转型的实施意见》，指出要准确把握建设全球数字经济标杆城市的重大战略机遇，以高质量发展为主题，以供给侧结构性改革为主线，以科技创新为引擎，着眼于世界前沿技术和未来战略需求，促进数字技术与实体经济深度融合，全方位赋能市管企业转型升级，全面提升产业基础能力和产业链现代化水平，努力成为首都构建现代化经济体系、实现高质量发展的骨干支撑力量和重要增长极。

6.1.1 数字化基础设施建设

数字化基础设施建设是企业数字化转型的基础。数据库、数据仓库、大数据平台和云数据平台等都是企业数字化转型的核心基础设施，支撑着企业数字化转型的各项需求，企业因此能够实现精细化运营，从而提高经营效率，降低经营成本，提升企业创新能力。

北京市国有企业充分发挥新基建主力军作用，围绕提升产业基础能力、突破产业链关键核心技术薄弱环节等领域，加大对5G、工业互联网、大数据中心等新型数字基础设施的投资力度。例如，北汽集团与中国电信签署战略合作协议，双方在5G及智能网联、智慧物流、新零售、数据通信信息技术、信息化基础设施建设等领域开展深入合作，共建智能网联汽车生态圈。国网北京市电力公司于2021年12月28日初步建成北京能源大数据中心，并构建了能源大数据中心基础服务平台，实现了电力数据与政府、能源企业、用能客户等能源上下游数据的汇聚融合、共享交换和挖掘分析。其在不断推进各类能源数据接入聚合的基础上，依托平台积极挖掘数据应用价值，打造典型应用场景和数字产品，还与北京市城市管理委、生态环境局、区城市大脑专班等政府部门建立了政企合作模式，逐步形成“平台+数据+运营+生态”一体化发展模式。北京电控所属京东方集团为智能工厂、工业园区、企业运营提供智能化生产、数字化运维、精益化管理一站式服务，目前已经联合50余家工业互联网生态伙伴，在全国12个区域落地应用，助力企业实现数字化转型。

6.1.2 数字技术研发

在数字技术研发方面，以国有企业为代表的北京市企业强化相关技术攻关，部分企业还在数字技术领域实现了研发合作。例如，京东方集团在物联网创新技术领域，围绕人工智能及大数据已提炼和沉淀出40余项AI关键能力，落地超100项分子应用，共有9项技术位列世界测评机构Top 1，30余项技术位列世界测评机构Top 10，实现了技术突破与融合创新。北汽集团与恩智浦半导体开展战略合作，围绕汽车数字化、安全物联网应用和技术融合等方面开展研发和商业合作，推动中国智能网联汽车产业蓬勃发展。北汽集团还与华为签署合作协议，在云计算、车联网、车载计算及智能等领域展开技术研发、产品创新等合作。

6.1.3　数字化产品和服务

推动产品和服务的数字化改造是数字化转型的重要内容，北京市企业加快推进产品和服务创新，推出了一系列满足客户需求的数字化产品和服务。例如，金控集团携手京东数字科技，推进普惠金融数字化进程，在企业综合金融服务领域，共同开发数字化风险管理产品；在金融信息和技术领域，建立多维、共享、智能的金融信息科技平台。协和医院门诊系统全面接入由数字认证公司自主研发的“信手书”产品，实现了患者就医无纸化和医院病历管理无纸化。北京公交集团与华为在数字化转型顶层设计、智慧公交解决方案打造、行业标准规范建设等领域开展合作，利用大数据、AI、5G等新技术打造适应行业发展的数字平台，达到人、车、线、站、资产等要素的全链接和数字化。首旅集团与京东集团进行战略合作，以首旅慧科作为运营实施主体，在其“智慧服务”产品线中全面接入京东物流服务能力，形成了涵盖“营销—销售—配送—售后服务”的完整离场智慧服务业务闭环，持续推动首旅集团传统消费服务业的全面数字化转型。

6.1.4　数字化生产运营

生产运营智能化是企业数字化转型的关键领域，大多数企业的数字化从生产运营数字化开启。以北控集团为例，作为聚焦城市市政基础设施服务、服务城市发展的服务商，其在能源、环保、智慧城市、系统应用、数字化基础设施等领域打造了一系列数字化产品及解决方案。在交通综合治理方面，其采用基于BIM区域交通综合治理解决方案，打造了覆盖项目全过程管理的“BIM智慧驾驶舱”平台，实现了“用数据说话，用数据管理，用数据决策”，成为北京数字化设计、智能化建造、智慧化运维的标杆工程；在环境治理方面，针对挥发性有机物、温室气体治理等热点和难点，提出大气光化学污染防治综合解决方案，通过建立“一张智能监测网络”，打造“一套智慧生态大数据平台”，创新建立线上、线下智能联动的一体化管控机制体制，助力北京市“双碳”目标实现；在城市供热方面，基于数字孪生城市理念提出智慧供热解决方案，针对热源、热网、换热站、热用户等运行数据及基础设施全生命周期运营状况建立了三维可视化引擎，实现了供热系统全流程远程化、无人化、自动化、智能化、一体化、可视化综合管控，在保障用户间均匀供热的同时，最大限度降低了能耗；在水环境治理方面，采用“GIS+ 水”“AI+ 水”“物联网 + 水”等多维技术深度耦合应用，构建智慧水环境管理平台，实现了对水设施的全流程、标准化、精细化与智慧化管理，助力水环境智慧运营。

6.1.5 数字化营销服务

数字化转型是企业构筑竞争新优势的有效路径，而数字化营销是企业把握数字经济新机遇的重要举措。北京市企业积极开展数字化营销服务，如北汽集团建立数字化营销中控平台，推动融合大数据、虚拟现实、人工智能等技术的线上新零售模式，营销方式快速向数字化模式转型，在新冠疫情冲击下，以前所未有的大规模线上直播、线上线下互动方式呈现车展中的北汽品牌“全息影像”，以数字化营销带领观众发现品质升级、体验升级的全新北汽品牌。祥龙公司借力新媒体平台，通过网红直播、抖音小视频等新媒体平台，整合优质高端 B2B 网站销售渠道，并与京东、天猫超市、苏宁等高端平台通力合作，实现流量带销量的宣传营销体系，实现了利用互联网、数字化技术为传统分销商赋能。

6.2 北京企业数字化转型存在的问题

北京市数字产业基础雄厚，北京市企业尤其是国有企业的数字化转型已经初步取得成效，但在转型意识、经营管理、资源利用等方面仍存在问题与挑战。

6.2.1 数字化转型意识尚需加强

虽然北京市国有企业的数字化转型初见成效，但从整体来看，北京市企业管理者的数字化转型意识尚需增强。北京工商大学数字经济研究院针对北京市企业开展的企业数字化转型调查问卷显示，将近 20% 的受访企业管理者对企业数字化转型的相关概念了解有限。对于某些企业，尤其是中小型企业来说，企业数字化转型仍属于新生事物。部分国有企业也尚未形成数字化转型的方向、目标和重点，既缺乏顶层设计，也缺少成熟的案例作参考。如何探索符合自身情况的数字化转型路径，形成与企业发展相契合的数字化转型方案，仍然是很多企业亟待解决的问题。此外，部分企业的管理者习惯于固守传统的思维模式、管理理念，不想转型，或缺少对数字化转型的深入认识，认为实现了办公自动化或者实现了精准营销就实现了数字化转型，没有深层次挖掘数据资产的潜在价值，导致数字化转型难以真正实现。

6.2.2 转型成本高，管理存在制约

数字化转型是一项庞大、复杂的长期系统性工程，涉及企业的各个部门和全业务，需要将多种技术手段和工具结合在一起，进行体系化的运作。一方面，数字化投资成本高、周期长、见效慢，且无法预知成效，在短期内不一定有好的效益；另一方面，受新冠疫情影响，不少企业的生产经营面临挑战，能够投入的资金有限，尤其是对于传统产业企业，经营压力较大，导致部分企业不想开展数字化转型。如果缺少企业整体部署以及相配套的具有针对性的评估体系，就会导致企业数字化转型投入受阻。

6.2.3 数字化转型资源短缺

数字化转型资源短缺主要体现在技术、人才等方面。虽然数字化转型已经成为企业发展的必由之路，但现阶段数字技术的发展仍不能跟上数字化转型的步伐，数字化转型所依赖的关键装备和核心技术芯片、5G和大数据等仍然被国外控制，工业互联网的发展仍面临着工业软件、工业控制系统、工业网络、工业信息安全等方面的“卡脖子”问题。此外，北京市企业仍面临数字化转型人才短缺这一短板问题。数字化时代对人才提出了更高的要求，需要的是既了解数字技术又了解企业运营流程与关键环节的复合型、应用型人才。人才缺乏导致很多企业“不敢转，不会转”，即使开始转型的企业也多数停留在试点阶段。

6.3 北京企业数字化转型的建议

6.3.1 强化政府引导，增强企业转型意识

充分发挥政府引导作用，出台相关政策，提供技术创新、金融支持、财税优惠和人才引进等各方面的政策支持，通过政策制定，专业服务，业务培训，开展推进会、交流会活动等方式，加深企业管理者对数字化转型的认知，强化其数字化转型意识，帮助企业认识到数字化转型不应仅局限在办公自动化等初级阶段，更多的是利用数据发现提升数据价值，使用“数据思维”进行商业模式与产业生态创新，助力企业数字化转型。

6.3.2 加强企业顶层设计，发挥示范作用

要加强企业数字化转型的顶层设计，推动企业在发展战略和企业文化层面的全面转型。企业管理层应从组织结构、资金配置和人才引进等各方面提供全面保障，重塑企业文化；在管理理念、组织行为、评估体系等各方面适应企业数字化的发展需要。充分发挥重点行业代表性企业数字化转型的示范作用，开展经典案例推广和交流活动，并在智慧交通、科技冬奥和智能工厂等领域加快推出一批数字化应用场景。企业应在管理模式、经营理念、产品研发等方面做好规划，制定企业数字化转型方案，明确相关部门和岗位工作要求，加强动态跟踪和闭环管控，全面推动国企数字化转型。

6.3.3 建设数字共享平台

鼓励行业内代表性企业运用5G、云计算、区块链、人工智能、数字孪生、北斗通信等新一代信息技术，携手产业链上、下游企业，搭建数字协同创新平台。加快推动工业云平台等数字技术赋能平台建设，发挥协同效益，为企业业务数字化创新提供高效数据及一体化服务支撑，降低企业转型门槛。为企业提供覆盖工业制造全过程、全要素、全产业链的云端服务，加大对企业智能化改造的支持力度，深层次推动大数据的融合运用。围绕客户服务、生产运营、内部管理、生态模式，实现各个产业连接，通过协同创新平台奠定企业数字化的基础。

6.3.4 加大数字化转型资源投入力度

一是加强数字技术研发，发挥北京市科技资源优势，聚焦于国家重大战略需求和产业发展瓶颈，加强代表性企业与大型央企、互联网企业、高校和科研院所等协同合作，联合攻关，攻克数字关键核心技术，推动企业数字化转型的自主可控，实现数字化转型软硬件设施的国产化。二是打造人才队伍，为企业数字化转型提供高水平人才保障。一方面，做好人才引进工作；另一方面，提升现有员工数字化思维和能力，培养既懂业务和管理，又熟悉数字化技术的复合型人才，充分激发数字人才活力。

专栏四 京东方科技集团

京东方科技集团股份有限公司（BOE）创立于1993年4月，总部位于北

京市经济技术开发区，是一家为信息交互和人类健康提供智慧端口产品与专业服务的物联网公司，同时也是全球半导体显示产品龙头企业。自成立以来，京东方一直秉承“对技术的尊重和创新的坚持”，营收规模增速惊人，净资产增长近400倍，从行业追随者成为全球行业领先者。

但随着中国“入世”“过渡期”的结束，京东方面临着我国经济市场化改革、扩大对外开放所带来的挑战，国外的液晶显示企业不断涌入中国市场，给其带来巨大冲击。从2012年开始，全球显示屏市场规模呈现逐年萎缩的趋势，与此同时，同行业领先企业如夏普、三星、LG飞利浦公司（合资）等面对其影响力下降的窘境，已率先进行数字化转型，谋求利用数字技术持续改进和密切关注客户需求，探索高级化、个性化的品牌发展战略。京东方内部也出现了一些问题。一方面，企业在很长时间的盈利状况都不太乐观；另一方面，京东方主营业务过于单一，营业收入集中来源于端口器件，一旦面板行情出现较大波动，企业就会陷入被动。

在行业竞争压力和内部转型需求的共同影响下，利用数字技术、进行数字化转型成为京东方集团打破原来发展的限制，应对全球新冠疫情、贸易摩擦升温和经济下行周期冲击的重要途径，也成为释放企业未来发展潜能的现实课题。京东方的数字化转型主要体现在以下三个方面。

首先，运营管理实现从系统信息化到系统线上化。通过与汉普合作喀什SAP Business One系统的实施，建立起销售—采购—库存—财务—生产—CRM模块的信息化运营模式，大大提升了流程效率、财务分析效率，实现企业内部数据共享，并持续推进价值链流程信息化、治理层面信息化、供应链上下游协同信息化。此外，京东方集团还实现了从数据、流程到管理模式的整合上线，实现全面统一流程平台。平台涉及企业采购、商务、项目、法务、固定资产、销售等核心流程，电子商务平台、绿色产品管理平台、资金管理、客户EDI等也随之系统地建设。

其次，研发制造从自动化生产线到智造服务工厂及智造服务产业园。为了抓住工业4.0时代智能制造发展新机遇和产业制高点，京东方科技集团自2015年起先后在合肥、重庆等地投建智造服务工厂，实现真正意义上的“无人工厂”，而并非简单的机器代替人。2018年，京东方在苏州建设智造服务产业园，打造智造服务工厂后再升级智造产业园，并利用多年经验积累推出工业互联网平台的工业园区解决方案，采用了虚拟可视化技术，能够实现对园区生产设备、建筑的3D可视化呈现，还可以对人员、车辆、设备、能耗以及安全等进行智能化管理，其中人员以及车辆管理效率提高15%，管理设备巡检的时间显著减少。同时，还可以通过定位系统以及联动周边监控或启动预案，将园区发生事故的响应时间缩短一半。

最后，主营业务实现从原有产品数字化到开发数字化产品。京东方集团在原有产品中加入数字技术，满足客户对屏幕个性化的需求，提升原有产品的竞争力，增加销量，进而提高市场占有率，并凭借多年发展经验自主研发工业互联网平台，战略转向物联网。京东方科技集团多年来显示器件生产的经验和优势能够较好对接物联网市场产品需求，进一步拓宽企业发展空间；而从物联网服务需求的维度来看，京东方科技集团除在原来产品的基础上进一步提升性能和体验之外，还可以提供相关物联网服务，特别是在新的工业互联网业务方面提供更多可行的智慧系统方案，为企业数字化转型提供更多的路径可能。陆续推出了物联网透明显示系统整体解决方案、可定制化的智能流媒体后视镜和智能抬头显示器（HUD）系统及整机解决方案、收购全球电子货架标签解决方案提供商法国 SES–Imagotag 的计划，进而跨界布局智慧零售领域。

综上所述，一是从京东方科技集团正持续深化的数字化转型趋势来看，京东方科技集团在数字化转型中大量采购的技术，如物联网、大数据、人工智能等，其被采购和应用标志着企业从信息化到数字化的转变。二是从京东方科技集团的数字化转型前所面临的问题到进行数字化转型的过程来看，企业在数字化路径选择上是从低投入、低风险的运营管理着手，随着运营管理数字化程度持续加深，企业开始在投入风险较大的生产线上试验先导线，再根据先导线的经验逐渐改造升级原有生产线或者投建数字化生产线。

京东方科技集团数字化转型实践的启示可以归纳为以下三点。

第一，从企业自身出发，循序渐进利用数字技术且更新战略目标，顺应发展规律。通过对京东方科技集团的案例分析可以发现，数字技术最先被企业利用的是投入较少、见效较快的管理运营上的数字化转型，其次是需要投入大、见效较慢的研发制造的数字化转型，最后是风险较大、投入较大以及见效更慢的商业模式的数字化转型，而且往往是管理运营不能持续降本增效，或者见到数字技术成效后出现数字技术临界点时再进行更深的数字化转型，并且在企业等产量线寻找切合企业能力的关键资源点。

第二，从企业数字化转型的市场反馈动态调整战术，摸索最佳发展路径。就目前而言，数字技术已经在很多方面得到了人们的认可，所以对于比较成熟可行的通用性较高的数字技术，大多数企业都可以根据情况大胆尝试，但需要考虑企业当前遇到的难题是否能够通过数字技术解决，以及掌握数字技术所需要的前置条件是否能够达到等。所以，企业需要在思维上转变，利用数字思维摆脱原有的固化模式和惯性，在尝试和摸索中找到最佳的商业模式和盈利模式。

第三，从企业治理的角度防范可能出现的风险和变化，毕竟数字技术在消费端所取得的惊人成效未见得能够在同样的时间内在生产端有相似成效。任何事情都有两面性，既然数字技术能够解决企业已有的问题，同样也有可能给企业带来新的问题，多从不同角度思考企业的优劣势、机会和风险，提前做好风险防范预案，同时也要尽量在危机中寻找机会。

专栏五　三一重工

三一重工股份有限公司创立于1994年，经过多年的发展已经成为中国第一大、世界第二大工程机械制造企业。三一重工是离散型技能密集制造企业，是中国市场的巨头，其混凝土泵车产量高居世界第1位，主要供应混凝土机械、挖掘机械、起重机械、桩工机械、筑路机械、建筑装配式预制结构构件等重型设备。随着我国经济进入“新常态”，我国工业特别是制造业的利润水平已经停滞不前，创新能力不足，传统的增长模式难以持续。《中国制造2025》提到只有改变中国制造业“大而不强”的局面，才能实现中国经济长期增长的目标。同时，进入智能时代以后，传统商业模式发生了翻天覆地的变化。尽管传统企业的资源丰富，但许多行业的传统企业都相继输给了新兴互联网企业。

三一重工作为国内机械制造业市场竞争中第一梯队的代表，通过其敏锐的市场洞察力和丰富的资本积累与技术支撑，成功地通过数字化转型，实现了企业价值的提升。三一重工虽在数字化转型初期各项财务指标都不是很理想，但企业在进行数字化转型时从自身的组织架构和企业文化出发，选择适合自己的转型路径，从产业、产品、主体三个维度梳理企业现有的经营业务，确定转型方向，坚持实施公司转型的战略，使企业发展能力和盈利能力也得到了明显的改善。其转型效果已获得工信部认可，被列入国家智能试点示范项目名单，其所积累的、成熟的数字化转型经验，成为业内典范。

全力抢抓机遇，积极谋篇布局，推动企业数字化转型。进入智能时代以后，传统商业模式发生了翻天覆地的变化，三一重工意识到数字技术革新的影响后，快速进行了企业战略规划的调整与变革，探索适应智能时代企业发展的新商业模式，力求打破传统企业价值链的束缚，克服现有合作企业关系网这个外部挑战，顺应智能时代的发展趋势。与此同时，充分认识到跨越现有产业边界的重要性，通过加快数字化转型消除行业内部竞争加剧的威胁。三一集团副总经理兼首席信息官潘睿刚在分享三一重工“产销存”一体化的项目经验时表示，“即便占有行业优势的传统企业，如要在技术变化周期与新经济的浪潮中，立于不败之地，也需要变化和创新。虽然数字化创新不能百分之百成功，但一旦成功，就会给业务带来巨大影响”。

“协同推进 + 多点突破”全面实施数字化转型战略。三一重工将人工智能和工业互联网与制造业积极融合发展，实现企业的信息化和智能化改造升级，利用数字化和信息化准确掌握生产数据，及时优化生产过程，积极推进数字化、信息化建设。自 2016 年以来，随着数字化建设投资的不断增加，三一重工在研发、采购、制造、营销服务、管理等方面大力推进数字化，完善了数字化平台升级，促进了各项业务的在线化和智能化。数字化转型的具体实施策略体现为以下四点。

第一，开发 MOM 智能制造系统，升级数字化生产流程。2020 年 4 月，三一重工的灯塔工厂软件升级，MOM 智能管理系统成为未来所有灯塔工厂的统一管理平台。相比以前的制造执行系统（MES）所实现的生产过程自动化，MOM 连接了所有的生产流程，实现了所有生产工序的互联，能够自动采集工厂数据。它将环境数据与机器学习和人工智能相结合，成为所有智能工厂的统一管理平台，实现由局部智能向全球智能的跨越式发展，构建最优的制造流程。

第二，总装车间智能升级，实现“无人化”生产。2019 年，作为数字化战略的一部分，公司把 18 号厂房改造升级为灯塔工厂，实施全面的数字化和智能升级。在 18 号厂房内，每辆线下的泵车都会配备一个 SYMC 控制器，并与设备相连，同时带有 50~200 个传感器，用于收集运行数据，最后通过无线通信模块传回公司的 ECC。2021 年 1 月，三一重工收集了安装在 480000 台设备上的控制器的数千亿条运行数据，通过大数据分析调整生产节奏，改进产品设计，提高服务效率。

第三，供应商管理数字化，整合优化供应链关系。三一集团重机“产销存”一体化（SCM1.0）项目建立使用的产销存管理信息体系在三一集团所有事业部全面广泛推广，并根据行业与公司的发展进一步优化完善，为整个集团的资金管理系统建设和智能化生产奠定了坚实的基础。该项目形成从销售到回款、从采购到付款、从研发到制造的端对端业务支撑，对经营方式进行了重大的改革，自上线以来，颇受业界好评。在2018年IDC中国数字化转型大奖评选中，成功摘得“运营模式转型领军者”奖项。三一集团数据显示，自2018年6月5日启动三一集团重机SCM项目以来，重机事业部的营业额和产量增长迅速，远超行业平均水平。

第四，营销手段多渠道，打造服务新模式。三一重工努力聚焦于客户需求，致力建设一流的服务网络和管理体系。在客户关系端，搭建客户关系管理（CRM）平台。CRM平台利用信息技术和互联网技术在营销和服务领域与客户协调互动，能够及时接收客户的请求，为客户提供服务，降低企业的“隐性成本”，从而全面提升公司的营销管理、服务管理、配件管理、信用管理、融资管理、债权债务管理等业务水平。在公司内部控制端，建立ECC平台。三一重工是唯一拥有ECC平台的工程机械公司，通过物联网平台“云端+终端”建立了智能服务体系，出售的机械设备通过控制器、传感器和无线通信模块，将采集的数据传输到ECC平台。对返回的数据进行分析，指导三一重工的服务和营销领域、研发创新等环节。在营销服务端，推广O2O电子商务模式。O2O电子商务模式通过网络和线下的深度结合，利用互联网巨大的信息优势，进而拓展线下业务。

企业在良好布局的情况下，适时进行数字化转型，促进了企业绩效的全面提升。三一重工采取的数字化战略从财务角度给公司带来了较明显的正向经济效果，并且在整个机械制造行业中表现突出。通过数字化转型推进“流程四化”，即标准化、自动化、在线化和智能化，实现业务规范化，流程自动化和智能化，提升了企业盈利水平，将数字化转型落实到制造流程、供应链管理、财务和人力等各个环节中，提升了企业发展潜力。与此同时，数字化转型以后，三一重工的非财务绩效也提升明显。通过积极打造数字化转型平台，以多种渠道深入探索“制造+服务”的盈利模式，推动产品智能化，实现智能制造，品牌认可度和价值在机械制造行业处于领先地位并保持稳定水平，抵抗住了行业周期所带来的影响，实现企业设备、服务全方位创收，强化了企业的竞争力。

综上所述，企业进行数字化转型并不容易，实施数字化转型既是三一重工的考验也是发展机遇。三一重工的数字化转型得以平稳落地，并显示出更加强劲的发展势头。实施数字战略将帮助企业改变上下游关系，整合强大的资源，调整商业模式，更好地适应当前的发展环境。三一重工实施数字化转型后，各方面指标都在行业均值之上，并且已经安然度过了准备期和过渡期，从长远分析来看，企业数字化转型取得了理想效果。

参考文献

［1］黄鑫．产业互联网力促企业数字化转型［N］．经济日报，2022-07-27（6）．

［2］李辉，梁丹丹．企业数字化转型的机制、路径与对策［J］．贵州社会科学，2020（10）：120-125.

［3］林琳，吕文栋．数字化转型对制造业企业管理变革的影响：基于酷特智能与海尔的案例研究［J］．科学决策，2019（1）：85-98.

［4］马彦铭．企业如何实现数字化转型［N］．河北日报，2021-09-07（3）．

［5］钱晶晶，何筠．传统企业动态能力构建与数字化转型的机理研究［J］．中国软科学，2021（6）：135-143.

［6］孙杰．“一企一策”提速国企数字化转型［N］．北京日报，2021-09-09（3）．

［7］韦影，宗小云．企业适应数字化转型研究框架：一个文献综述［J］．科技进步与对策，2021，38（11）：152-160.

［8］肖静华．企业跨体系数字化转型与管理适应性变革［J］．改革，2020（4）：37-49.

［9］杨继东．提升实体企业数字化能力，推动经济高质量发展［N］．河北日报，2021-10-08（5）．

［10］易雨心．三一重工数字化转型及其绩效评价［D］．杭州：浙江工商大学，2022.

［11］张亚欣．北京、上海市国有企业经营现状及数字化转型态势研究［J］．中国信息化，2021（6）：26-35.

第 4 篇　政策篇

发展数字经济既离不开政策支持，也离不开体制机制创新。各国各地区政府纷纷出台政策措施，引导和支持数字经济发展，抢占数字经济制高点，不断推进顺应数字经济发展规律和要求的制度供给及体制机制创新。北京在国家创新驱动战略和数字经济发展战略中扮演着重要角色，因此北京数字经济政策战略及体制机制创新也尤为重要，受到高度关注。本篇梳理、总结北京在数字经济体制机制改革及政策战略方面的创新做法，从国内外比较的视角分析北京目前存在的问题，并给出相应的建议。

第7章　北京数字经济体制机制创新研究

“体制”是对国家机关、企事业单位在机制设置、领导隶属关系和管理权限划分等方面的体系、制度、方法、形式等的总称，是制度形之于外的具体表现和实施形式。经济体制规定中央、地方、部门、企业各自在经济发展、管理、服务等方面的范围、权限职责、利益及相互关系，其核心是管理机构的设置、各管理机构职权的分配以及各机构间相互协调的工作机制。科学合理的体制设计，不仅直接影响经济管理工作的质量和效率，更是助推经济发展、激发经济潜能的必要前提。体制创新就是要优化政府机构的部门设置和权责划分，优化工作流程，提高职能管理部门的协同工作效力，为经济有序健康发展、突破制度约束，提供规则保障。

“机制”原指机器的构造和运作原理，借指事物的内在工作方式，包括有关组成部分的相互关系以及各种变化的相互联系。机制通过系统内部组成要素，按照一定方式相互作用实现其特定功能。赫维茨被称为“机制设计理论之父”，根据其机制理论，机制设计是指对于任意给定目标，在自由选择、自愿交换的分散化决策条件下，设计出一套合理机制，即制定什么样的方式、法则、政策条令、资源配置等规则，使经济活动参与者个体利益与设计者既定目标一致。机制设计理论的深刻思想和科学的理论方法使其在社会经济生活的各个领域得以广泛应用，不限于对市场机制的理论研究，还广泛地应用于对微观组织内部的考察和对宏观经济与社会制度的研究。机制运行规则由人为设定，具有强烈的社会性。

体制机制创新，就是要按照精干、科学、高效的原则，优化机构设置，科学划分权责，构建符合经济运行逻辑和特点的经济发展管理与服务的体制框架，制定高效协同的工作机制，使部门有机联系、协调运行，为经济发展释放制度能效。

从体制机制角度研究数字经济发展具有十分重要的意义。近年来，互联网、大数据、云计算、人工智能、区块链等技术加速创新，逐渐融合到社会中各个领域的全过程，数字经济发展速度之快，辐射范围之广，影响程度之深，前所未有，正在成为重组全球要素资源、重塑全球经济结构、改变全球竞争格局的关键力量。我国经济进入以数字化为导向、以高质量发展为主题的新发展阶段，建设数字中国、发展数字经济已经上升为国家战略，是大势所趋，而体制机制创新成为推动数字经济向纵深发展的关键问题。习近平总书记在中共中央第三十四次集体学习时指出，“数字经济事关国家发展大局，要做好我国数字经济发展顶层设计和体制机制建设，加强形势研判，抓住机遇，赢得主动”，并特别强调“要完善数字经济治理体系，健全法律法规和政策制度，完善体制机制，提高我国数字经济治理体系和治理能力现代化水平。要完善主管部门、监管机构职责，分工合作、相互配合”。

数字经济是一种新经济形态，是以数字技术为支持、以数据为核心要素，以需求为导向，以开放、共享、链接、协同、融合为组织方式的一种全新的资源配置与价值创造模式，使经济发展的主导要素、核心动力、运行逻辑以及要素组合方式和经济发展模式都发生了根本性改变，经济行为、经济结构、经济运行、经济管理发生了全面变革。与传统经济相比，融合发展成为数字经济的基本特征，这给传统经济体制机制带来了巨大挑战。以工业时代为背景建立的体制机制，突出的特点是条块管理，体制分割、行业分立，纵向管理机构按照行业分立设置，横向按照行政区划形成不同地域、不同行政层级的管理部门，这种管理架构无疑与数字经济融合发展需要不相适应，发展数字经济迫切需要体制机制创新。

近年来，为推动数字经济发展，省市层面先后进行了大量体制机制创新实践，行动较早的有浙江省、广东省、上海市、北京市等，杭州市、深圳市、广州市等都在数字经济体制机制改革方面做了大量的实践探索，形成一些特点，也积累了很多经验。但仍然存在很多共性问题，需要加快顶层制度设计，从国家层面统筹推进数字经济体制机制创新变革。2022 年 7 月 11 日，国务院办公厅发函回复国家发展改革委，根据《“十四五”数字经济发展规划》部署，由国家发展改革委作为牵头单位，建立数字经济发展部际联席会议（以下简称“联席会议”）制度。这是我国数字经济顶层制度创新的一项重大举措，释放了我国推动数字经济体制机制改革的重要信号，将开启我国数字经济体制机制创新的新阶段。

北京作为我国数字经济发展的“领头羊”，承载着引领我国数字经济发展的使命和责任，在数字经济体制机制建设上，不断探索创新，推出一系列创新举措，旨在突破数字经济发展的体制机制约束，加快建立全球数字经济标杆城市。但在数字经济体制机制建设上，也存在很多改进和完善的空间。本章梳理北京在数字经济体制机制建设方面的做法和特点，分析存在的问题和影响，借鉴相关省市在体制机制上的创新做法和经验，为北京市完善数字经济体制机制建设提出政策建议。

7.1 北京数字经济体制机制创新做法和特点

从党的十八大以来，我国高度重视发展数字经济，加快推进体制机制改革步伐，促进数字经济统筹、协调发展。北京市致力建设全球数字经济标杆城市，打造中国数字经济发展“北京样板”、全球数字经济发展“北京标杆”，为推进北京数字经济发展，北京市统筹谋划体制机制改革创新，加强顶层设计，创新管理体制，调整机构设置，优化工作机制，深化“大部制”改革，开展体制机制综合改革试点，形成系列改革创新举措，优化数字经济发展营商环境，完善政府职能管理和公共服务机制，推动各部门协同运行，提高工作效率，助力数字经济健康发展。

7.1.1 对数字经济体制机制建设进行总体谋划，加强顶层设计和战略部署

为推动数字经济创新发展，围绕建设全球数字经济标杆城市目标，北京总体谋划数字经济体制机制建设，加强顶层设计和战略部署，推动体制机制创新，健全工作机制，系统推动各项规划、任务落地实施，不断突破数字经济发展的体制机制约束和政策瓶颈。2020 年发布的《北京市促进数字经济创新发展行动纲要（2020—2022 年）》，明确提出要体系化构建数字经济发展体制机制，建立健全权责统一、分工明确的推动落实机制，建立专家咨询委员会，在研究制定战略规划、实施方案、技术途径、重点技术攻关等领域加强论证，提高决策科学化水平，完善顶层决策机制。2021 年 8 月发布的《北京市关于加快建设全球数字经济标杆城市的实施方案》进一步强调，要完善统筹推进机制，成立全球数字经济标杆城市建设专班，加强对全市数字经济建设的顶层设计和战略指导，加强标杆工程、重大事项、重点项目、重大问题的统筹调度。《关于统筹推动落好“五子”确保“十四五”良好开局的实施方案》（征求意见稿）提出，要形成一批具有突破性的制度创新，强化统筹协调，由市委、财经委牵头协调，推动“五子”重点任务、重大政策和重大项目落地，着力抓统筹、抓重点、抓整体，定期开会协调、督办，健全“五子”各分领域市级工作专班常态化调度机制，主管领导按照职责分工定期协

调调度，各区、各部门、各单位建立对口推进机制，主要负责同志研究部署、组织推动，属地和部门协调联动、相互配合，确保各项任务按计划有序落地。

7.1.2 成立数字经济领导小组和工作专班，建立统筹推进数字经济发展的工作机制

为加强对数字经济发展工作的顶层指导，有效推动任务落实，市级层面成立数字经济领导小组，调整相关机构权责，强化数字经济工作统筹领导。围绕落实建设全球数字经济标杆城市实施方案、任务，成立全球数字经济标杆城市建设工作专班，建立常态化工作组织和推动机制。专班由 27 个委办局、16 个区和经开区共同组成，由市委常委、副市长担任专班组长，负责总体谋划、统筹协调和督促落实。专班设立综合协调组、数据要素组、产业促进组、工程实施组及评估指标组等 5 个专项工作组，构建任务台账、例会沟通、报告反馈、项目调度、企业服务、督察评估、统计监测、宣传推介和专家咨询等多项工作推进制度，组长定期调度、督办。专班办公室设在北京市经济和信息化局，负责统筹协调日常工作，发挥中枢协调作用，下设专班秘书处，承担组织、统筹、调度、督促、评估等方面职能，实体化推动有关工作开展。

各区也进行相应的机构设置与调整，组建数字经济协调工作组和高端产业协调工作组，成立工作专班。以城市副中心为例，成立数字经济标杆城市建设工作专班，区政府分管副区长任组长，区经济和信息化局主要领导任副组长，各相关单位主管领导为成员，工作专班下设办公室，办公室设在区经济和信息化局。

通过组建工作专班，明确组织架构和工作职责，细化分解成员单位工作任务，建立权责统一、分工协作的推动落实机制，推进各项任务措施落实，确保任务目标按时保质高效完成。

7.1.3 进行组织机构调整，构建经信部门牵头的数字经济发展管理体制架构

7.1.3.1 确定数字经济牵头管理部门，明确数字经济发展运行的基本管理架构

北京市确立以经济和信息化局作为数字经济发展工作中枢部门，统筹协调数字经济发展相关工作安排，协调、推动全球数字经济标杆城市建设。北

京市经济和信息化局对内部相关业务处室进行归并调整，设立智能制造与装备产业处、生物与医药产业处、电子信息产业处、信息化与软件服务业处、信息化基础设施处、大数据建设处、智慧城市建设处、大数据应用与产业处、大数据标准与安全处等数字经济相关处室，将工作重心转移到数字经济发展战略和规划上，工作力量聚集到大数据、智能制造、生物医药、智慧城市等新型产业上。全球数字经济标杆城市建设工作专班办公室也设在北京市经济和信息化局，以全球数字经济标杆城市建设为核心任务和抓手，由经济和信息化局牵头，协调推动全市数字经济发展各方面的工作。

7.1.3.2 成立大数据管理局，搭建以大数据管理为核心的数字经济管理机制

大数据是数字经济发展的核心问题，北京集聚的海量数据资源，为数字经济运转提供了要素支撑。为加强大数据发展和管理工作，北京市将分散在不同部门的信息化、数字化建设管理等职责、机构和编制整合，组建北京市大数据管理局，统筹推进北京市大数据工作，负责政务数据和相关社会数据的整合、管理、应用和服务体系建设工作，统筹协调社会信用体系建设等，构建以大数据为核心的数字经济发展推动机制。北京市大数据管理局加挂在北京市经济和信息化局，各区在经济和信息化局或科技和信息化局加挂大数据管理局牌子，将经济和信息化委员会等多个部门的数据管理权限进行优化归并、汇聚整合，强化大数据顶层设计和统筹协调。在经济和信息化局职能转变中明确要求，要强化大数据管理职责，加强顶层设计和统筹协调，推动政府信息系统和公共数据互联开放共享，推进数据汇集和发掘，深化大数据在各行业创新应用，促进大数据产业健康发展。完善法规制度和标准体系，科学规范利用大数据，切实保障数据安全。这种制度安排体现了北京集中力量、融合管理、协同推进数字经济发展的体制机制特色。

北京市大数据管理局的成立和相关体制安排，明确了管理职责，从领导、决策、执行到监管，建立统一标准，构建上下协同、高效运行的管理架构，通过分工协作，无缝对接数据规划，打通管理工作的各个环节，实现了数据开放共享、数据资产开发、数据安全管理、平台运营等多条战线的齐头并进，突破数据协同互通的瓶颈，解决了以往各自为政、政出多门、数据封锁等孤立化、碎片化的管理问题，将分散化的部门、职责整合，统一管理，更好地推动数据无障碍流动，为北京市数字经济发展注入动力。

7.1.3.3 成立两大中心作为支撑，强化数据管理和产业应用

在大数据管理局下设立北京市大数据中心和数字经济促进中心。大数据

中心负责研究提出本市大数据管理规范和技术标准建议，负责全市政务数据和相关社会数据的汇聚、管理、共享、开放和评估；负责市级政务云、大数据管理平台等数据基础设施的建设、运维和应用支撑；负责社会信用数据应用服务；承担社会信用体系建设辅助性、事务性工作；负责“互联网＋政务服务”信息化基础支撑平台的建设、运维和保障；承担政府投资信息化项目技术性审核的支撑服务工作；等等。数字经济促进中心承担本市数字经济发展相关研究工作，承担推进产业数字化转型、促进数字产业化发展方面的技术性、事务性工作。

7.1.4　以北京经济技术开发区为综合改革试点，构建数字经济体制机制新框架

北京深化“大部制”改革，以北京经济技术开发区为体制机制综合改革试点，重整机构职责和权限划分，重构组织体系和运行机制，探索构建数字经济体制机制新框架。

7.1.4.1　健全组织保障，赋予经济技术开发区更大改革自主权

《北京市人民政府关于加快推进北京经济技术开发区和亦庄新城高质量发展的实施意见》提出，赋予经济技术开发区更大改革自主权，深化机构改革。坚持小政府、专业化改革方向，构建优化协同高效机构职能体系，建设人民满意的服务型政府机构。加强统一领导，强化北京经济技术开发区工委、管委会对亦庄新城规划建设管理的主体责任，全面管理核心区经济和社会事务，承担经济发展、城市建设管理职能以及与优化营商环境有关的公共服务职能。进一步赋予北京经济技术开发区管委会市级管理权限，原则上依法授权或委托北京经济技术开发区管委会实施管理范围覆盖至亦庄新城。支持本市出台的改革开放政策在北京经济技术开发区和亦庄新城先行先试。

7.1.4.2　重构组织体系和运行机制，创新组织机制建设

北京经济技术开发区发布的《中国（北京）自由贸易试验区高端产业片区亦庄组团（国家服务业扩大开放综合示范区经开区区域）工作方案》，要求强化组织机制建设。①建立领导小组机制，成立经开区“两区”建设工作领导小组，由工委书记、管委会主任任组长，下设四大主导产业等13个协调工作组，成员涵盖41个相关职能部门、重点园区、区级开发投资公司和街道。领导小组办公室设在商务金融局，负责统筹协调、贯彻落实和组织推进各项工作，由管委会主管副主任任领导小组办公室主任，商务金融局、经济发展

局、科技创新局、营商合作局、行政审批局主要领导任副主任。②建立调度会商机制。由领导小组定期召开“两区”建设调度会，研究听取各协调工作组汇报项目进展及有关重要问题，对工作进行总体调度。③完善沟通对接机制。各相关部门加强与对口市级部门的沟通协调，建立联络员制度，提升工作合力。加强与商会、联盟、企业的沟通交流，及时了解需求，引导市场主体广泛参与。加强与中央部门的联系沟通，强化各环节互动。④完善信息报送机制。各协调工作组结合工作职责，定期将数据统计情况、工作开展情况和重点任务落实情况报送至领导小组办公室，由办公室汇总后以简报形式上报领导小组。

7.1.4.3 调整机构设置和职能权责配置，构建全新的职能部门和管理体系

围绕优化营商环境，北京经济技术开发区以“放管服”改革为契机，大力度进行机构改革，将原有 60 个行政机构精简为 23 个，削减比例超过 60%。首先，组建行政审批局，归并行政职能，打破条块管理模式和机构设置，把过去分散在 16 个部门的审批权限集中于行政审批局，实施“一枚印章”管审批制度，提高政务服务质量和效率。“一枚印章”管起所有行政审批事项，对企业来说，多个行政审批事项并联到一起，材料只要一份、核验只需一次，减少了企业提交的材料和跑动次数，缩短了事项办理时限，提高了相关人员的办理效率。在首批纳入用章范围的 194 项事项中，已有 149 项在行政审批局集中办理，7500 件以上行政审批事项通过这种新方式办理。围绕“只进一门、只跑一次、只拨一号、一窗受理、一网通办、一表申请、一套审批标准、一口兑现政策、一枚印章管审批、一体化无差别受理”的“十个一”目标，经开区在北京先行先试，正打造更高效、更便捷、更人性化的政务服务体系。

其次，组建综合执法局。企业经常因各种监察部门分开检查而使经营活动受到干扰，各监察部门联动不足，多次重复检查对企业经营造成影响。针对原有执法弊端，经开区将城管执法分局、环境执法队及产业发展、社会建设、城市运行、市场监管、劳动监察等领域的执法职责整合，组建了综合执法局，集中行使经济发展、城市建设运行、社会事业三大方面 30 多个领域 7000 多项职权。通过一次综合检查将企业涉及的各方面检查全部覆盖，减少对企业生产经营的打扰，给企业减负。经开区通过“一次检查，全身体检”模式，在执法队伍上做“减法”，在执法为民和优化营商环境上做“加法”。

行政审批局和综合执法局两个机构的设置，是经开区体制机制改革的关键环节和核心变量，通过对两个方向行政审批和执法权的集中，打破传统按

照条块管理的职权运行模式，使经开区成为全国首个同时归集所有前端许可权限和后端执法职能的国家级开发区和区域，实现了职能按种类最完整的“集合”，也是最彻底的“环节式”流程再造。

最后，组建经济发展局，将发展和改革委员会、统计局，调查研究、扶贫协作和支援合作等工作整合，作为经济社会发展总规划、总调度部门。设置“首席政策官”，加强对经济社会发展规划和政策研究制定的统筹；设置“首席调度官”，强化对经济社会运行的监测预测预警能力；设置“首席合作官”，发挥政策集成和信息集成优势，推动区域合作和协作。

此外，还组建了项目准入和落地的集中决策、调度部门“营商合作局”，统筹招商引资和对外交流合作；组建科技创新和企业对接的“管家式”服务部门“科技创新局”，促进科技创新和与三大科学城的对接，加快科技成果转化；组建贸易、金融行业发展和市场秩序管控的统筹部门“商务金融局”，统筹市场监督和商务金融等经济管理职能，加强对市场风险的预警和防控。

改革前，工委、管委会内设部门 23 个、行政执法机构 2 个、事业单位 33 个，以及工商分局、食药监分局，各种性质、大大小小机构共 60 个。改革后，工委、管委会职能机构 14 个、公共服务机构 9 个，机构总数减至 23 个。经开区开创性地探索设立公共服务机构，打破机关和事业界限，重构以职能属性和职权运行方式划分的分工体系，为全国首创。改革后，机构职权运行呈现“一轴多面数点”的图谱样态，围绕以环节划分为基础的链条式管理轴，分布党的建设、产业发展、新城建设、城市运行、社会治理、服务保障、营商环境等多个业务发展面，在每一发展面上又有数个核心机构共同支撑，相互分工协同、“咬合”运行。

7.1.5　加快重点领域体制机制创新，推出系列特色化体制机制创新举措

7.1.5.1　深化人才发展体制机制改革

人才是数字经济发展的第一资源。习近平总书记强调，要深化人才发展体制机制改革，“向用人主体授权”“积极为人才松绑”“完善人才评价体系”。北京市高度重视人才培养和引进，出台多项政策深化数字经济人才培养体制机制建设。《北京市促进数字经济创新发展行动纲要（2020—2022 年）》提出，要完善人才储备和培养机制，鼓励校企进一步深入合作，培养一批具有国际竞争力的相关产业技术人才和技能型人才，以多种方式吸引相关人才和创新创业人才，吸引海外高端专业人才来京发展。北京市 2019 年发布的《新时代

深化科技体制改革加快推进全国科技创新中心建设的若干政策措施》要求，深化人才体制机制改革，优化人才培养和评价机制，加强高精尖技术人才培养，推动人才评价机制改革，下放职称评审权限，创新编制使用和薪酬管理机制。按照“动态调整、周转使用”的原则，推进科研事业单位编制全市统筹调剂使用，进一步扩大科研事业单位在核定编制内的选人用人自主权。对市属高等学校、科研机构、医疗卫生机构等事业单位中符合条件的全时全职承担重大战略任务的高层次人才，允许采取年薪制、协议工资制、项目工资制等灵活多样的分配形式。

7.1.5.2 强化人才工作统筹机制建设

北京市委、市政府高度重视对人才工作的领导和统筹，成立市人才工作领导小组，建立“一把手”抓“第一资源”工作机制，制定人才发展战略，由组织部门牵头抓职责，领导小组各成员单位实施清单化管理、项目化推进，抓好任务落实，建立党委直接联系服务专家人才的工作制度。为加强人才工作，2018 年北京市成立人才工作局，加强首都人才工作统筹和整体谋划，充分发挥首都人才资源优势，抢占全球人才竞争制高点。赋予用人主体在编制使用、岗位评聘、科研经费管理等方面更大自主权。赋予科学家更大路线决定权、经费支配权、资源调度权。

北京市各区坚持“人才是第一资源”原则，加快实施人才强区战略，深化人才发展体制机制改革。以北京经济技术开发区为例，经开区在全市率先成立了北京亦庄国际人才发展集团，提供人力资源服务；建立了人才服务管家机制，为人才做好相关服务保障工作，搭建市场化、社会化的人才管理服务体系。同时，经开区还对标国内领先地区人才政策，制定“人才十条”政策及实施细则，从住房、医疗、教育、落户、出行五个方面，根据人才分类打造分级服务保障体系，实行更加积极、更加开放、更加有效的人才政策体系。

7.1.5.3 深化科创领域改革

为促进科技创新，北京市级层面建立领导协调机制，重点推动“三城一区”科研体制改革，按权责利统一的原则，分区域、分步骤依法推进审批权限的赋权和下放，科研主管部门对章程赋予管理权限的事务不得干预，以扩大运行自主权等方式赋予科研人员更多自主权，避免因审批烦琐或拖沓使科研成果投放受阻。

7.1.5.4 创新数字经济监督管理机制

北京设立数字经济发展与监管专门机构，加快出台北京市数字经济促进条例，树立审慎包容的监管理念，主动适应数字经济的运行规律，建立刚柔并济、富有弹性的创新试错容错机制，助力数字经济持续健康发展。

7.1.5.5 优化“放管服”制度安排

北京不断深化“放管服”改革，优化首都政务环境和营商环境，创新“放管服”模式和制度安排，成立北京市政务服务管理局，统筹各方资源，协同做好政务服务工作，提高政务服务质量。

7.2 北京数字经济体制机制存在的问题

北京不断推进数字经济体制机制改革和创新，并取得一定成效，但总体上尚处于探索和试点阶段，数字经济发展给体制机制带来的诸多挑战和问题，还未能得到完善的制度安排和有效解决，探索中的体制机制改革还存在很多问题，改革还远未到位。

7.2.1 系统性、整体性的数字经济体制机制改革方案尚未形成

综合看北京市目前在体制机制方面进行的改革、创新做法，工作机制上主要是以成立领导小组、工作专班的形式推动统筹数字经济发展工作，机构改革主要是以归并、调整原有机构为主，工作重点向数字经济关键领域、重点环节、主要项目聚焦，推动重点工程，打造亮点举措。总体来说，属于局部性的改革、体系内的调整，体制机制构建方面尚缺乏系统的顶层规划和全面的结构性调整以及整体性制度创新。符合数字经济发展特点和需要的新的体制机制建设尚处于探索和初级阶段，数字经济体制机制建设任重道远。

7.2.2 由经济和信息化局牵头的管理架构难以协调和覆盖数字经济全面发展的需要

数字经济具有高渗透、广覆盖性，而目前各省市数字经济工作通常由发展改革委或经济和信息化局统筹牵头主导，实际运行中，单一部门难以协调覆盖数字经济全面发展的需要，在实际工作中矛盾较大。北京市由经济和信息化局牵头统筹协调数字经济发展工作，局限性更大。经济和信息化局是主管工业经济和信息化的政府工作部门，长期侧重工业、信息、数字技术等相

关产业，而数字经济不仅包括信息技术、软件工程、工业等产业，更是与实体经济、社会民生等领域广泛渗透、全面融合。在推动数字产业化方面，经济和信息化局具有很大优势，但更多的产业数字化、数字化治理、数字价值实现等方面，都不是经济和信息化局的长项，在发展协调、推动过程中难免力所难及，影响数字经济发展。因此，北京在构建数字经济科学的组织管理架构以及深层次、全局性的体制机制改革方面还有待加快推进速度。

同处全国数字经济发展前列的上海市和广东省，其数字经济工作领导小组办公室均设置在发展改革委。由发展改革委统筹领导，并组织医疗、教育、金融、生态、能源等几十个相关部门联动协作，共同促进数字经济发展。《上海市数字经济发展“十四五”规划》《上海城市数字化转型标准化建设实施方案》强调，在市数字化转型工作领导小组和市战略性新兴产业领导小组的统筹领导下，更好地发挥市战略性新兴产业领导小组办公室的协调机制作用，建立由市领导主抓，市发展改革委牵头，各有关部门和单位协同推进的工作机制。各区和有关重点区域建立健全工作推进机制。在市城市数字化转型工作领导小组统一领导下，在市标准化工作联席会议框架下，建立由各相关部门组成的城市数字化转型标准化专项工作组，统筹协调全市城市数字化转型标准化工作，推进城市数字化转型标准体系建设。专项工作组要根据本实施方案提出的重点任务，明确各方职责，组织定期交流，公布实施进度，按计划推进城市数字化转型标准化建设。

广东省为加强对国家数字经济创新发展试验区建设的组织领导，成立了广东省推进国家数字经济创新发展试验区建设领导小组。领导小组办公室设在广东省发展改革委，承担日常工作，办公室主任由广东省发展改革委主要负责同志兼任。领导小组组长由分管发展改革业务的广东省领导兼任，副组长由分管宣传工作和分管工业和信息化工作的广东省领导兼任。成员单位包括省委宣传部、网信办、外办，省发展改革委、教育厅、科技厅、工业和信息化厅、公安厅、财政厅、人力资源社会保障厅、自然资源厅、生态环境厅、住房和城乡建设厅、交通运输厅、水利厅、农业农村厅、商务厅、文化和旅游厅、卫生健康委、国资委、市场监管局、广电局、体育局、医保局、地方金融监管局、政务服务数据管理局、能源局、人民银行广州分行、省通信管理局、省邮政管理局等几十个委办局。涉及部门之广、体系之庞大，足见数字经济覆盖面之广、融合发展之深，对组织管理体系和架构的要求之高、难度之大也可见一斑。

7.2.3 数字经济管理运行机制尚不完善，横纵部门协同联动不充分

数字经济发展运行需要各部门既要各司其职，又要协同联动，形成合力。数字经济牵涉面广、创新度高、政策性强，发展中经常遇到没有涉足过的“无人区”，没有现成的管理经验可以借鉴，需要多部门协同探讨共同推进。北京市在数字经济工作安排中，对各部门各单位进行明确分工，但在运行过程中，需要各部门联动，协同发力。目前各机构部门擅长专项职能工作，而协同管理能力不足。在管理结构和框架不够完善的情况下，更容易出现“管理空白”或“多头交叉管理”等问题。例如，在数字经济监管方面，央行、银保监会、税务局等各部门都有参与空间，监管部门之间协调统筹机制不完善，对企业等监管存在部分监管重复和交叉，跨部门工作出现管理空白。在“五子联动”中，数字经济与其他“四子”密切关联，也需要进一步加强综合统筹。

7.2.4 数据申请使用流程烦琐，数据共享机制还不够畅通

在亦庄调研时，相关人员反映，亦庄一网统管的各个场景都需要数据，使用数据需要向大数据平台借数，但借数申请流程烦琐，数据使用不够便捷，影响了工作效率，数据管理流程有待优化。申请使用数据的过程，需要进行多方协调，要先向该部门申请，经该部门同意后，再向经济和信息化局即大数据管理局申请，如果大数据管理局有相应数据，此时可以拿到数据；但如果经济和信息化局没有所需要的数据，还需要向有关业务局业务部门协调，业务部门再提供相关数据。整个操作流程非常烦琐，用时长，汇数难度大。大数据管理工作机制亟待改善，数据申请流程烦琐，需要多项审批，涉及多个部门，数据运用部门消耗时间精力较多，影响数据运用积极性，没有达到数字化管理快捷、便利和高效的效果。数据使用、共享机制不畅，申请数据难的问题，不仅亦庄存在，也是北京市数据应用方面的普遍性问题。政府数据、公共数据虽开放的数据量较大，但数据质量不高，数据易获性不强，“有用的数据查不到，查到的数据不能用”现象还非常普遍，数据开放、共享、管理体制机制亟待优化完善。

7.2.5 创新性管理岗位设置不足，复合型数字经济管理人才缺乏

作为一种新经济形态，数字经济发展融合性、专业复合型、能力要求综合性都很强，这对政府部门和相关机构管理队伍提出更高的新要求，政府职能部门工作人员面临很大挑战。在北京各区调研时，调研人员普遍感到，基

层政府工作人员对数字经济的了解、理解非常有限，对数字经济工作感到无所适从，不会抓数字经济工作，不知道怎么搞，只是机械地应对市里要求，尽力完成上级部署的具体任务。数字经济的思维、意识还十分淡薄，工作的主动性和能动性不足。在这种情况下，尽管北京市搭建起了推动数字经济发展的组织管理架构，但明显感觉到，区级层面跟不上市级层面的规划和要求，对市里出台的数字经济规划、政策、要求理解不到位，政策对接、落地转化都存在落差。对数字政务、数字基础设施建设项目相对熟悉，工作推动较好，对智慧城市等偏向数字技术应用的工作更加偏好，而对于数据应用、数字产业化发展和产业数字化发展等，了解有限，缺乏工作思路，难以有效推动。政府管理队伍既缺乏懂数字经济的复合型管理人才，也缺乏具有较高领导级别和权限的统筹、协调岗位设置，致使现有体制机制在抓数字经济工作时职能分散、效力不集中。

对数字经济工作实施常态化指导监督，推动数据管理和产业融合创新，既需要设置统筹数字经济工作的综合性管理岗位，也需要加强公务员队伍人才建设。为此，有省市创新岗位设置，实施“首席数据官”制度。首席数据官由本级政府或本部门分管数字政府建设工作的行政副职及以上领导兼任，通过聘任制公务员和购买专业服务等方式引进专业人才，协助首席数据官开展工作，弥补行政领导专业不足，强化领导岗位融合、协调发挥作用，取得一定成效。《北京市数字经济促进条例（草案）》提出鼓励各单位设立首席数据官，但北京市目前推行首席数据官制度还需要考量很多因素：一是政府缺乏相应的人才储备；二是该制度处于探索阶段，还不够健全和完善，依靠首席数据官制度或者个别高技术官员，其作用也有待进一步研究评估。

7.3　其他城市数字经济体制机制创新做法与借鉴

7.3.1　上海市推动数字化转型的体制机制现状及特点

数字化正在以不可逆转的趋势改变人类社会，新冠疫情进一步加速了数字时代的全面到来，全面推进数字化转型是面向未来塑造城市核心竞争力的关键之举，并成为上海主动服务新发展格局的重要战略。上海市通过构建管理体制，创新工作制度和工作机制，突破数据、人才等发展瓶颈，构建领导组织体系，加强各部门协同，统筹推进城市整体性转变、全方位赋能、革命性重塑。

7.3.1.1　创新管理体制和工作机制，统筹推进数字化转型

上海市不断深化体制机制改革，完善机构组织架构，探索构建与数字经济发展规律相适应的管理体制和工作机制，统筹推进数字化进程。

第一，市级层面设置领导小组。上海市组建市数字化领导小组，领导小组办公室设在市经济和信息化局，同时在市委、市政府的统一领导下，市数字化办统筹相关委办局建立工作专班，目前已建立医疗、养老、教育、交通、文旅、工赋上海、国际数据港、五个新城数字化转型 8 个专班。

第二，各区设立工作小组，完善工作机制。目前，多个区已成立各自的数字化转型工作领导小组，且建立起市、区数字化办的定期沟通协调机制，加强市、区协同，合力推进数字化转型。同时，各区推动数字化转型按照“一把手”工程原则，推动各区领导干部主抓数字化转型，定期研究重大问题。

第三，各区因地制宜实现特色化数字化转型。上海市奉贤区四个领域工作组牵头，落实好相关工作，明确“区数字化办 + 四个领域工作组 + 各工作专班”的工作机制。宝山区大力推进人本化、生态化的“数字街区微生态圈”建设，以友谊路街道的成熟社区为核心，已成立街道数字化转型工作领导小组和工作专班，以打造智慧长滩街区为首发目标，以点带面、分步实施。

7.3.1.2　创新工作制度，为数字经济发展提供保障

新的经济形态出现，需要新的工作制度，上海市通过创新工作制度，在吸引数字人才、加强各部门协调配合方面，突破原有制度限制，为保障数字经济发展设计新制度。

第一，创新人才制度，为数字化转型提供人才。政府部门和国有企业事业单位试点“首席数字官”制度，在岗位设置方面，支持数字化转型的事业单位设置创新性特设岗位，不受本单位岗位总量、结构比例和岗位等级限制。在领军人才方面，将数字领军人才等高级专家聘用为正高级专业技术岗位人员，可不占所在单位的正高级岗位结构比例。允许高校、科研院所自主认定数字化转型高层次人才，采取年薪制、协议工资等办法自主决定薪酬水平，突破岗位结构、薪酬机制等瓶颈。

第二，加强组织领导和统筹协调，保障数字经济发展运行。在城市数字化转型工作领导小组统一领导下，发挥领导小组办公室统筹协调职能，面向重大项目、重点场景、共性问题组建工作专班，跟踪督办各区、各部门相关工作，及时跟进梳理市民需求，协调工作资源和总结工作经验。各部门落实“管行业也要管行业数字化”要求，拟定符合自身实践的行动方案，明确各项

任务和时间节点。各区结合特色，完善配套措施，推动转型政策举措和示范场景在区域率先突破，形成标杆。

7.3.1.3 调整区级大数据管理体制机制，保障大数据战略实施

数据是数字经济发展的核心，目前，数据安全和数据的有效流动之间还不能有效协调，因此需要通过不断优化数据管理体制机制，加快数据要素市场的培养。

第一，制定好大数据管理体制。决策层面设置大数据领导小组，负责统筹协调新区智慧城市建设、信息化和电子政务建设以及信息产业发展。执行层面具体分为 4 个，区大数据中心负责对全区政府信息化建设统一规划、管理等事项；区科经委负责工业控制信息系统信息安全指导服务等；区发展改革委以大数据为支撑，对接上级部门等；其他有关部门实行派驻管理为主、委托管理为辅。

第二，制定大数据运行机制。对于政府信息化和电子政务建设相关问题交由大数据中心领导小组审议。根据领导小组决策统一规划、统一管理。大数据中心对政务信息化进行统一管理，同时建立第三方技术公司的引入竞争机制，对于引入公司也需由大数据中心提请领导小组审议。

7.3.2 杭州市推动数字化转型的体制机制现状及特点

杭州市充分发挥当地特色优势，大力发展电子商务，实施“一号工程”战略，深入实施数字产业化、产业数字化和城市数字化“三化融合”战略。为保障“一号工程”和“三化融合”战略实施，杭州市通过职责划分、机构编制，创新探索数字经济发展的管理体制和大数据管理及应用机制。

7.3.2.1 创新管理体制，统筹推进数字经济发展

2014 年，杭州市委、市政府做出实施“一号工程”的决策部署后，市委编办会对数字化转型的相关部门进行调研，并在此基础上提出调整优化数字经济领导体制和管理体制的建议，通过分步实施体制机制改革，推动相关部门职能升级和转型，促进各部门协同联动发挥作用。

第一，从市级层面改善统筹协调机制。2014 年，成立杭州市信息经济发展工作领导小组，领导小组办公室设在市经济和信息化委员会，承担领导小组办公室的日常工作，同时部署杭州市信息化工作，负责“一号工程”考核制度安排，强化其对市数字化转型的协调引领作用。

第二，创新优化相关部门的机构设置。2015 年，杭州市经济和信息化委

员会业务处通过大幅调整，促进经济社会从传统经济向数字经济转型发展。市经济和信息化委员会将原来的业务处转型升级，或者设置其他新型处室，调整和新设了信息经济推进处、软件和信息服务业处、物联网产业处、智能智造产业处、云计算与大数据产业处、电子信息产业处、信息安全产业处、信息资源与基础设施处 8 个相关处室，推动经信部门把职责重心转移到数字经济发展战略和规划制定上，把工作力量聚焦到促进云计算和大数据、电子商务、互联网金融、智慧物流、物联网、机器人等新兴产业发展上。

第三，推动相关部门形成协同机制。为加强部门协同，市级层面进一步细化明确市人才办等29个部门的职责分工，协同推进信息基础前沿技术突破、基础设施建设、重大科创平台落地、高端人才会聚、政策环境优化。

7.3.2.2　创新机构设置，保障大数据战略实施

随着产业快速升级和城市快速转型，如何推动“以数字经济发展支撑数据应用、以数据和场景广泛应用更好促进数字经济做强做大”成为新课题，特别是为了破解政府部门信息建设重复浪费、信息系统条块分割、信息数据碎片化等突出问题，有效突破制约大数据战略实施的体制瓶颈，杭州市及时完善大数据管理组织体系，理顺数据资源管理体制。

第一，创新组建市数据资源管理局。2017 年，杭州市成立市数据资源管理局，同时整合市政府电子政务办公室，市委、市政府信息处理中心等事业单位资源，设立市大数据管理服务中心。对“一局一中心”职责进行科学定位，真正实现由一个部门将大数据作为一种资源进行全市统一管理。根据近两年的机构运行情况，在此次机构改革中，又为市数据资源局增设 1 个内设机构，增加了部分行政编制，推动其更好地履行统筹管理服务职能。

第二，完善县市区数据管理机构。结合本次机构改革，杭州市 14 个县市区均设置了数据资源管理机构，其中 9 个为单设的数据资源管理局、1 个是事业性质的数据资源管理中心、4 个是在当地政府办公室设置数据资源管理科。各县市区数据管理机构结合管理需要，有效推进大数据归集和特色应用。

第三，创新大数据应用工作机制。针对市大数据资源管理局人员力量有限、专业部门业务知识不熟悉的问题，杭州市创新大数据应用工作机制，厘清 25 个牵头单位 84 项工作任务，以及市级部门、县市区和开发区的职责边界。以项目为单位，通过建立工作专班等方式，高效推进“城市大脑”在各领域的深度应用。

7.3.2.3 创新拓展应用领域，推动政府数字化转型

围绕深化“放管服”改革，2014 年，杭州市实施“部门权力清单和责任清单”梳理改革；2017 年，为深化“权责清单”应用，实施了企业和群众办事“最多跑一次”改革；2018 年，以深化“最多跑一次”改革为抓手，以“城市大脑”对数据资源深度利用为支撑，推进“移动办事之城”和“移动办公之城”建设；2019 年，全面推进机关内部“最多跑一次”改革。5 年间，杭州市以大数据应用为重点，以全面推进政府数字化转型为导向，从企业和群众办事，到城市治理、机关内部管理，环环紧扣推进深化改革，加快打造最优营商环境和最幸福城市。

第一，以打造最优政务服务环境为目标，加快政务服务数字化转型。杭州市从增强人民群众获得感出发，以“最多跑一次”改革为契机，以“移动办事之城”建设为方向，进一步方便企业和群众办事。杭州市按照“一件事”的标准，对部门职责事项进行梳理，通过“减材料、减流程、减环节”，实现“简化办、就近办、网上办”。

第二，以打造民生服务最优环境为目标，加快城市治理数字化转型。杭州市以城市管理大数据应用为突破，在警务、住房、应急、市场监管等各个领域深化应用，推进城市治理智慧化和精细化。

第三，以提升机关内部办事效能为目标，加快机关管理数字化转型。针对机关部门间办事“多次跑、多头跑、时间长、签字烦、材料多”等问题，杭州市实施机关内部“最多跑一次”改革，全面梳理层级间、部门间办事事项，实现跨组织单位、跨系统、跨应用网上移动办公。比如，市委编办对实名制系统进行技术升级和改造，启用电子印章，通过进人单位网上申报，主管单位及组织、人社、机构编制部门网上审核签章，实现全市机关事业单位进人、进编、车贴发放、在编证明开具“零跑次”。

7.3.3 广东省推动数字化转型的体制机制现状及特点

广东省为做优做大数字经济，深化体制机制改革，创新管理体制和工作机制，设置适应数字经济发展的制度，从而加快数字经济发展的统筹安排，通过各部门协调联动，各地因地制宜，加快数据资源流通，同时深化“放管服”改革，不断创新发展，推动政府数字化转型，提升政府政务服务效率。

7.3.3.1 成立领导小组统筹安排，推进数字经济创新发展

第一，为加强对国家数字经济创新发展试验区建设的组织领导，统筹推

进广东省国家数字经济创新发展试验区建设工作。2021 年 4 月 1 日，广东省成立国家数字经济创新发展试验区建设领导小组，领导小组组长和副组长由广东省领导担任，成员包括 30 个单位，领导小组办公室设在省发展改革委，主要工作职责是审议试验区重要事项，协调解决建设中的问题，对建设工作进行跟踪分析、监督指导，强化与港澳地区的协同联动。

第二，为加快广东省数字化发展工作，设置领导小组协同高效推进。2021 年 11 月 15 日，广东省成立加快数字化发展工作的领导小组，领导小组办公室设在广东省发展改革委，主要职责是加快数字化发展的决策部署，统筹数字资源要素，督促指导各地、各有关单位落实工作任务。

7.3.3.2　创新机构设置和工作机制，构建数据驱动的新经济形态

作为实际管理人口超过 2200 万的城市，广州是一座名副其实的“流量之城”，庞大的数据资源在广州流通交换。目前，广州市政务信息共享平台日均交换数据超 6700 万条，汇集数据超过 239.00 亿条；市数据开放平台开放 1492 多个数据集、1.43 亿多条数据。通过探索协同高效的体制机制，打破各部门间的数据壁垒，让数据在政府的各个部门之间流动起来，从而产生更大的效益。

第一，组建政务服务数据管理局，提升政务服务能力。政务服务数据管理局是 2018 年广东省机构改革新组建的单位，统筹推动“数字政府”建设，促进政务信息资源共享协同应用，提升政务服务能力，加强党对政务服务和数据管理工作的集中统一领导。

第二，完善公共数据共享协调机制。广东省首次提出“首席数据官”制度，打破数据共享及利用的瓶颈，选取包括广州、深圳等地和部门开展首席数据官试点。首席数据官由行政副职及以上领导兼任，统筹数据资源管理和融合创新工作，同时通过聘任制和购买专业服务等方式引进技术人才，创新数据管理机制，辅助首席数据官工作。构建上下贯通的“首席数据官”组织体系，推进数据资源全生命周期协同管理。建立会议制度和述职报告机制，通过召开会议和提交述职报告，并且建立考核机制，促进各区、各部门之间数据资源管理工作的协同联动。“首席数据官”制度能够打破政府各部门之间的“信息孤岛”壁垒，实现跨层级、跨部门、跨地域的数据化协同管理体系。

第三，深圳各区开展特色数据应用探索，先行先试。例如，福田区重点依托深圳人工智能应用创新服务中心开展公共数据资源开发利用；南山区重点推广“一官两员”制度经验，提升数据安全监测预警处置能力等；宝安区

重点开展智能社会治理应用，探索城市治理的新路；坪山区重点开展推广“首席信息官”和“首席隐私官”经验，强化信息化建设的统筹推进、政务数据的分级分类与隐私保护等。

7.3.3.3 加快数字政府改革建设，优化营商环境，提升公共服务能力

深化“放管服”改革、优化营商环境，是激发市场主体活力和发展内生动力的关键之举。加强数字政府建设，能够提升“数字政府”对“放管服”改革和优化营商环境的支撑能力。广东省坚持系统思维，强化一体推进，牢固树立全省“一盘棋”思想，加大对粤东、粤西、粤北的支持力度，全力提升欠发达地区数字政府建设水平，快速补齐基层政务服务能力短板，推动全省数字政府建设均衡发展，绝不允许出现新的数据“烟囱”。以数字政府改革建设需求为导向，以用促建，提升政府治理效能，使广东省政府和政务服务始终保持在全国前列，建设数字政府标杆。

第一，构建“一网通办”的政务服务体系。广东省推进流程优化，实现政务服务事项全流程网上办理，实现办事不出门；一体化在线政务服务平台便利企业群众办事、减少跑动次数，实现“网上办、指尖办、预约办、就近办”。

第二，广东省率先探索“数字政府”省域治理“一网统管”。广东省打破条块分割壁垒，推进跨层级、跨地域、跨系统、跨部门、跨业务协同治理，运用“数字政府”一体化的云、网、大数据中心等平台，依靠“一网”的基础能力，实现省域治理“可感、可视、可控、可治”。从“一网通办”向“一网统管”“一网协同”转换，全面推进政府机关内部数字化进程，加强政务流程优化再造，扎实推进基层减负工作。

7.4 北京加快数字经济体制机制创新的建议

7.4.1 深化认识，加强对数字经济本质规律的把握，构建适合数字经济发展特点和逻辑规律的管理架构

数字经济是以数字技术为支撑、以数据为核心要素的新经济形态和新经济发展模式。伴随着数字技术的不断进步和加速迭代，数字技术得以广泛应用、无处不在，数字经济实现了自由流动、开放共享、无边界的存在，所以以数据为核心驱动的数字经济其本能体现出突破边界、联通共享。因此，数

字经济的本质是一种融合发展、协同共生的经济活动，客观上需要经济主体协同、共生、开放、共享，这就需要管理和服务市场主体的政府部门及其管理方式也要协同、共生，这样才能更好地支持数字经济主体发展。然而，现有的体制机制是基于工业经济特点构建的，条块分割、行业分立的管理架构，与数字经济融合、协同的特点相背离。因此，能否突破既有的体制机制约束，重构符合数字经济特点和要求的体制机制框架，成为数字经济发展的关键问题，也是决定各地能否在数字时代异军突起、抢占发展高地、获得先发优势的关键所在。

近年来，数字经济融合发展的实践特征已经日益凸显，三次产业融合发展趋势已经使行业管理陷入困境，原有的产业划分标准难以适应产业融合发展的统计和测算等需要。随着数字经济发展不断走向深入，现有的体制分割、行业分立的管理架构与现实经济发展需要的矛盾会更加突出，如果不加快调整和改革步伐，不仅会对数字经济发展形成影响和制约，还会造成更大的分割、更深的矛盾。比如，在各纵向领域、各行业部门的数字基础和标准还没有打通的情况下，局部数字化发展越快，越可能会产生更大范围、更深层次的数据分割和数据壁垒。当前，相关部委、各省市地区、行业部门以及企业都纷纷出台各种政策、规划、措施支持数字经济发展，建立各自的数字平台等，这些做法对推动我国数字经济发展发挥了重要的作用；同时，由于数字结构、标准、基础设施接口、软件系统等不一致、不协调，各有各的标准，各有各的做法，行业之间、部门之间、地区之间、企业之间、产业之间的数据依然难以共享和交换，就会各自树立起新的壁垒，容易形成新的数据孤岛。虽然各自行业、领域局部效率得到提高，但对于下一步数字经济的深度发展和整体效率提升可能会构成更大、更深的障碍。

北京市要在数字经济体制机制创新建设方面率先行动、做出表率。北京市提出打造我国数字经济发展的“北京样板”，其数字经济发展本身如果没有体制机制的全面创新和突破是难以实现大的跨越的，更是难以打造出“全国样板”的。所以，北京需要加强对数字经济本质、规律的系统研究，深化认识，尽快提出系统构建数字经济体制机制的新框架、新方案，为国家进行全面的数字经济体制机制改革提供实践案例支撑和理论支撑。目前，国家已经成立联席会议制度，这是推动数字经济体制机制改革的重要信号，北京在数字经济体制机制改革创新方面应该有所行动、有所作为。

7.4.2 加大改革力度，加强整体性、系统性改革的顶层设计，推动数字经济体制机制全面创新

数字经济体制机制构建的实质是对现有体制机制的系统重构，需要系统设计、统筹推进。目前，北京在数字经济体制机制改革方面还基本处于体系内、局部性改革阶段，整体性改革还在北京经济技术开发区进行试点，所以加快系统性改革和顶层方案的研究设计尤为迫切。在进行整体性改革、系统性改革方案设计时，一是要加快转变经济发展思维模式，培养数字思维，提高数字经济素养，跳出既有的思维框架，加快从工业化管理思维向数字化管理思维转变，全面深入、完整、准确地贯彻新发展理念，切实将创新、协调、绿色、开放、共享的理念贯彻、运用到数字经济发展和体制机制改革中，以新发展理念和数字经济新思维指导构建数字经济体制机制创新管理框架。二是要把握好数字经济体制机制改革方向，改革传统专业分工和纵向分权的组织架构，推动政府部门间、层级间的横向协同、纵向协同以及外部协同，打破部门边界，构建符合数字经济需要的管理制度、激励机制和政策支持体系。加快机构改革和机制创新步伐，推动条条管理、部门分割的管理体制，加快向融合、协同的管理架构转变，建立分工协作、上下协同、高效运行的工作机制，为数字经济融合发展提供良好的制度保障。

建议北京市整合发展改革委、经济和信息化局等部门职能，设立数字经济创新发展委或发展局，突出数字化发展的统领地位，协调推进数字化发展工作，提高数字化发展的管理级别。建议加强发展改革委在数字经济体制机制框架中的作用，调整发展改革委、经济和信息化局、商务局、两区办等部门机构的职能、权责分工，增强发展改革委统筹数字经济和产业发展职能。因为，数字经济作为一种新的资源配置方式和经济发展模式，涉及经济社会方方面面的转型和改革，发改委通常负责制定区域经济政策和社会发展政策，视角更宏观、领域更宽阔，由发展改革委统筹牵头数字经济发展工作，相对来说，更有利于统筹管理，有助于协同各领域相关单位，增强部门的协同联动。

7.4.3 深化经开区体制机制综合改革试点工作，加快总结推广试点的做法和经验

北京市在经济技术开发区开展的体制机制综合改革试点，已经取得积极成效，而且基本上是按照数字经济基本逻辑和发展需要设计与改革的，打破了既有体制机制框架壁垒，进行了整体性、系统性的体制机制重构，这在全

国是领先的，也是首创的，对于北京市乃至全国深化数字经济体制机制改革，具有十分重要的价值和意义。只是目前还处于初始阶段，全新的体制机制运行效果还需要实践检验。因此，一方面要加快观察、总结经开区新体制运行中出现的问题以及取得的效果。另一方面要以问题为导向，加快调整优化。同时加大对经开区体制机制改革的理论研究力度，以经开区为典型案例，进行全面系统的分析总结，形成数字经济体制机制改革创新的系列报告，为北京市乃至全国深化数字经济体制机制改革提供理论指导和实践借鉴。

7.4.4 加快科研、人才体制机制改革，率先实现关键领域体制机制创新突破

第一，要深化科技、科研体制改革，推动高水平自主创新。做强做优做大数字经济，关键在于抓住自主创新这个“牛鼻子”，才能牢牢把握数字经济发展的自主权，实现高水平自强自立。鼓励科技创新、激发创新活力的关键在于科研体制机制创新。北京是全国科技创新中心，深化科研体制机制创新尤为重要。一是加快改革完善科研成果评价机制，这是鼓励科技创新的“指挥棒”。要以国家需要为科研鼓励方向，不盲目以论文数量、国外引文等作为评价指标，加快扭转高校“唯论文”为导向的科研奖励和评价制度。二是构建政产学研融合发展的科研平台和工作机制，以产业实践前沿为引领，以国家和政府需要为研究导向，推动高校科研院所开展问题导向研究，改变科研成果转化的传统思路和模式，推动政产学研一体化、融合化、协同化发展。三是深化科研经费使用管理制度改革，简化科研人员经费使用申报复杂的流程，给科研人员更多的使用自主权。要改革科研经费分配机制，提高科研经费使用效率，精准投入，集中力量开展关键核心技术攻关，经费不搞漫灌，更不能以惯性的行政思维配置科研经费。总之，科研管理和科研经费的分配、投入机制尚有待深入研究，加以创新。

第二，加强人才制度改革。人才是第一资源，数字经济是未来发展的制高点，而人才竞争是关键。我国数字经济人才瓶颈明显，以北京为例，北京是全国各类人才最集中的地方，但是和全球数字经济领先城市相比，其人才没有优势。无论是数字经济人才储备、教育培养资源，还是关键领域高水平专业人才、数字经济领军人才、复合型国际化人才等，都是北京极其缺乏的人才，亟待引进。解决人才问题，一是建立特需人才引进和保护制度，加大高端人才引进、培养、使用力度。对国家级特需人才、特殊人才实施特别的保护和支持政策，国际人才竞争白热化，关键核心科技人才需要国家特殊的

制度保护。二是改革引人、用人制度，在岗位设置、薪酬激励等方面给用人单位更大的自主权，如设立“首席数字官”岗位。三是提供宽容的科研环境和事业发展平台，健全人才制度保障，不仅引进来，还要留得住、用得好，人尽其才，树立尊重人才的风尚。

7.4.5 以数字政府建设为抓手，深化“放管服”和行政体制改革

各级政府部门都要加快适应数字技术发展应用带来的经济社会变化，用数字化的手段提高政务服务，更要用数字思维新的理念和意识服务。以数字政府建设为抓手，解决部门之间信息不共享、功能分割问题；进一步加大政府数据、公共数据的开放力度，提高政府数据服务能力和数字化服务水平。以数据共享性、政策协同性以及功能融合性，大幅度提升政府效率。目前，尽管北京市“一网通办”“一网统管”建设不断加强，但是工作流程烦琐、政务服务处理效率不高的现象仍然存在。因此，不仅要在申请数据方面优化申请流程，去掉不必要流程，还要加快数字政府建设，打通各部门之间壁垒，推动各部门加强交流和管理，有效联动。在为民服务方面，需要创新优化工作机制，真正实现“只跑一次”，简化流程，提高政务服务能力和处理效率，打破数据孤岛，真正实现跨部门事项“一网通办”。

7.4.6 探索建立“首席数据官”制度，进一步完善大数据统筹管理体制

大数据是国家发展重要的战略资源，数据安全和统筹管理工作极其重要，北京市在大数据管理方面开展了大量创新工作。但是目前，大数据的归集、储存、应用、确权、流通、跨境交易等方面还存在分散、各自为政的问题，留有很多安全隐患。同时，北京海量数据应用和价值实现问题，也亟待由专业的制度设计来推动实现。加快构建统筹健全先进的大数据管理体制机制刻不容缓。在机构和岗位设置上，可以借鉴其他省市的做法，探索建立“首席数据官”制度，进一步打破数据壁垒，整合数据资源，挖掘和释放数据价值。上海、深圳、江苏等地都已开展“首席数据官”试点工作，可以借鉴取得明显成效地区的相关经验，在探索创新首席数据官支撑团队时，根据各自实际情况，成立首席数据官办公室或首席数据官工作专班，采取兼职和购买服务等模式，强化支撑团队人员专业技术优势，并要完善绩效评估等方面配套措施，为首席数据官高效履职提供保障。同时，北京市应大力加强人才队伍建设，以政治表现好、业务能力强、工作实绩突出为标准，加大对首席数据官

的选拔和培养力度，着力打造“懂业务、懂技术、懂管理”的复合型数据资源管理人才队伍。

参考文献

[1] 南财快评.发展和规范数字经济，需做好顶层设计和体制机制建设[N].21世纪经济报道，2021-10-20（1）.

[2] 冯冬.北京经济技术开发区管理体制改革研究[D].北京：首都经济贸易大学，2014.

[3] 合作共赢探索产业升级新路径：专访北京经开区营商合作局局长李宏[EB/OL].（2020-06-02）[2022-08-06].https：//finance.ifeng.com/c/7wya2tAJeS6.

[4] 黄振生.创新大数据发展管理体制机制 推动形成“数字南宁”后发优势[J].中国机构改革与管理，2021（1）：17-18.

[5] 任宗强，黄奥，陈凌云.基于数字化转型的顶层设计与政策比较研究[J].中国国情国力，2021（7）：65-70.

[6] 杭州市委编办.探索构建优化协同高效的体制机制 服务保障数字经济和数据应用先进城市建设[J].中国机构改革与管理，2020（6）：24-26.

[7] 信息共享、协同执法！亦庄新城225平方公里综合执法联动[EB/OL].（2020-12-12）[2022-08-06].https：//baijiahao.baidu.com/s?id=1685876571143825288.

[8] 以改革思维为高质量发展注入新动力，经开区这场会议信息量很大[EB/OL].（2020-06-20）[2022-08-06].https：//baijiahao.baidu.com/s?id=1670020782253196834.

[9] 翟乾，付铠.新时代城市运行人员管理体制机制改革实践与探索 以北京经济技术开发区城市运行局为例[J].中华建设，2022（5）：21-23.

第8章 北京数字经济发展战略安排与政策支持

数字经济成为全球经济增长的新引擎，各国各地区政府纷纷制定各自国家和地区的发展战略，出台一系列政策措施，引导和支持数字经济发展，抢占数字经济制高点。北京是我国科技创新中心，在新一轮科技革命、产业变革中，在创新驱动、数字化发展进程中，扮演着重要角色。特别是从党的十八大以来，北京市认真贯彻落实国家创新驱动发展战略，系统谋划全市信息化、“互联网 +”、数字经济发展等新兴领域的战略部署，积极推动北京数字基础设施建设和数字化发展，出台系列政策措施，加强政策引导和支持，强化顶层设计，在接续的政策推进中，形成独具特色的政策体系和特色化的数字经济发展之路。

8.1 北京数字经济发展进程及政策演进

信息技术的飞速发展和互联网革命催生了数字经济。从这个角度看，北京数字经济发展可以追溯到 20 世纪 80 年代，以信息技术为代表的新技术公司在中关村涌现和集聚，由此诞生了驰名中外的“中关村电子一条街”，北京成为我国电子产品生产和销售中心，可以说是我国数字经济的摇篮。经过 30 多年的发展，北京数字经济发展大致可以划分为以下三个阶段。

8.1.1 构筑基础、健全框架阶段（1994—2012 年）

北京科技资源丰富、科技人才聚集，是我国信息技术和电子信息产业发展最早、最快的地区，也是我国融入新一轮信息技术革命和全球互联网经济具有划时代意义和标志性特点的地区。1994 年 4 月，中关村地区教育与科研示范网络（NCFC）连入 Internet 的 64K 国际专线，由此我国成为拥有全功能 Internet 的国家，标志着我国迎来互联网时代，北京信息化建设和互联网经济进入快速发展阶段，搜狐、百度等一批互联网企业快速成长，成为北京这一时期数字经济发展的标杆，也奠定了北京数字经济发展的基础。

信息化、工业化融合发展是我国进入21世纪初的一项重大战略举措。在21世纪开端的前10年里，北京以信息化建设为核心，提出建设“数字北京”的战略目标，通过“十五”计划和“十一五”规划持续加大信息基础设施投资力度，支持电子信息及相关产业发展，加快北京经济社会信息化建设步伐，相继出台《北京市人民政府关于加快政务信息化建设的意见》《北京市“十五”时期国民经济和社会信息化发展规划》《北京市“十一五”时期国民经济和社会信息化发展规划》，构筑北京信息化发展架构，不断夯实信息化基础。特别是自2006年以来，为贯彻落实国家信息化发展战略和两化融合战略，北京市出台了《北京市信息化促进条例》《2006—2020年首都信息社会发展战略》《北京市提高全民信息能力行动纲要》《北京市推进两化融合促进经济发展的实施意见》等地方性法规和政策文件。

在这一时期，北京市信息化建设成效显著，截至2010年，互联网普及率、网站用户数以及软件和信息服务业出口居全国前三位。北京网络服务能力不断提升，信息化终端加快普及，电子信息制造业、软件和信息服务业居全国第1位，信息经济、互联网经济、两化融合快速发展，奠定了北京数字经济发展的良好基础。

8.1.2　深化创新、统筹建设阶段（2012—2020年）

党的十八大以来，国家实施创新驱动发展战略，强化自主创新和科技自强自立。我国虽然成为世界第二大经济体，但并非强国，在很多关键技术、核心技术上仍处于薄弱地位，科技创新亟待取得突破性发展，创新驱动成为引领发展的主导战略。党的十九大报告明确指出，加快建设创新型国家步伐。为落实国家创新驱动发展战略，国家进行了一系列战略部署，推动新兴产业发展，包括《中国制造2025》、“互联网+”计划、大数据发展战略、云计算发展战略、人工智能发展战略等。伴随着物联网、云计算、大数据、人工智能等数字化技术的快速发展及其与国民经济的深度融合，数字经济成为经济增长的“新引擎”。自国家“十三五”规划提出“实施国家大数据战略”以来，推进数字经济发展和数字化转型的相关政策不断深化与落地。2015年7月，《国务院关于积极推进“互联网+”行动的指导意见》出台；同年8月，国务院印发《促进大数据发展行动纲要》。2016年，工信部发布了《大数据产业发展规划（2016—2020年）》。2017年10月，国务院又发布了《深化“互联网+先进制造业”发展工业互联网的指导意见》，明确要求深入推动互联网与制造业融合，提升制造业数字化、网络化、智能化水平。2018年9月，国家发展改革委、教育部等联合发布了《关于发展数字经济稳定并扩大就业的指导意见》。各级地方政府积极贯彻落实中央决策部署，纷纷出台数字经济相关政策，我国数字经济进入加快发展阶段。

北京积极落实国家在互联网、大数据、云计算、平台经济等数字经济领域的政策举措，依托科技创新资源优势和信息产业发展基础，大力推动移动互联网、电子信息和集成电路、4G等产业发展，特别是“十三五”以来，北京市政府加快布局数字经济制高点，以建设国际科技创新中心为牵引，加大高精尖产业培育力度，以软件和信息服务业作为经济社会数字化、信息化、智能化的战略引擎。2016年，北京市发布的《北京市人民政府关于积极推进“互联网+”行动的实施意见》，提出充分发挥互联网在促进科技创新、重构生产力布局、推动传统产业转型升级和形成协同创新共同体四个方面的积极作用。2017年，北京发布《北京市推进两化深度融合推动制造业与互联网融合发展行动计划》，力争实现北京市经济增长的动力转变，以互联网作为产业融合的一部分，催生新业态。2018年和2019年的政府工作报告均提出加快布局5G建设，加大数字新型基础设施建设力度，大力发展数字经济，同时在2019年政府工作报告中提出建设工业互联网，着力建设产业数字化转型载体，北京数字经济进入深度创新、广泛应用、全面发展阶段。

在全面建设数字经济过程中，北京逐步形成系统的数字经济政策体系。进入“十四五”时期，北京进一步强化数字经济发展顶层设计，推出“五子联动”战略布局，以《北京市促进数字经济创新发展行动纲要（2020—2022年）》为数字经济发展指导性文件，强化数字经济发展的战略指引；围绕数字经济发展的战略布局，北京市进一步制定了《北京市关于打造数字贸易试验区的实施方案》《北京国际大数据交易所设立工作实施方案》等多个实施方案，涵盖数据交易、数字贸易和数据技术等多个关键领域。一系列数字经济政策举措接续推出，北京数字经济进入全面快速发展阶段。

8.1.3 标杆引领、系统推进阶段（2021—2022年）

“十四五”时期我国进入新发展阶段，开启全面建设现代化国家新征程。与此同时，新一轮科技革命和产业变革加速演化，数据跨境流动、数据资产价值实现、数字贸易、数字经济国际化发展等成为数字化发展的重点领域。为顺应信息化、数字化、智能化、全球化等经济发展新趋势、新特点，应对新格局、新秩序、新竞争，北京市在前两个阶段良好发展的基础上，进一步开阔视野、定位全球、发挥优势、激发潜能、聚焦重点、明确目标，提出打造全球数字经济标杆城市的具体目标，北京数字经济进入加快推进全球数字经济标杆城市建设的新阶段。

2021 年，北京在“十四五”规划中首次提出“建设全球数字经济标杆城市”的目标定位；同年 7 月，发布《北京市关于加快建设全球数字经济标杆城市的实施方案》。方案提出打造中国数字经济发展“北京样板”、全球数字经济发展“北京标杆”的宏伟目标，打造数字经济发展的 6 个高地作为支撑。围绕该方案，北京市相继出台《关于加快新型基础设施建设支持试点示范推广项目的若干措施》《北京市关于促进数字贸易高质量发展的若干措施》等一系列实施措施，瞄准未来，打通数据“生成—汇聚—交易—消费—应用”全链条，培育数据驱动的未来产业，建立数字经济规则和发展测度体系，形成开放领先的新型数字社会生态，创建全球数字经济发展标杆，使数字经济从跟跑、并跑，努力实现在核心重点领域的领跑和引领发展。围绕全球数字经济标杆城市建设，北京成立数字经济领导小组和工作专班，明确目标和分工，分解任务，按照时间表、任务图强力推动和落实，北京数字经济迈向引领发展新阶段（见图 8–1）。

夯实基础、健全框架	深化创新、统筹建设	标杆引领、系统推进
· 2001年《北京市“十五”时期国民经济和社会信息化发展规划》 · 2011年《北京市“十二五”时期城市信息化及重大信息基础设施建设规划》	· 2020年“五子联动”战略布局 · 2020年《北京市促进数字经济创新发展行动纲要（2020—2022年）》 · 2020年《北京市关于打造数字贸易试验区的实施方案》 · 2016年《北京市人民政府关于积极推进“互联网+”行动的实施意见》 · 2017年《北京市推进两化深度融合推动制造业与互联网融合发展行动计划》	· 2021年《北京市国民经济和社会发展第十四个五年规划和二〇三五年远景目标纲要》 · 2021年《北京市关于加快建设全球数字经济标杆城市的实施方案》 · 2021年《关于加快新型基础设施建设支持试点示范推广项目的若干措施》 · 2021年《北京市关于促进数字贸易高质量发展的若干措施》

图 8–1　北京数字经济发展进程及政策演进

8.2 北京数字经济政策特点

数字经济发展离不开政策的引导和支持。数字经济发展的目标定位、战略布局、重点领域、时序安排、路径选择等，都需要通过一系列的总体规划、专项规划、行动计划、实施方案等政策体系来实现。政策水平高低直接影响数字经济高质量发展。北京在数字经济发展进程中，积极贯彻落实国家数字经济发展战略，重视数字经济政策体系建设，加强政策引导和支持作用，强化顶层设计，注重政策衔接，在接续的政策推进过程中，形成了鲜明的数字经济政策特点和体系特征。

8.2.1 统筹布局，明晰发展目标和战略路径

北京数字经济发展实践进程反映了北京数字经济政策的特点。北京数字经济政策的制定和演进，准确把握了数字时代的主流趋势，紧跟国家战略，强化战略思维和历史站位，强化顶层设计和战略布局，瞄准时代科技前沿，前瞻布局、超前投入，围绕科技创新和数字化发展，加强数字基础设施建设，支持相关产业发展，系统部署、统筹推进。从 20 世纪 80—90 年代电子信息产业和互联网的兴起，到 2000 年以来的信息化建设、两化融合、移动互联网、大数据、云计算、人工智能、“互联网 +”、4G、5G 等产业建设和发展，北京市始终以科技创新为驱动，在数字经济前沿和基础领域进行布局和投入。“十三五”时期北京信息制造业、软件和信息服务业、大数据、人工智能等数字经济核心产业、数字经济新经济形态都得到快速发展，并在多个领域走在全国甚至世界前端。进入“十四五”时期后，北京集中 30 多年的发展基础和优势积累，提出建设全球数字经济标杆城市，进一步明晰了北京数字经济发展的目标和定位，进一步厘清了北京数字经济发展的思路和战略路径，使北京数字经济发展蓝图更加清晰地呈现于世。

2021 年，北京市“十四五”规划出台，提出北京“十四五”时期要立足首都城市战略定位，以深化供给侧结构性改革激发内生活力，以“两区”制度创新为先导，以抢占数字经济制高点为突破，以高精尖经济结构为关键支撑，以扩大内需为战略基点，夯实实体经济根基，保持制造业竞争优势，提升服务业质量和辐射力，进一步推动在更大范围内优化产业空间布局，在构建国内、国际双循环中拿出北京行动，并首次提出打造全球数字经济标杆城市的目标。

按照“十四五”规划，北京推出“五子联动”战略布局，旨在以“国际

科技创新中心建设、两区建设、全球数字经济标杆城市建设、以供给侧结构性改革创造新需求、疏解北京非首都功能为‘牛鼻子’推动京津冀协同发展”五大举措联动推进，形成叠加效应，形成推动高质量发展的强大动力。《北京市促进数字经济创新发展行动纲要》提出，要立足北京市“四个中心”功能定位，体系化构建数字经济发展体制机制，进一步明确了北京市近期数字经济的发力点，提出了数据流动、规则制定等几个关键发展目标，为数字经济发展的后续任务指明了方向。

8.2.2　系统推进，加快构建数字经济政策体系

围绕数字经济发展定位和战略布局，北京加快数字经济政策体系建设，全方位、多维度出台数字经济发展规划、行动计划以及实施方案等政策措施，形成支撑数字经济多领域协同发展的政策体制框架。具体构成包括“1+3”政策体系下的《北京市关于打造数字贸易试验区的实施方案》《北京市数据跨境流动监管沙箱建设实施方案》《北京国际大数据交易所设立工作实施方案》《北京市关于加快建设全球数字经济标杆城市的实施方案》。“1+3”政策体系的 3 个文件具体提出以推进数据交易、数字贸易为目标，通过建立北数所、贸易试点的方式为数据价值化以及数字经济国际化的发展提供支持。标杆城市实施方案着眼于世界前沿技术和未来战略需求，促进数字技术与实体经济深度融合，提出打造中国数字经济发展“北京样板”、全球数字经济发展“北京标杆”，加快建设全球数字经济标杆城市的总目标，具体计划通过 5~10 年的接续努力，打造引领全球数字经济发展的“6 个高地”，即建成一批示范引领性强的数据原生基础设施，数字化场景得到充分应用，成为城市数字智能转型示范高地；建设全球领先的超大规模数据平台，实现数据资产化，集聚三成以上全球市值前一百名的数字经济标杆企业，成为国际数据要素配置枢纽高地；培育新一代数字化出行、新型数字化健康服务、智能制造、数据支撑的研发和知识生产、数字金融、数字能源服务等新兴产业集群，成为新兴数字产业孵化引领高地；聚焦突破高端芯片、基础软硬件、开发平台、基本算法、量子科技、脑机科学等“卡脖子”和前沿核心技术，推出一批世界一流的首创技术、首制产品，成为全球数字技术创新策源高地；建成超大城市数字化治理体系，城市治理能力现代化水平显著提升，成为数字治理中国方案服务高地；对外数字贸易、跨境数据流动、数字领域基础共性标准制定取得突破性进展，成为数字经济对外合作开放高地。

北京市进一步提出了系列产业政策落实实施方案，包括《北京市加快新

型基础设施建设行动方案》《北京市“十四五”时期智慧城市发展行动纲要》《北京城市副中心推进数字经济标杆城市建设行动方案》《北京市“十四五”时期国际科技创新中心建设规划》等。其中，《北京市加快新型基础设施建设行动方案》聚焦于“新网络、新要素、新生态、新平台、新应用、新安全”六大方向，目标是建成具备网络基础稳固、数据智能融合、产业生态完善、平台创新活跃、应用智慧丰富、安全可信可控等特征，具有国际领先水平的新型基础设施，对提高城市科技创新活力、经济发展质量、公共服务水平、社会治理能力形成强有力支撑。《北京市“十四五”时期智慧城市发展行动纲要》在“四梁八柱深地基”框架基础上，夯实新型基础设施，推动数据要素有序流动，充分发挥智慧城市建设对政府变革、民生服务、科技创新的带动潜能，统筹推进“民、企、政”融合协调发展的智慧城市 2.0 建设。《北京城市副中心推进数字经济标杆城市建设行动方案》聚焦于城市建设要求和产业发展需求，以数字产业化、产业数字化为关键抓手，以加强数字要素供给和加快标杆工程建设为重要支撑，全面深化科技创新引领，加快完善数字经济产业技术创新生态，把城市副中心打造成为数字经济发展示范区。

8.2.3 把握规律，不断深化、升级产业数字化政策

在充分把握数字经济发展规律的基础上，北京市不断深化产业政策，推动产业数字化转型、升级。

在第一产业方面，北京落实国家乡村振兴战略，于 2018 年 12 月出台了《北京市乡村振兴战略规划》，对构建乡村振兴新格局，建设美丽宜居乡村，推动乡村产业高质量发展，提高农村民生保障水平，繁荣发展乡村文化，完善乡村治理体系等多个方面做出规划，将数字经济与农业发展、农村建设融合，提高农业数字化率，推动农业数字化升级。

在第二产业方面，以推动制造业数字化转型升级为重点。北京市加大工业互联网、车联网等新基建布局力度，2018 年 12 月，北京制造业创新发展领导小组印发《北京市工业互联网发展行动计划》，为推动北京市工业互联网创新发展，进行“535”整体部署。首先，提出制造业数字化的 5 个目标，即推动规模以上工业企业生产线和业务系统上云平台；建成工业互联网标识解析国家顶级节点和 20 个以上行业标识解析二级节点；重点工业骨干企业创新应用，工业软件化率达到 50%；创建具有国际竞争力的跨行业、跨领域的工业互联网平台；打造以北京市为中心、辐射津冀两地、服务全国的工业互联网创新应用示范基地。其次，提出三大行动：推进基础设施与公共服务体系建

设，推进高端供给能力建设，推进应用创新生态建设。最后，推进五大工程建设：网络建设工程、平台发展工程、应用创新工程、安全提升工程以及生态培育工程。

在第三产业方面，北京以服务贸易和数字金融、医药健康、数字出行等新兴数字经济产业为重点，出台一系列政策引导和支持产业发展。2018 年 7 月，推出北京市服务贸易创新发展试点工作实施方案，意在发展服务贸易领域新产业、新技术、新业态、新模式，推动北京市服务贸易创新高质量发展，提出到2020年，北京市服务贸易规模进一步扩大，全国领先地位进一步巩固，其中新兴贸易服务出口年增速达到 10%，占比力争达到 65%。2018 年 10 月，《关于首都金融科技创新发展的指导意见》提出，充分发挥全国科技创新中心和国家金融管理中心的资源优势、技术优势、人才优势、环境优势，在西城区和海淀区相邻地区建设北京金融科技与专业服务创新示范区，加强专业化公共服务平台建设和支撑。加强金融科技前沿技术和关键技术的开发应用，大力发展金融科技产业，促进科技创新与金融发展深度融合，以科技创新提高金融服务实体经济能力，以金融发展促进科技创新成果应用。

8.2.4　突出重点，持续加大基础关键领域政策支持力度

北京建设全球数字经济标杆城市立足自身比较优势，突出重点，在关键领域、核心环节重点投入，旨在形成一批在国际上具有开创性和带动作用的优势产业、标杆性企业、标志性产品。经过长期的理论研究与实践探索，北京确定了数字经济发展的重点领域。

加大城市数字智能化转型的投入和支持力度。北京建设全球数字经济标杆城市，首先将城市数字化发展和智能化发展作为基础要求和重要支撑，推动二者融合发展，提出建设城市数据原生的数智化基础设施，打造城市数智化转型高地。为此，北京出台一系列政策，加大数智化投入力度，推动数智化发展，在《中共北京市委北京市人民政府关于加快培育壮大新业态新模式促进北京经济高质量发展的若干意见》中提出，要推进生活性服务业“六化”发展，其中把智能化发展作为基础要求之一。《北京市加快新场景建设培育数字经济新生态行动方案》提出，以场景驱动数字经济技术创新、场景创新与新型基础设施建设深度融合，推动城市数字智能转型。北京加大数字智能化投入力度，推动城市数字智能化转型，希望在数字经济城市建设中起到示范引领作用，早日跻身世界智慧城市前列。

加大数据要素领域的投入和支持力度。数字经济是以数据为核心要素的，

所以从一定意义上讲，数字经济就是高度数据化的经济，发展数字经济必须以数据要素为抓手。北京市抓住数字经济关键核心要素，出台一系列政策大力支持要素的聚集，力争打造全球要素配置枢纽，强化数据驱动和支撑，在《北京市关于加快建设全球数字经济标杆城市的实施方案》中提出，建设全球领先的超大规模数据平台，实现数据资产化，集聚三成以上全球市值前一百名的数字经济标杆企业，成为国际数据要素配置枢纽高地。《北京市促进数字经济创新发展行动纲要（2020—2022 年）》提出了数据价值化与数字治理的方向；《深化北京市新一轮服务业扩大开放综合试点建设国家服务业扩大开放综合示范区工作方案》提出，加快推动公共数据开放，引导社会机构依法开放自有数据，支持北京市在特定领域开展央地数据合作，推动政务数据与社会化数据平台对接。

加大数字核心产业培育力度，推动数字新兴产业集群化发展。北京重视数字经济核心产业投入和新兴产业培育，出台《北京市区块链创新发展行动计划》《北京市“十四五”时期高精尖产业发展规划》等，加大对“互联网+”、信息产业、区块链产业等产业的支持力度，鼓励数字健康、数字医疗、数字金融、数字出行等新兴产业发展，提高新兴数字产业孵化能力，打造新兴数字产业孵化引领高地，全面提升数字经济体系竞争能力和水平。

加大数字技术创新源头的投入和政策支撑力度。数字技术创新能力是数字经济健康发展的基础支撑。北京作为科技创新中心，承载国家战略科技创新使命，在高端芯片、基础软硬件、开发平台、基本算法、量子科技、脑机科学等重点领域、关键环节、“卡脖子”技术等方面重点投入、重点培育和重点突破，推动新技术形成新产业、新产业催生新模式、新技术赋能传统产业 3 条路径，增强数字经济核心竞争力。

加大政务系统数字化和数字政府建设投入力度。政务系统信息化建设一直是北京数字化建设的重点领域和主要抓手。北京重点进行政务管理系统信息化改造、优化业务流程，增强数据治理能力，提高政务质量和公共服务效率，加强政府与民众、企业之间信息互动、数据共享。《北京建设全球数字经济标杆城市实施方案》推出后，北京进一步加大力度促进政务数据、企业数据、社会数据的融合，积极推进政府各部门之间的协同合作，构建政府、企业、民众之间的多元数字治理体系，推动数字化全面赋能超大城市治理。

加强数字经济国际合作和开放共享。北京既是我国国际交往中心，也是国家数字经济开放发展的重要窗口和平台。北京对标全球，以期在全球数字经济发展中展现中国特色，奉献中国方案。2020 年，《北京市实施新开放举措行动方案》提出，深化数字经济和贸易开放；2021 年，《北京市关于加快建设全球数字经济标杆城市的实施方案》再次强调，要在对外数字贸易、跨境数据流动、数字领域基础共性标准制定方面取得突破性进展，成为数字经济对外合作开放高地。北京积极参与国际数字经济规则制定和全球数字经济治理，大力推动数字经济对外开放合作，在更高起点上建设数字经济体系。

8.2.5　健全保障，加快治理政策落地实施和治理体系建设

北京是我国数字经济发展头部地区，随着数字经济纵深发展，数字经济治理问题日益突出。北京市高度重视数字经济治理，不断加强网络监管和数字环境治理工作，2018 年 8 月，北京市工商行政管理局等 13 个部门联合制定了《北京市落实 2018 网络市场监管专项行动（网剑行动）实施方案》，规范网络市场秩序，营造诚实守信、公平竞争的网络环境，规范网络经营主体资格，严厉查处制售侵权假冒伪劣网络商品行为，整治互联网不正当竞争，加大对网络虚假宣传、虚假违法广告的打击力度。2021 年，《北京市关于加快建设全球数字经济标杆城市的实施方案》再次强调对垄断的治理，要“树立包容审慎监管理念，建立健全数字经济市场监管体系，完善平台企业垄断认定、数据分级分类收集使用管理、消费者权益保护等方面的监管措施，防止资本无序扩张，强化反垄断日常监管”。在监管路径上，提出了科技赋能、协同监管、立法监管的思路：以科技手段赋能监管创新，合理建设监管系统、监测平台；综合各类社会主体力量，加强联合监管、信用监管、投诉举报、风险预警及互联网监管机制，完善数字经济治理体系；加快推进数字经济地方立法，制定配套实施办法，针对数据权属、数据跨境流动和预防平台垄断等关键问题建立规则体系。在数字经济加速发展的同时，保障了安全。

平台是数字经济重要的组织形式，但其发展存在“二律背反”难题。一方面，大型平台企业是数字经济时代一国参与全球竞争的核心力量，需要大力发展；另一方面，平台企业及平台经济容易产生数据垄断，破坏市场竞争秩序，并在消弭竞争的同时抑制创新。大型互联网平台凭借在互联网流量入口的垄断地位和庞大用户群体及数据优势获取超额利润，这种模式给社会带来了以反垄断为核心的公共利益保护问题。欧美国家重视对大型互联网平台企业进行反垄断监管，禁止其滥用市场支配地位、禁止签署垄断协议、限制并购或拆分。因此，发展数字经济需要健全治理体系，破除数据垄断，营造公平竞争市场环境。

2021年，北京市印发《关于促进平台经济规范健康持续发展的若干措施》，坚持发展与规范并重，完善平台经济治理体系，强化法治环境保障。组建工作组进驻17家平台企业开展指导，有效维护公平竞争市场环境。率先搭建平台经济综合监管服务系统，建立常态化监测分析机制，制定平台企业合规手册，“一企一策”指导重点平台企业合规发展、支持企业转型升级。2022年，北京市进一步健全平台经济治理体系，落实平台经济领域反垄断指南，强化平台企业数据安全主体责任，加强用工规范管理，开展平台灵活就业人员职业伤害保障试点。持续推进重点行业互联网平台专项治理行动。完善平台经济综合监管服务系统，设置好“红绿灯”，开展平台经济运行监测和风险评估，推动线上线下一体化、事前事中事后全链条监管。数字平台的垄断问题直接关切到新发展格局的构建、高质量发展的实现、共同富裕战略的落地生根，平台关系到多方主体的利益纠葛，可谓“牵一发而动全身”。北京反垄断监管模式加速落地，加快构建市场有序运转、社会利益最大化、多种市场主体利益平衡的良法善治格局。

8.2.6 试点先行，多领域示范效应不断显现

北京在数字经济发展的进程中，一直以试点、示范的方式积极探索数字经济发展新模式。2020年9月，《深化北京市新一轮服务业扩大开放综合试点建设国家服务业扩大开放综合示范区工作方案》提出探索数字贸易发展新思路；同月，《北京市关于打造数字贸易试验区实施方案》具体指出，通过数字贸易试验区建设，加快试点示范和政策创新。2020年11月，北京再度出台了《北京市全面深化服务贸易创新发展试点实施方案》，旨在打造“三位一体”数字贸易试验区，探索跨境数据安全有序流动、规则制定、研发设计、海外并购、知识产权等内容。2021年7月，北京出台的《关于加快新型基础设施建设支持试点示范推广项目的若干措施》，提出发展新基建的试点方案，其中北京自贸区试点建设尤为突出，3个片区实现了多层次、宽领域的错位发展。科技创新片区重点发展新一代信息技术、生物与健康、科技服务等产业，打造数字经济试验区、全球创业投资中心、科技体制改革先行示范区；国际商务服务片区重点发展数字贸易、文化贸易、商务会展、医疗健康、国际寄递物流、跨境金融等产业，打造临空经济创新引领示范区；高端产业片区重点发展商务服务、国际金融、文化创意、生物技术和大健康等产业，建设科技成果转换承载地、战略性新兴产业集聚区和国际高端功能机构集聚区，分工协同效应逐步呈现。

8.3　欧美数字经济政策与借鉴

美国和欧盟分别是全球数字经济最为发达的国家和地区，在数字经济发展战略和政策、策略上值得我们梳理和研究。

8.3.1　欧盟数字经济政策与借鉴

欧盟对于数字经济的发展较为谨慎，采用的是先规范后发展的思路。这种发展模式，一方面因为欧盟一贯的审慎态度，历来高度重视并且擅长通过制定规则来应对技术发展给公民权利带来的风险。例如，欧盟禁止场景使用人脸识别达 5 年之久，以便防止由此导致的个人信息被滥用，从而具有更充分的时间探索安全合理的应用方式。故选择这种模式具有必然的属性。另一方面欧盟具有强大的市场力量，其巨大的数字经济消费者群体使其监管法规成为任何国家在欧洲拓展数字经济、使用欧盟内部数据绕不开的一个主题。从这个角度来看，欧盟选择这种模式又具有必然的属性。得益于此，虽然欧盟的数字经济产值在全球占比只有 4% 左右，但是其在数字经济监管方面却引领全球，其中以 GDPR 为代表，约有 120 个国家在数字经济的相关法律上受其影响。欧盟利用其白名单制度和市场消费力量专注立法，相关法律不断成熟，利用其先发优势大大左右了世界上其他国家的数据法规，提高了欧盟的话语权。

8.3.1.1　欧盟数字经济政策体系的构建演进

欧盟发布数字经济相关政策最早可以追溯到 1981 年《有关个人数据自动化处理的个人保护公约》，该公约率先提出了个人数据保护。随着数字经济从信息化、互联网经济（许宪春、张美慧，2020）到今天成为颠覆性发展形态，欧盟政策对于数字经济的重视程度不断提高。欧盟在数字经济的发展过程中始终重视对个人数据的保护，许多关于数字经济的政策都与数据治理相伴，可以说，欧盟的数字经济政策发展史就是其数据保护的发展史。按照欧盟出台政策的层次，可以分为以下 3 个阶段。

第一阶段：指令公约保护阶段（1981—2016 年）。这一阶段以两份文件的出台为标志，即《有关个人数据自动化处理的个人保护公约》（以下简称《公约》）和《个人数据处理保护与自由流动指令》（以下简称《指令》）。早期数字经济的概念还未提出，数字经济主要是以信息化的形式表现，关于其政策在欧盟体现为对个人信息保护而提出的《公约》。《公约》具有前瞻性，是全球首个关于个人数据保护的政策文件，规定了各主体在对个人数据进行自动化处理时必须尊重个人隐私。鉴于《公约》的执行效果不甚理想，1995 年欧盟又发布了《指令》，《指令》对于《公约》的内容做出了许多补充，为日后欧盟对个人数据立法奠定了基础。但由于《指令》没有法律效力，允许欧盟各国因地制宜具体实施，再加上欧盟固有的政策难以统一的顽疾，《指令》未能充分发挥其效果。可以看到，在较长的时期内，欧盟对于数字经济的发展较为消极和保守，且《指令》的灵活性规定加剧了欧盟内部数据治理的分裂，为日后统一立法框架造成了障碍。

第二阶段：法制推进阶段（2016—2020 年）。进入 21 世纪以来，伴随着物联网、云计算、大数据、人工智能等数字化技术的快速发展与融合，数字经济已被视为经济增长的“新引擎”，欧盟加大了对数字经济的重视力度，将此前的《指令》与《公约》升级为条例，并出台诸多部配套法律，加速发展数字经济。

其中，具有代表性的是 2016 年欧盟议会通过的 GDPR，几乎成为全球通行标准。GDPR 的出台，部分是为了弥合《指令》造成的欧盟内部各国松散分裂的立法框架，同时提高了欧盟企业在数字经济浪潮中的竞争力。GDPR 的首要任务，即加强对数据主体的保护，启发性地提出对个人数据增设更正删除权，还通过增设数据可携带权、知情权和访问权等保护个人数据。此外，在提出对境内个人数据严格保护的同时，又扩大了 GDPR 适用范围，通过长臂管辖对境外企业使用境内数据做出严格规定，并配套地大幅加大了违规处罚力度，对外在一定程度上构建了技术性壁垒与社会性壁垒（田晓萍，2019）。GDPR 作为欧洲“数字一体化市场”的重要抓手，成功地提高了欧洲民众对于个人隐私数据安全的重视（许可，2019），进一步统一了欧盟各国在数据安全上的立法，削弱了境外科技巨头对欧洲的威胁，但也被外部各国广泛指责，执法中的偏颇、企业合规成本的飙升以及对于企业运营干预的强化，不仅给境外企业在欧洲经营造成沉重负担，也挫伤了境外企业对欧洲市场的投资积极性，增加了欧洲初创企业的融资困难（NBER，2018）。

GDPR 严格的数据监管条款对跨境数据流动做出了极为严格的限制，但欧盟也重视数字经济对于发展产生的巨大驱动作用，为调节 GDPR 对非个人数据的监管，欧盟于 2018 年 9 月又出台了《非个人数据自由流动条例》。该条例对于非个人数据监管的灵活性与 GDPR 对于个人数据监管的审慎性互为补充，针对数字化单一市场目标的核心障碍——境内数据的自由流动，《非个人数据自由流动条例》提出了四点举措：明确定义“非个人数据”；确保非个人数据的自由流动；确保监管能够充分跨境调用数据；鼓励制定云服务行为准则。如此，既有利于非个人数据在商用过程中破除封锁壁垒，又避免了监管过程中由于跨境协调造成的成本。此外，对于云服务准则的制定，欧盟并未直接强制立法，而是鼓励行业内制定自律行为准则，充分发挥市场作用，给予数据专业用户很大的迁移数据的自由度，避免过度干预造成市场扭曲。

为了进一步促进境内企业数字化发展，欧盟专门就平台经济立法。2020年12月，《数字市场法》《数字服务法》问世，这是欧盟20年来首次起草重修互联网规则的提案，一跃成为欧盟数字经济战略的核心内容。《数字市场法》是为流量垄断平台量身打造的“流量入口反垄断规制”（杨东、周鑫，2021），其“守门人”制度克服了以往关于平台法律的诸多弊病。比如，GDPR在实施中面临着海量的个人诉讼，《数字市场法》的实施将会有效降低分散执法的合规成本（苍岚、张淑翠，2021）；又如，GDPR等传统法律的笨拙与滞后，无法适应快速的技术迭代（田广兰，2020），《数字市场法》的特别化、前置化与动态化立法特征（李世刚、包丁裕睿，2021）对此提供了优秀的解决方案。而《数字服务法》以明确数字服务提供商的成果（尤其是社交媒体和购物网站等在线平台）责任和问责制为核心（黄维嘉，2021），清晰地界定了数字服务的范围，在监管非法内容或在线销售的产品方面增加了平台的责任。

以版权为中心的文创产业在欧洲经济中占有很大比重，在数字技术的发展给版权制度带来巨大挑战的背景下，欧盟委员会于2016年9月配套出台了《数字化单一市场版权指令》。该指令促进了数字技术环境下数字作品和其他版权客体的传播和利用，在欧盟版权制度的发展上具有历史性意义（肖燕珠、傅文奇，2018）。

这一阶段，欧盟意识到数字经济的重要性，开始着手系统性营造数字经济的发展环境，一方面针对国际互联网巨头设置壁垒，为欧盟境内数字经济企业的兴起扫清障碍；另一方面整合境内数据资源，打通数据流通堵点。以条例和法律进行规制与保障是这个时期的一大特点，明确了各市场主体的权利和义务，客观上适应了欧盟进一步推动数字经济发展的需要。

第三阶段：战略驱动阶段（2020年至今）。在世界各国都在全力发展数字经济、争夺数字经济制高点的背景下，欧盟进一步提升了其政策的能级，开始对数字经济的发展展开全面部署，构建全面的数据法律体系，提升数据治理能力。

数字化单一市场最早为2005年欧盟委员会提交的政策战略，最初是为了破除内部市场壁垒，为欧盟电子商务的发展铺平道路。2015年5月，欧盟委员会延续了2005年发展电子商务的思路，进一步提出《数字化单一市场战略》，提出了单一数字市场的3个要点：为个人和企业提供更好的数字产品和服务，创造有利于数字网络和服务繁荣发展的有利环境，最大化实现数字经济的增长潜力。该战略大部分依然集中注意力于电子商务的建设，但增加了欧洲数据自由流动的计划。2020年2月，欧盟发布了数字经济的重磅战略——《欧洲数据战略》。该战略提出到2030年把欧洲建设成为世界上最具吸引力、最安全、最具活力的数据敏捷型经济体，提出构建跨部门治理框架、加大数据投入力度、提升数据素养和构建数据空间四大战略性支柱。该战略拟有针对性地解决欧盟在数字经济进程中的两个问题，通过建立更为统一的规则与框架以及构建九大数据共享空间应对文化组织与法律监管障碍，通过投资欧洲节能和可信云基础架构联盟以及相关服务应对技术及操作障碍。2021年，欧盟委员会再次发布《欧洲工业战略》，在延续之前的“确保欧洲工业的全球竞争力，并维护公平的竞争环境，推动欧洲到2050年实现气候中和，塑造欧洲的数字化未来”目标下，进一步突出“数字化”“绿色化”转轨的重点，提出共同设计转型路径，协调监管。

这一时期的欧盟数字经济政策将重心转移至数字经济的发展上，相较前一时期少有新的保护条例发布，更多的是宏观发展战略，通过提出倡导性的发展方向，积极应对境内发展过程中所面临的技术与监管问题，继续加快一体化步伐，集中欧洲智力，共同探索数字化转型的可行方案。但在市场准入方面仍然保留了其固有的保守与内敛风格，这对与其他国家的科技合作构成了一定的挑战（张翼燕，2021）。

8.3.1.2 欧盟数字经济政策特点

第一，先规范后发展的审慎战略。在发展数字经济方面，欧盟与美国自由发展的理念不同，在放手推动数字经济发展之前，经历了较长时期的内敛与保守，这种发展战略呼应了宪法中对于隐私权的保护，也为数据治理积累了丰富的实践经验。在“行业自律、法律规制、技术赋权”3类抵御和破解大数据风险的方法中，欧盟优先选择强制性的法律规制手段，通过构建技术性壁垒和社会性壁垒阻碍外部进入，通过政府主动监管与对市场进行深度与广度较大的干预，规范内部数字经济的发展。严格的数据监管，先进的监管数据治理方式，对个人隐私数据的强烈保护意识配合强力度的监管干预，成为欧盟发展数字经济的一大特色，这种模式一方面控制和预防了贸易障碍与竞争市场失灵，另一方面也在一定程度上阻碍了其数字经济的发展。

第二，社会治理与技术治理的双轮驱动。欧盟在制定数字经济的积极战略过程中，不仅注重强制型政策的使用，也注重对民众的隐私意识与数字技能的培养。大数据分析是发展数字经济过程中一项绕不开的技术，也是欧盟人才技能的一个重要短板，针对这方面的问题，在GDPR显著提升了民众隐私意识的基础上，《欧洲数据战略》继续提出要支持个人提升对其数据（个人数据空间）的控制权，加大对公众数据素养的投入力度，支持中小企业数字能力建设；在《非个人数据自由流动条例》中，欧盟未采取直接立法的方式对不同用户的数据迁移做出强制规定，而是鼓励制定行业自律准则，在监管与市场之间寻求平衡。数字经济是数据时代的经济，海量数据的存储与计算给传统数字基础设施造成了巨大挑战，节能、高效云计算的重要性不言而喻，而欧盟在这方面存在技术依赖问题。针对这一问题，欧盟在《欧洲数据战略》中又提出投资数十亿欧元于云基础设施及相关服务。自下而上的社会治理与技术治理，赋予欧盟数字经济发展以蓬勃动力。

第三，多层次的政策体系。在审慎的监管实践中，欧盟形成了微观、中观与宏观层面的立体法律监管体系。在微观层面，《欧洲数据战略》倡导在欧盟内部建立统一的技术标准，以实现未来境内数据收集、处理与共享的便利，促进其内部数据服务的合法化与流程化。在中观层面，制定业务规则与法律规范，GDPR与《非个人数据自由流动条例》对个人数据与非个人数据分别实施监管；对个人数据实施足够的安全保护，对非个人数据则大力破除本地化的障碍，促进其自由流动。在宏观层面，则通过提出各种前瞻战略规划（如《欧洲数据战略》《欧洲工业战略》），部署未来数字经济的发展。多层次的政策相互搭配，在一定程度上避免了政策体系中某个环节的空白，为数字经济在欧洲的发展保驾护航。

第四，普遍的适用范围。欧盟数字治理的普适性体现在境内、境外两个方面。在境内，体现为静态数据的非本地化要求与动态数据的监管访问要求，在商用和监管两种用途下全境遵循统一的法律规则，这一特点在GDPR、《非个人数据自由流动条例》与《欧洲工业战略》等文件中得到了接续发展。在境外，体现为对使用欧盟成员国数据的企业的强制性规定。欧盟借助于其强大的消费市场力量，反过来对进入欧洲市场的数字企业进行规制，并利用“白名单”制度将这种规制延伸至企业所属国家，增强了其数据治理模式在全球的影响力，在一定程度上实现了制度输出。

8.3.2 美国数字经济政策与借鉴

美国的数字经济起步较早，至今已占有全球数字经济份额超过40%，这与其同时具备先发优势和比较优势的政策供给是离不开的。自 20 世纪起，美国就开始了数字经济的基础建设——信息高速公路，这一计划为美国数字经济的腾飞起到了巨大作用；同时，美国以“数字政府”为底座，打造信息共享开放平台，搭配以组织机构改革和高度的战略重视，经过多年的发展，美国的数字经济水平引领全球。

8.3.2.1 美国数字经济政策体系的构建演进

从美国数字经济的发展程度与相关政策战略的重点指向来看，美国的数字经济政策可以分为以下 3 个阶段。

第一阶段：基建与启蒙阶段（1993—2010 年）。1993 年，时任美国副总统戈尔提出了“信息高速公路”计划，投资 4000 亿美元，用 20 年时间逐步将电信光缆铺设到所有家庭用户。该计划的实施，为宏观经济信息的采集、传输、存储、共享、处理、分析和综合，提供了全新的技术可能性，为企业决策提供了充分信息，增加了贸易机会，为数字经济的发展迈出了关键的一步。1998 年和 1999 年，美国传统强势部门商务部连续发布《浮现中的数字经济》《浮现中的数字经济（二）》，为美国早期数字经济的启蒙与普及起到了很大作用，甚至对世界上其他国家也产生了深远影响；随后又坚持每年发布一部《数字经济》的报告，极大地推动了数字经济的普及，为美国取得了一定的先发优势。这一时期世界各国对数字经济鲜有认知，美国的信息化基建和数字经济启蒙，为其后来数字经济的腾飞奠定了一定的硬性基础和软性基础。

第二阶段：“数字国家”阶段（2010—2015 年）。2010 年，美国商务部提出了“数字国家”概念，随后连续发布 6 部《数字国家》报告，对于基础设施、互联网、移动互联网等方面进行分析与测算，对于数字经济的发展起到了很好的指导作用。同时，在这一阶段，美国的数字政府建设也取得了巨大的进展，作为最早采用电子政务术语的国家，美国在奥巴马上台后，自 2011 年起持续发布了 4 份《开放政府计划》。2013 年第二届任期开始后，奥巴马把工作重点从开放政府转向开放数据（闫德利、高晓雨，2018），其中具有代表性的政策为2014年发布的《美国开放数据行动计划》。该计划提出了政府“应主动承诺开放，并逐步开放数据资源”的原则。2012 年的《数字政府战略》则把数字政府的建设提到更高层级，指出以信息为中心、建设共享平台、以客户为中心、安全隐私平台的四个原则，要求政府机构“建立一个 21 世纪的平台，更好地服务美国人民”。数据作为数字经济时期划时代的生产要素，在数字经济的发展中起着至关重要的作用。美国的数字政府建设，在数据的收集、整理与共享方面做出了巨大贡献，在此基础上，数据的应用与分析更加容易进行。

第三阶段：驱动与创新阶段（2015 年至今）。2015 年美国商务部发布《数字经济议程》，标志着美国数字经济的发展进入了新的阶段。该议程把对于数字经济的重视提到了一个新的高度——把发展数字经济作为实现繁荣和保持竞争力的关键。《数字经济议程》提出发展数字经济的四大支柱——自由开放的互联网、互联网信任和安全、互联网接入和技能及新兴技术与创新，为美国数字经济的发展提出了新的指引。随着数字技术与经济社会的融合不断加深，数字经济的内涵也日益丰富，其规模衡量也成为世界关注的重点。2018 年美国 BEA 发布《数字经济的定义和衡量》，对全国乃至全球的数字经济测算产生重要影响，为多国数字经济的测算借鉴。2019 年，美国发布《美国主导未来产业（2019）》战略规划，将人工智能、先进制造业、量子信息科学和第五代移动通信作为决定美国未来高端产业命运的四大领域，通过增加政府直接研发投资，立法授权更为严格地审查外资对美国企业的收购，动用税收、金融、财政、司法等综合手段，以“全政府战略”维护美国在尖端领域的全球优势。2020 年，《联邦数据战略》确立了 40 项数据管理的具体实践，分为 3 个层面：首先，重视数据并促进共享，如通过数据指导决策、促进各机构间数据流通等；其次，保护数据，如保护数据的真实性、完整性和安全性；最后，有效使用数据，如增强数据分析能力、促进数据访问形式多样化等，从国家层面营造了数据驱动的文化氛围。经历了数年的准备与积淀，美国数字经济进入驱动与创新的新阶段，数字经济不仅作为一种新兴经济形态，更是成为美国发展的重要抓手，成为驱动其他产业的强劲动力。

8.3.2.2 美国数字经济政策特点

第一，基础研究与前沿追踪并举。在美国的数字经济发展中，分析报告发挥了很大作用，其背后是美国商务部的持续推动。在多部分析报告中，既有针对数字经济界定、普及、测算与分析的基础性研究，如两部《浮现中的数字经济》和多部《数字经济》报告，也有对数字经济前沿问题的追踪与探索，如 6 部《数字国家》的报告。其中，由美国 BEA 发布的《数字经济的定义和衡量》几乎主导了全球的数字经济测算。

第二，官产学研协同生态良好。在“信息高速公路”的建设过程中，美国民间各大公司表现出极高的热情，纷纷加入，最终在建设“信息高速公路”的 4000 亿美元中，美国政府的出资不到 1/13；在多部追踪数字经济前沿问题的报告中，协会、科技巨头、科研院校和金融机构共同发力，为美国数字经济的发展及时做出了指导。政府营造自由的竞争环境，加以政府采购等需求政策创造需求，同时支持人才培养与科研；企业发挥创新主体作用，在孵化器、风险投资等催化下，实现了创新链、产业链与价值链的深度融合，供给与需求的高效匹配加速了数字技术的创新和渗透，诞生了微软、苹果等巨头数字企业，加速了美国经济的数字化转型。

第三，聚焦于数字政府建设，成效显著。美国政府掌握着充足的数据，是产生数据的主要源头，为使数据能够得到更好的整理与使用，奥巴马签署了《透明与公开政府备忘录》，并通过设立奖金等形式，鼓励专业用户通过数据分析，充分发现和解决潜在问题，发挥数据价值。同时，提出“公开信息”倡议，要求政府主动公开相关数据，放开信息管制，鼓励企业利用公开数据，为社会创造更多的财富和工作。如 20 世纪 90 年代，美国就已放开气象数据，继而开放全球定位系统数据。近年来，美国健康数据共享获得成功，目前正在尝试开放能源、教育和公共安全等方面的数据。与欧盟相反，美国在数字经济发展中更加注重数字经济所带来的利益，秉持数据流动优先于数据安全的原则，并注重从供给侧不断提升劳动效率，维持和扩大了美国数字经济相关企业的利益。

第四，松散、自由的立法实践。美国认为“除非有不能避免的风险且市场本身无法纠正，否则不应进行联邦立法”，在国家层面，迄今为止没有建立统一的个人数据立法框架，而在各州层面，不同州之间可以根据自己的实际情况灵活立法，这为各个公司规避监管提供了足够的空间；当发生纠纷时，则是以行业自律与民事救济的方式解决。宽松的监管为美国互联网企业的野蛮生长提供了沃土，也造成了与以审慎为特色的欧盟之间的巨大分歧。

8.4 国内数字经济政策与借鉴

自 2015 年“十三五”规划提出“实施国家大数据战略”以来，推进数字经济发展和数字化转型的相关政策不断深化与落地。党中央、国务院高度重视数字经济的发展，从 2017 年至今，每年的政府工作报告都提及“数字经济”。国内各省的数字经济政策大多始于2018年。2018年9月，国家发展改革委、教育部等联合发布了《关于发展数字经济稳定并扩大就业的指导意见》，各省政府为贯彻落实中央的要求纷纷出台相关政策。2018年、2019年每年各有5省份出台数字经济政策，2020年有关数字经济的政策呈现井喷式增长，本书选取了数字经济发展强劲的浙江、江苏、广东、山东、上海5个省份梳理与分析其政策特点。

8.4.1　浙江——“一号工程”

8.4.1.1　政策演进

2018年9月，浙江省在国家发展改革委等部门发布《关于发展数字经济稳定并扩大就业的指导意见》之后不久，出台了第一个有关数字经济的政策——《浙江省人民政府办公厅关于印发浙江省数字经济五年倍增计划的通知》。浙江属于数字经济政策推出较早的省份。浙江省对数字经济尤为重视，将数字经济作为本省“一号工程”。同时，为了科学地考核与引导发展数字经济，浙江省高度重视数字经济的分类与评价，最先提出数字经济的评价指标方法——《浙江省数字经济发展综合评价办法（试行）》。经过几年的发展，浙江省数字经济取得巨大发展，相对其他省份，浙江省的数字经济硬件基础较好。为应对本省数字人才不足问题，在《浙江省数字经济发展“十四五”规划》中提出要通过改进职称评审办法、停居留政策吸引数字经济人才，建立交叉学科完善数字教育供给，持续在数字经济的发展中走在前列。浙江省近年来数字经济政策文件梳理见表8-1。

表8-1　2018—2021年浙江省数字经济政策文件梳理

发布时间	文件名称	发布机构	主要内容
2018年9月	《浙江省人民政府办公厅关于印发浙江省数字经济五年倍增计划的通知》	浙江省人民政府办公厅	—
2018年12月	《浙江省数字经济发展综合评价办法（试行）》	浙江省数字经济发展领导小组办公室	将数字经济划分为5个大类10个一级指标
2019年3月	《浙江省科学技术厅关于开展数字经济领域省科学技术奖推荐工作的通知》	—	根据国务院《关于深化科技奖励制度改革的方案》，为充分发挥科技奖励的示范激励和导向作用，对数字经济领域做出奖励

续表

发布时间	文件名称	发布机构	主要内容
2020 年 12 月	《浙江省数字经济促进条例》	浙江省人民代表大会常务委员会	数字产业化、产业数字化、治理数字化
2021 年 6 月	《浙江省数字经济发展“十四五”规划》	浙江省人民政府办公厅	变为六大任务，新增了数据价值化、构建数字生态、基础设施 3 个方面
2021 年 7 月	《〈浙江省数字经济促进条例〉省级部门任务分工》	浙江省数字经济发展领导小组办公室	对《非个人数据自由流动条例》做出分工

8.4.1.2 政策特点

第一，高度重视数字经济的建设，具备先发优势。2003 年 9 月，浙江省发布了《数字浙江建设规划纲要（2003—2007 年）》，为打赢“一号工程”攻坚战奠定良好基础。2017 年底，浙江省把数字经济作为本省“一号工程”，以期把浙江省建成具有全球影响力的数字科技创新中心、新型贸易中心、新兴金融中心。

第二，重视立法与考核机制。2018 年，浙江省最先出台数字经济的界定与考核文件《浙江省数字经济发展综合评价办法（试行）》；2020 年，浙江省通过《浙江省数字经济促进条例》，采取法治方式引领和保障浙江省数字经济的发展，成为全国第一部以“促进数字经济发展”为主题的地方性法规，形成社会主义现代化先行省标志性立法成果。

第三，注重营商环境建设，助力数字经济赋能。2021 年，浙江省在《浙江省数字经济发展“十四五”规划》中提出“深入实施优化营商环境‘10+N’便利化行动，深化商事制度改革，探索以承诺制为核心的极简审批，搭建完善公共服务平台”。“最多跑一次”改革和政府数字化转型取得重大突破，其中“最多跑一次”改革被写入李克强总理在十三届全国人大二次会议上所做的政府工作报告中。在营商环境的不断改进下，浙江省成为审批事项最少、管理效率最高、服务质量最优的省份之一（任宗强、黄奥、陈凌云，2021）。

8.4.2 江苏——多组织协同发展

8.4.2.1 政策演进

江苏省提出发展数字经济的时间较早，在 2017 年《省政府办公厅关于创新管理优化服务，培育壮大经济发展新动能的实施意见》中即提出，“积极培育数字经济等新兴经济业态、成立省战略性新兴产业发展投资基金和省级新兴产业（互联网）发展基金，重点布局和投资于数字经济等新产业和新业态”。相对于其他省份，江苏省的数字经济发展规划尤为详细和系统，在 2017 年《省政府办公厅关于创新管理优化服务，培育壮大经济发展新动能的实施意见》提出后，又分别从制造业、服务业和数字产业化 3 个方面出台了政策——《省政府关于加快培育先进制造业集群的指导意见》《省政府关于深入推进大众创业万众创新发展的实施意见》《中韩（盐城）产业园建设实施方案》《智慧江苏建设行动计划》。在 2021 年发布《江苏省“十四五”数字经济发展规划》之后，江苏省又分别发布了《江苏省“十四五”现代物流业发展规划》《江苏省“十四五”消费促进规划》《江苏省“十四五”文化和旅游发展规划》等详细文件支持该发展规划。针对自身缺乏引领平台与企业的劣势，江苏省提出通过试点与示范、积极培育冠军企业来解决这一问题。同时，创造性地提出使用数字化转型解决方案提供商的方法解决企业数字化转型过程中遇到的问题，值得借鉴。江苏省近年来数字经济政策文件梳理见表 8–2。

表 8–2　2017—2021 年江苏省数字经济政策文件梳理

发布时间	文件名称	发布机构	主要内容
2017 年 5 月	《省政府办公厅关于创新管理优化服务，培育壮大经济发展新动能的实施意见》	江苏省人民政府办公厅	“积极培育数字经济等新兴经济业态”、成立省战略性新兴产业发展投资基金和省级新兴产业（互联网）发展基金，重点布局和投资数字经济等新产业和新业态
2018 年 1 月	《5G 先试先用推动长三角数字经济率先发展战略合作框架协议》	长三角浙江、江苏、安徽和上海“三省一市”政府与中国电信、中国移动、中国联通、中国铁塔	利用 5G 技术试点发展数字经济
2018 年 6 月	《省政府关于加快培育先进制造业集群的指导意见》	江苏省人民政府	实施产业网络化改造。鼓励集群骨干企业积极参与“数动未来”专项行动，有效提升数字经济新技术、新模式应用水平
2018 年 9 月	《中韩（盐城）产业园建设实施方案》	江苏省人民政府	坚持高端制造业和现代服务业“双轮驱动”，加快发展数字经济、枢纽经济和都市产业，着力提升服务业发展水平

续表

发布时间	文件名称	发布机构	主要内容
2018 年 9 月	《智慧江苏建设行动计划》	江苏省人民政府办公厅	数字产业化、产业数字化
2020 年 1 月	《中国（宿迁）跨境电子商务综合试验区实施方案》	江苏省人民政府	大力发展电子商务
2020 年 1 月	《省政府办公厅关于深入推进数字经济发展的意见》	江苏省人民政府办公厅	数字设施升级工程、数字创新引领工程、数字产业融合工程、数字社会共享工程、数字监管治理工程、数字开放合作工程
2020 年 3 月	《省政府办公厅关于促进平台经济规范健康发展的实施意见》	江苏省人民政府办公厅	加强全省互联网平台载体建设，重点建设一批大数据产业园、省级互联网产业园和互联网众创园、数字经济与实体经济融合发展的试验区和示范区
2020 年 9 月	《省政府关于推进全省经济开发区创新提升打造改革开放新高地的实施意见》	江苏省人民政府	组织推动经济开发区开展大数据产业园、工业大数据应用示范区和大数据开放共享与应用试验区的创建工作
2020 年 12 月	《省政府关于促进全省高新技术产业开发区高质量发展的实施意见》	江苏省人民政府	加强战略前沿领域部署，培育壮大数字经济。探索实行包容审慎的新兴产业准入和行业监管模式
2021 年 7 月	《江苏省“十四五”现代服务业发展规划》	江苏省人民政府办公厅	推进服务贸易数字化，实施数字贸易提升计划，积极参与数字经济国际规则制定，争取跨境数据流动开放
2021 年 8 月	《江苏省“十四五”数字经济发展规划》	江苏省人民政府办公厅	三化、一治理、一基建
2021 年 8 月	《江苏省“十四五”现代物流业发展规划》	江苏省人民政府办公厅	要抓住数字经济发展机遇，加快物流业数字化、智能化赋能，全面推进物流技术、业态、模式和管理创新
2021 年 8 月	《江苏省“十四五”消费促进规划》	江苏省人民政府办公厅	强化反垄断和反不正当竞争执法，更好地规范和促进数字经济平台企业发展

续表

发布时间	文件名称	发布机构	主要内容
2021 年 8 月	《江苏省"十四五"社会信用体系建设规划》	江苏省人民政府办公厅	创新平台经济和数字经济新模式，推动"信用+数字经济""信用＋共享经济"发展
2021 年 8 月	《江苏省"十四五"制造业高质量发展规划》	江苏省人民政府办公厅	面向新一代智能硬件、工业互联网、物联网、智慧家居等数字经济新需求，大力提升设计业发展水平，稳步提高制造工艺和能力
2021 年 8 月	《江苏省"十四五"新型基础设施建设规划》	江苏省人民政府办公厅	加大与国内外大型互联网公司、高新科技公司的协作力度，吸引智能计算中心、高能级大型数据中心及数字产业、数字经济总部、新型研发机构等落地
2021 年 8 月	《江苏省"十四五"数字政府建设规划》	江苏省人民政府办公厅	建设数字政府
2021 年 9 月	《江苏省"十四五"科技创新规划》	江苏省人民政府办公厅	发展数字经济等新一代信息技术
2021 年 10 月	《江苏省"十四五"文化和旅游发展规划》	江苏省人民政府办公厅	推进数字经济格局下的文化和旅游融合

8.4.2.2　政策特点

第一，注重顶层设计，抢占数字经济发展高地。顶层设计对数字经济发展起着关键作用，影响数字经济发展的全局。一方面，江苏省的数字经济政策部署较早，在 2017 年即提出积极培育数字经济的方向，同时抓住首个长三角 5G 试点的机会，借力推动数字经济的先行先试；另一方面，江苏省出台的数字相关经济政策颇多，在本书考察的五省份中最多，其政策工具种类丰富，除了有目标规划类强制型政策工具外，也包括多种间接性政策工具。此外，供给型、环境型和需求型政策工具均有体现。

第二，配套政策措施完善。在出台目标规划类顶层设计政策的同时，江苏省还配套出台了相应的具体措施。例如，在 2017 年《省政府办公厅关于创新管理优化服务，培育壮大经济发展新动能的实施意见》发布后，在制造业方面，出台《省政府关于加快培育先进制造业集群的指导意见》；在服务业方面，出台《中韩（盐城）产业园建设实施方案》；在数字产业化方面，出台

《省政府关于深入推进大众创业、万众创新发展的实施意见》《智慧江苏建设行动计划》。在2021年出台《江苏省“十四五”数字经济发展规划》这一纲领性文件之后，又分别出台了《江苏省“十四五”数字政府建设规划》《江苏省“十四五”制造业高质量发展规划》《江苏省“十四五”现代物流业发展规划》《江苏省“十四五”消费促进规划》《江苏省“十四五”文化和旅游发展规划》等配套文件。在多部门协同下，江苏省的数字经济政策逐步形成了一套完整的自上而下的体系，更好地推动了数字经济的发展。

第三，注重软性措施与市场需求的拉动作用。各省市在发展数字经济的过程中，强制型政策工具居多，江苏省则在使用此类政策工具的同时，重视软性措施与市场需求的作用。《江苏省“十四五”数字经济发展规划》提出，“强化科技、人才、融资、财税、服务等政策扶持”，“培育壮大一批工业互联网解决方案提供商”，以间接型政策工具，配合试点示范等强制型政策工具的使用，充分发挥市场主体能动性，协同推进数字经济高质量发展。

8.4.3 广东——数字治理特色赋能

8.4.3.1 政策演进

广东省正式的数字经济政策出台相对较晚，却一直致力于打造“数字政府”与“数字治理”。2018—2021年，每年都会专门出台一部政策，不仅使其在全国数字治理方面成为高地，更为其数字经济的发展提供了良好平台。“数字政府”的建设，为发展数字经济做足了数据准备，也为政府指导企业数字化转型积累了丰富经验。2020年，广东省发布的《广东省建设国家数字经济创新发展试验区工作方案》，提出“打造数字经济创新高地”，大力培育新业态、新模式，加快经济社会各领域数字化转型步伐，探索数字经济创新发展新思路、新模式、新路径，总结形成一批可复制推广的创新发展经验，引领带动我国数字经济加快发展。广东省近年来数字经济政策文件梳理见表8–3。

表8–3 2018—2021年广东省数字经济政策文件梳理

发布时间	文件名称	发布机构	主要内容
2018年1月	《广东省“数字政府”建设总体规划（2018—2020年）实施方案》	广东省人民政府	建立全省“一盘棋”工作机制，优化营商环境，提升民生服务水平，推动政府内部协同运作，加强业务应用支撑，推动全省一体化政务大数据共享应用

续表

发布时间	文件名称	发布机构	主要内容
2019 年 4 月	《广东省“数字政府”改革建设 2019 年工作要点》	广东省人民政府	加快政务服务向基层下沉，推动营商环境提档加速，深化行业部门重点应用，提高政府内部行政效能，完善“数字政府”基础支撑能力
2020 年 2 月	《广东省“数字政府”改革建设 2020 年工作要点》	广东省人民政府	助力打赢疫情防控阻击战，擦亮“粤系列”移动应用品牌，支撑重点领域改革建设工作取得新突破，以地市样板带动全省数字政府建设“一盘棋”，夯实数字政府基础能力，完善数字政府改革保障机制
2020 年 11 月	《广东省建设国家数字经济创新发展试验区工作方案》	广东省人民政府	建设数字经济新型基础设施全国标杆；率先形成数据要素高效配置机制；打造数字经济创新高地；特色引领推动重点领域数字化转型；高质量推动“智慧广东”建设；打造数字经济开放合作先导示范区
2021 年 3 月	《广东省“数字政府”改革建设 2021 年工作要点》	广东省人民政府	构建泛在普惠的“一网通办”政务服务体系，开启智慧科学的“一网统管”省域治理新模式，牵引推动重点领域工作提质增效，完善数字政府体制机制保障
2021 年 5 月	《广东省“数字政府”省域治理“一网统管”三年行动计划》	广东省人民政府	“一网统管”
2021 年 8 月	《广东省数字经济促进条例》	广东省人民代表大会	立足广东实际，聚焦“数字产业化、产业数字化”两大核心，突出制造业数字化转型，做好数据资源开发利用保护和技术创新，加强粤港澳大湾区数字经济规则衔接、机制对接

8.4.3.2　政策特点

第一，营商环境改革先行。广东与浙江、江苏共同被评为“营商环境最佳口碑省份”，广东省持续在“数字政府”建设方案中提出要优化营商环境，在提出要打造全国最优营商环境新高地的口号后，成立营商环境改革创新试验区，在组织架构上专门设立全国首个营商环境改革局，成为全国营商环境建设的新标杆。

第二，积极推进数据资源共享开放。数字政府的建设，一方面，有利于降低行政成本，提高公共服务的质量与效率；另一方面，也有助于推进公共数据资源的有序开放和开发利用，为数字经济提供强大支撑。广东省自2018年1月出台《广东省“数字政府”建设总体规划（2018—2020年）实施方案》以来，一直致力于“数字政府”的建设，已持续4年出台“数字政府”改革建设工作要点，在强大底座的支撑下，根据王娟娟和佘干军（2021）的测算，广东省在数字基础、数字产业均落后于北京市的情况下，唯独数字环境得分超越北京市，位居各省份第1名。

除以上3个省份之外，山东省的数字经济发展政策出台相对较晚，2019年出台首个数字经济发展政策《数字山东发展规划（2018—2022年）》；同年7月，出台《山东省支持数字经济发展的意见》。山东省较为注重供给型政策工具的使用，针对发展数字经济的企业与数字经济人才，提供了优厚的资金和人才支持，使其在数字基础优势不强的情况下依然能够以数字产业的蓬勃发展走在数字经济发展的前列。上海市于2021年10月出台《上海市全面推进城市数字化转型“十四五”规划》，依托其良好的数字基础优势与数字产业优势，以数字底座为支撑，全面赋能城市复杂的巨大系统，迅速进入数字经济发展的第一梯队。

8.5 北京数字经济政策展望与建议

推动数字经济高质量发展是我国构建现代化经济体系的重要任务。从数字经济发展趋势和政策特征看，北京还需要从更全面、更长远的视角提高数字经济发展政策高度，聚焦于关键领域，突出政策特色，细化政策措施，强化政策落实，完善政策配套，保障全球数字经济标杆城市建设任务如期实现。

8.5.1 加快推进数字经济立法工作

数字经济作为一种新经济形态，有很多深层次问题需要用法治思维和法治方式解决，法治建设是数字经济发展的长期制度保障。欧盟在发展数字经济的过程中，采用立法先行的思路，通过先行制定各种规范法规，防止数字经济这一新经济形态导致市场失灵及社会问题。浙江省在数字经济立法上也勇于创新，在全国率先出台省级地方性法规，为加快数字经济发展做出了重大制度安排，为国家数字领域立法工作提供了有益探索。北京数字经济立法工作相对滞后，在出台的政策文件中，多为倡导性政策，缺乏法规的刚性约束力和稳定性。在数字经济发展中各类市场主体的法律权利和义务关系设定缺失，对于违反规定者缺乏追究法律责任的依据。例如，对虚拟货币等准入制度缺乏规范，由于缺乏相应的准入机制参考，在制定数字产业准入门槛参考标准时，容易走向要么“一刀切”，要么监管缺失两种极端，造成数字经济发展受阻或者无序竞争（陈卓等，2022）。鉴于此，北京市应加快推进数字经济领域立法工作，在内容上，按照急用先行原则加快推进虚拟货币、跨境数据流动、数据交易等涉及重点领域的范围界定、准入机制、奖惩办法等重点方面的立法，以确保立法和发展相衔接、相促进，确保相关发展措施于法有据，为数字经济规范健康发展提供法治保障。在方法上，建立预警监管规则，融入技术治理手段，宏观与微观监管相结合，及时制定实施相关法规涉及的配套文件和措施，建立立法、执法互动机制，加强执法检查和立法后评估。

8.5.2　抓紧完善数字经济人才政策

人才作为最具活力的生产力要素，对发展数字经济起着关键性作用。江苏省的分层次提高劳动者数字素养的方案具有借鉴性。2019 年，北京数字经济人才需求占全国比重超过 22%，比深圳、上海高出近 8 个百分点，但流入规模约占全国 16%，比上海低近 3 个百分点。从数字经济海归人才就业城市看，北京占比不到 19%，比排名首位的上海低 4 个百分点，虽然当前北京市政策文本中对技术和人才的支持有所体现，但推进落实不够，在顶层规划与具体实施方案中均较少提及数字经济相关人才的培育与引进。鉴于此，北京市应坚持人才是第一资源，不断完善具有国际竞争力的人才发现、引进、培养、留用制度环境，强化支撑政策，最大限度激发人才活力，加快形成多层次创新人才梯队：在数字经济人才的发现与引进方面，全面推进面向海外高层次人才设立政府特聘岗工作，探索“推荐制”引进模式，在全球范围内延揽数字经济相关顶尖人才；在人才的培养方面，用好北京杰出青年科学基金，支持具有发展潜力的中青年科学家开展探索性、原创性研究，借鉴江苏的做法，探索分层次评价机制；在人才的管理方面，完善科技人才评价机制，健全收益分配机制，对培养对象给予精准政策供给。督促各区加快制定具体的人才培养和引进方案，为数字经济的可持续发展提供源源不断的生力军。

8.5.3　健全数据流动政策与标准规范

数字经济的发展需要数据要素的自由、便利流动，在打造全球数字经济标杆城市的过程中，不仅要注重国内数据的跨地域流动，也要注意数据的跨境流动，因而不可避免地会带来信息安全与隐私保护等问题。数据流动的监管需要把握好平衡，否则会引发安全问题或产生数据孤岛。欧盟的数字经济发展与数据的流动监管一直密不可分，在多年的实践中探索出了一条适合自身发展且被世界广泛接受的流动模式。美国在持有海量信息的基础上进行数据的分类与整理并共享，先行进行数字政府建设，极大地推动了数字经济的发展。在北京市的各种政策中，对于数据的开放共享提及较多，但对数据流动的投入力度不足。数字经济的蓬勃发展，呼唤着越来越完备的数据流动规则。北京市应充分发挥“两区”优势，加大先行先试力度，积极探索有突破、有活力、有实效的数据要素流动规则，出台相关实施办法，培育市场主体、完善治理体系，促进数据要素市场流通。在数据利用方面，重点应对数据的质量管理、公共数据如何更好地实现市场化开发利用、公共数据和社会数据的融合、数据交易的规则、数据共享的利益分配机制、数据的安全保护以及数据的知识产权保护等予以关注。在数据交易方面，应建立健全数据资产评估、登记结算、交易撮合、争议仲裁等市场运营体系，提升数据交易效率。在数据的跨境流动方面，应主要从保护个人隐私、保持市场的健康秩序、维护国家安全 3 个角度考虑。不断完善数字贸易、数据流动的规则与机制，提升监管水平，促进数据更加自由、便利的流通。

参考文献

[1] 安小米，王丽丽，许济沧．欧盟数据经济战略分析与启示［J］．电子政务，2019（12）：44–55.

[2] 班雯．“速写”各地数字经济发展重心［J］．信息化建设，2021（7）：34–36.

[3] 苍岚，张淑翠．从欧盟《数字服务法》和《数字市场法》看平台经济反垄断［J］．数字经济，2021（6）：34–36.

[4] 曹博．浅析欧盟《数字市场法》：兼评我国立法借鉴［J］．网络安全技术与应用，2021（8）：142–144.

[5] 曾炜．欧盟《一般数据保护条例》下区块链的数据保护义务［J］．科技与法律，2020（4）：86–94.

[6] 陈兵．欧盟《数字化单一市场版权指令（草案）》评述［J］．图书馆，2017（9）：49–54.

[7] 董超．欧盟数字化战略特点及对我国的启示［J］．中国经贸导刊（中），2021（9）：23–25.

[8] 董丽丽，金慧，李卉萌，等．后疫情时代的数字教育新图景：挑战、行动与思考：欧盟《数字教育行动计划（2021—2027年）》解读［J］．远程教育杂志，2021，39（1）：16–27.

[9] 高有军，焦红灵，李申，等．新基建下的5G发展［J］．西安邮电大学学报，2021，26（3）：7–13.

[10] 郭斌，杜曙光．新基建助力数字经济高质量发展：核心机理与政策创新［J］．经济体制改革，2021（3）：115–121.

[11] 胡超南．论欧盟《一般数据保护条例》及对我国的启示［J］．法制博览，2019（15）：198，200.

[12] 胡佳怡．欧盟推动数字教育改革的战略及启示：以《数字教育行动计划》为例［J］．中国电化教育，2020（10）：67–72，105.

[13] 黄维嘉．从欧盟《数字服务法（草案）》看数字服务的规制［J］．安徽行政学院学报，2021（4）：92–98.

[14] 姜奇平．“中国特色”的信息化与“美国牌”的新经济：兼评美国商务部《数字经济2002》年度报告［J］．互联网周刊，2002（38）：58–60，62.

[15] 蒋江林．中美欧数字经济发展现状与政策差异性分析［J］．现代商业，2021（26）：51–53.

[16] 金江军．美国数字政府战略及启示［J］．信息化建设，2012（8）：54–55.

[17] 景珊．GS1标准推动《欧盟数字化单一市场战略》［J］．中国自动识别技术，2016（5）：32.

[18] 李世刚，包丁裕睿．大型数字平台规制的新方向：特别化、前置化、动态化：欧盟《数字市场法（草案）》解析［J］．法学杂志，2021，42（9）：77–96.

[19] 李舒沁，王灏晨．欧洲数据战略对数据共享问题的应对与启示［J］．中

国经贸导刊（中），2020（8）：38–39.

[20] 林梓瀚 . 基于数据治理的欧盟法律体系建构研究［J］. 信息安全研究，2021，7（4）：335–341.

[21] 刘传 . 中国数字经济发展现状及问题研究［J］. 科技与经济，2020，33（5）：81–85.

[22] 鲁泽霖 . 欧盟数字经济政策发展演进［J］. 合作经济与科技，2018（20）：24–25.

[23] 欧盟公布两部数字法案［J］. 经济导刊，2020（12）：4.

[24] 欧盟加大力度规范数字服务市场［J］. 中国报业，2021（3）：128.

[25] 逄健，朱欣民 . 国外数字经济发展趋势与数字经济国家发展战略［J］. 科技进步与对策，2013，30（8）：124–128.

[26] 漆晨航，陈刚 . 基于文本分析的欧盟数据主权战略审视及其启示［J］. 情报杂志，2021，40（8）：95–103，80.

[27] 任宗强，黄奥，陈凌云 . 基于数字化转型的顶层设计与政策比较研究［J］. 中国国情国力，2021（7）：65–70.

[28] 施锦诚，孔寒冰，吴婧姗，等 . 数据赋能工程教育转型：欧洲数字化战略报告分析［J］. 高等工程教育研究，2021（1）：17–23.

[29] 宋雅馨 . 文本与数据挖掘的版权例外：以欧盟版权指令修改草案为视角［J］. 电子知识产权，2017（6）：42–51.

[30] 田广兰 . 大数据时代的数据主体权利及其未决问题：以欧盟《一般数据保护条例》为分析对象［J］. 中国人民大学学报，2020，34（6）：131–141.

[31] 田晓萍 . 贸易壁垒视角下的欧盟《一般数据保护条例》［J］. 政法论丛，2019（4）：123–135.

[32] 王春宇 . 美国和欧盟的数字经济政策［J］. 新经济，2020（Z1）：104–106.

[33] 王达，伍旭川 . 欧盟《一般数据保护条例》的主要内容及对我国的启示［J］. 金融与经济，2018（4）：78–81.

[34] 王进 . 欧盟《数字化单一市场版权指令》的例外与限制制度解读及对我

国的启示［J］. 科技与出版，2019（10）：70–75.
［35］王娟娟，佘干军. 我国数字经济发展水平测度与区域比较［J］. 中国流通经济，2021，35（8）：3–17.
［36］王刘平，谭德家. 美、欧经验对我国数字经济高质量发展的启示［J］. 电子产品可靠性与环境试验，2021，39（S1）：96–99.
［37］魏凯，闫树. 美欧发布数据战略对我国的启示［J］. 信息通信技术与政策，2020（4）：12–14.
［38］吴帼英. 欧盟草拟“黑名单”遏制科技巨头 重点针对美国［J］. 互联网天地，2020（11）：59.
［39］吴沈括，崔婷婷. 欧盟委员会2020年《欧洲数据战略》研究［J］. 信息安全研究，2020，6（6）：562–565.
［40］吴沈括，胡然. 平台治理的欧洲路径：欧盟《数字服务法案》《数字市场法案》两项提案分析［J］. 中国信息安全，2021（1）：71–74.
［41］吴沈括，霍文新. 欧盟数据治理新指向：《非个人数据自由流动框架条例》（提案）研究［J］. 网络空间安全，2018，9（3）：30–35.
［42］肖燕珠，傅文奇. 欧盟《数字化单一市场版权指令》解读［J］. 图书馆论坛，2018，38（4）：126–131.
［43］谢承志. 欧盟《数字化单一市场版权指令》的立法借鉴［J］. 忻州师范学院学报，2019，35（6）：131–134.
［44］谢新洲，朱垚颖. 信息资源管理视角下的欧盟数字版权保护研究［J］. 信息资源管理学报，2020，10（6）：60–70.
［45］许可. 欧盟《一般数据保护条例》的周年回顾与反思［J］. 电子知识产权，2019（6）：4–15.
［46］许宪春，张美慧. 中国数字经济规模测算研究：基于国际比较的视角［J］. 中国工业经济，2020（5）：23–41.
［47］闫德利，高晓雨. 美国数字经济战略举措和政策体系解读［J］. 中国信息化，2018（9）：8–11.
［48］杨东，周鑫. 设立“看门人”制度规制数字流量垄断欧盟《数字市场法

（草案）》对我国反垄断法修订的启示［J］. 中国市场监管研究，2021（2）：22–25.

［49］杨巧云，乔迎迎，梁诗露. 基于政策“目标—工具”匹配视角的省级政府数字经济政策研究［J］. 经济体制改革，2021（3）：193–200.

［50］姚海容. 数字经济发展的财政政策研究［J］. 中国外资，2021（18）：36–37.

［51］张文静. 我国数字经济发展的趋势与推动政策分析［J］. 商讯，2021（11）：173–174.

［52］张翼燕. 欧盟委员会更新《欧洲工业战略》［J］. 科技中国，2021（7）：94–96.

［53］张郁安. 全球主要国家和地区数字政策及其战略考量［J］. 中国信息安全，2021（2）：67–69.

［54］赵森. 欧洲教育信息化新进展：基于欧盟《数字教育行动计划》的分析［J］. 世界教育信息，2018，31（20）：6–9.

［55］钟春平，刘诚，李勇坚. 中美比较视角下我国数字经济发展的对策建议［J］. 经济纵横，2017（4）：35–41.

第 5 篇　测度篇

在新一轮区域发展和城市竞争中，国内外城市无不在加紧进行数字经济发展的战略布局，抢占数字经济发展先机。北京市明确提出建设全球数字经济标杆城市的远景目标以及时间表、路线图。目前，北京市在国内外数字经济发展中处于什么地位，有哪些优势和不足尚待研究。本书通过构建城市数字经济创新发展指数，科学评估北京数字经济创新发展水平和趋势，多维度揭示北京市在国内外数字经济创新发展的位置和优劣势，分析北京数字经济创新发展过程中的问题和不足，为北京市加快建设全球数字经济标杆城市、优化数字经济高质量发展路径提供参考。

第9章　北京数字经济发展测度与评价

本书基于城市发展模式创新与数字经济全面融合的视角构建城市数字经济创新发展指数，从数字基础、数据要素、数字产业、数字创新、数字治理和数字开放6个维度进行测度、比较，对北京2019—2021年数字经济创新发展进行纵向分析，并将北京和上海、杭州、广州、深圳、成都5个国内数字经济创新发展领先城市进行横向比较，将北京和旧金山、纽约、波士顿、伦敦、东京5个全球数字经济创新发展领先城市在重点领域进行对比与借鉴分析，力求实现以下研究目标。第一，通过纵向分析，科学评估北京数字经济创新发展水平和趋势。指标体系设计了6个维度的数字经济相关量化指标，力求指标的代表性和前沿性，为评估北京数字经济创新发展现状和进展提供数字依据。第二，通过将北京和国内外数字经济创新发展领先城市进行横向维度的对比分析，揭示北京在国内外数字经济创新发展的位置以及优劣势，发现北京数字经济创新发展过程中的问题和不足，为北京加快数字经济创新发展、优化发展路径提供参考。

主要结论与判断如下。

其一，在纵向维度上，北京数字经济创新发展呈现高位加速上升趋势。北京数字经济创新发展指数从2019年的53.57到2020年的57.11，加速上升至2021年的68.46，年均增长7.45，其中2021年指数增长高达11.35。从指数构成的6个分项看，也均呈现逐年上升趋势，其中数字创新指数最高、贡献最大。2019—2021年，数字创新指数平均值为14.84，对北京数字经济创新发展总指数的平均贡献度为24.94%，数字治理指数贡献最小，平均贡献度为11.33%；数字产业指数增长最快，年均增长2.09，数字开放指数增长最慢，年均增长0.17。

其二，横向维度上，和国内五大创新领先城市相比，北京数字经济创新发展绝对优势明显。2019—2021年，北京数字经济创新发展综合指数位列6个城市之首，平均指数为59.72，深圳、上海、杭州、广州和成都的平均指数分别为39.55、36.04、27.24、17.84和15.43。在指数增长方面，北京排名第

1 位，年均增长 7.45，遥遥领先于其他 5 个城市。成都作为新秀城市指数上升较快，年均增长 6.64，深圳、广州、杭州和上海分别排名第 3、第 4、第 5、第 6 位，年均增长分别为 4.70、2.34、2.03 和 1.94。从 6 个维度分项指数看，北京在数字基础、数据要素、数字创新、数字产业、数字开放 5 个方面的平均指数在 6 个城市中都排在第 1 位，其中数字创新平均指数领先最多。但是，北京数字治理指数排名第 3 位，低于杭州和深圳。

其三，从国际比较看，与全球数字经济创新发展领先城市相比，北京在全球 Top100 数字经济企业的数量和总市值，全球 Top100 "独角兽" 企业数量、数字技术和数字人才上均有较大差距，仅在 "独角兽" 企业总市值上具备一定优势，但 2019—2021 年旧金山全球 Top100 "独角兽" 企业总估值和北京的差距已经从 6450 亿元人民币缩小到 2600 亿元人民币，且受新冠疫情和相关因素影响，2020 年北京 "独角兽" 企业优势出现大幅收缩趋势。

基于测度结果和比较分析，本书提出以下建议：一是强化数字政府对社会建设和区域发展的顶层引领；二是充分发挥数字基础和数字技术对数字产业培育的底层支撑；三是坚持数据要素的开放共享和安全发展；四是大力支持数字人才的吸引和培育。

9.1　国内外关于数字经济测度与评价研究

数字经济作为继农业经济和工业经济之后的一种新经济形态与新发展范式，对其进行科学测度与评价十分重要。但数字经济具有高创新性、强渗透性和广覆盖性等特点，这使数字经济的核算、测度与评价变得十分复杂和富有争议。目前，国内外研究单位、官方统计机构和学术界对于数字经济发展水平的测度已经开展了一系列系统研究。

9.1.1　基于全球视角的研究

从国外看，1995 年 ITU 构建的 ICT 发展指数从 ICT 接入、ICT 使用和 ICT 技能 3 个方面对 176 个经济体的 ICTs 进行测度评价。ICT 虽然对经济相关的内容测量较少，但是对 ICTs 相关领域的基础设施建设、产业应用、人力资本情况都有全面的衡量。世界经济论坛从 2002 年开始发布 NRI，从环境、准备度、应用和影响 4 个方面分析全球信息化领先的国家和地区的主要经验与做法。相比其他指数，NRI 的三级指标更加侧重信息技术领域。OECD① 在 2018 年公布了数字经济的分类方案，从投资智能化基础设施、赋权社会、创新能力和 ICT 促进经济增长与增加就业岗位构建了一个覆盖具有国际可比性的多维度的数字经济框架，但并未选取固定的样本国家，也未对样本国家的数字经济发展进行对比和评价。2019 年欧盟发布的 DESI，从宽带接入、劳动力投入、互联网应用、企业数字化转型和数字公共服务 5 个方面评价欧盟成员国的数字经济发展。

从国内看，2014 年华为推出《全球联接指数》，量化全球国家和产业的数字化转型进程，全球联接指数包括供给、需求、体验、潜力四大经济要素和宽带、数据中心、云计算、大数据、物联网五大使能技术。2017—2021 年，上海社会科学院每年发布的《全球数字经济国家竞争力指数报告》均采用对比法构建了由数字设施、数字产业、数字创新和数字治理 4 个维度组成的全球数字经济竞争力分析模型，其中 2021 年对全球 50 个国家的数字经济竞争力进行了测度评价。

9.1.2 基于单一国家视角的研究

从国外来看，美国商务部数字经济咨询委员会（DEBA）在 2016 年提出衡量数字经济的 4 部分框架，测度美国数字经济规模，包括经济领域的数字化程度、经济活动的数字化影响等。2018 年 3 月，美国 BEA② 采用了“窄口径”的视角将数字经济划分为数字赋能基础设施、电子商务和数字媒体 3 类，对美国数字经济增加值和总产出等规模进行测算研究。随后，新西兰和澳大利亚的有关机构分别参考 OECD 和 BEA 的方法测算本国的数字经济规模。

从国内来看，向书坚和吴文君（2019）③ 基于国内外数字经济相关分类与中国核算实践，构建了包括生产核算、资金流量核算和资本核算在内的数字经济核算框架，并对 2012—2017 年中国数字经济主要产业部门的增加值进行了初步测算。许宪春和张美慧（2020）④ 在 OECD 分类方案的基础上，将数字

---

① OECD.A proposed framework for digital supply –use tables［EB/OL］. http：//www.oecd.org/officialdocuments/publicdisplaydocumentpdf/?cote=SDD/CSSP/WPNA（2018）3&Doc Language=En.

② BEA.Measuring the digital economy：an update incorporating data from the 2018 comprehensive update of the industry economic accounts［EB/OL］. https：//www.bea.gov/system/files/2019-04/digital-economy-report-update-April-2019_1.pdf.

③ 向书坚，吴文君.中国数字经济卫星账户框架设计研究［J］.统计研究，2019，36（10）：3-16.

④ 许宪春，张美慧.中国数字经济规模测算研究：基于国际比较的视角［J］.中国工业经济，2020（5）：23-41.

经济分为数字化赋权基础设施、数字化媒体、数字化交易和数字经济交易产品 4 个方面，推算中国数字经济规模。

9.1.3　基于省域和区域视角的研究

从国内来看，2017 年中国信通院将数字经济的构成分为数字产业化和产业数字化两部分，衡量我国各行业数字经济规模与结构。2018—2021 年，中国信通院将数字经济的构成分为数字产业化、产业数字化、数字化治理和数据价值化 4 个部分，但鉴于数据可得性和核算方法的局限性，对于我国整体和 27 个省份的数字经济增加值规模核算仅包括数字产业化和产业数字化两部分。从 2017 年起，财新传媒和数联铭品每月联合发布的《中国数字经济指数》构建了关于产业、溢出、融合和基础 4 项指数，更加侧重反映我国 31 个省份数字经济对社会效率的推动作用，准确把握数字经济发展的趋势。

国内多位学者也从不同角度对我国 31 个省份的数字经济发展情况进行测度研究和省域比较。如张雪玲和吴恬恬（2019）[①] 从数字化基础设施、数字化应用和数字化产业变革 3 个方面进行测度评价，刘军和杨渊鋆、张三峰（2020）[②] 从信息化发展、互联网发展和数字交易发展 3 个方面进行测度评价，王娟娟和佘干军（2021）[③] 从数字基础、数字产业和数字环境 3 个方面进行测度评价，邝劲松等（2022）[④] 从数字经济基础设施、数字经济技术水平和数字经济效益规模3个方面进行测度评价，焦帅涛和孙秋碧（2021）[⑤] 从数字基础、数字应用、数字创新和数字变革 4 个方面进行测度评价。韩兆安、赵景峰和吴海珍（2021）[⑥] 从数字经济生产、数字经济流通、数字经济交换和数字经济消费 4 个方面概括划分数字经济行业，测算我国 30 个省份 2012—2017 年数字经济增加值。

---

① 张雪玲，吴恬恬. 中国省域数字经济发展空间分化格局研究［J］. 调研世界，2019（10）34–40.

② 刘军，杨渊鋆，张三峰. 中国数字经济测度与驱动因素研究［J］. 上海经济研究，2020（6）：81–96.

③ 王娟娟，佘干军. 我国数字经济发展水平测度与区域比较［J］. 中国流通经济，2021，35（8）：3–17.

④ 邝劲松，石校菲，杨祎，等. 中国省域数字经济发展水平测度与空间演变格局研究［J］. 商学研究，2022，29（1）：94–102.

⑤ 焦帅涛，孙秋碧. 中国数字经济发展的测度及分析［J］. 福州大学学报（哲学社会科学版），2021，35（6）：18–25.

⑥ 韩兆安，赵景峰，吴海珍. 中国省际数字经济规模测算、非均衡性与地区差异研究［J］. 数量经济技术经济研究，2021，38（8）：164–181.

随着研究的不断深入，许多国内机构和学者在省域视角的基础上，将我国31个省份划分为不同区域进行测度比较，拓宽了数字经济的研究广度。2017—2021年，赛迪顾问每年发布的《中国数字经济发展指数（DEDI）》从基础、产业、融合和环境4个方面构建指标体系，衡量我国各省份的数字经济发展，并将31个省份的数字经济发展划分为引领、新秀、追赶、发展和起步5类。王军、朱杰和罗茜（2021）[①]将我国31个省份分为东部、中部、西部和东北部4个地区，从数字经济发展载体、数字产业化、产业数字化和数字经济发展环境4个方面构建指标体系，在测度省份的基础上对4个地区的数字经济发展进行测度评价。万晓榆和罗焱卿（2022）[②]同样将我国31个省份分为东部、中部、西部和东北部4个地区，从数字基础设施、数字产业和数字融合3个方面进行测度评价。

9.1.4 基于城市视角的研究

从国内来看，2015年腾讯研究院联合京东、滴滴等机构，从基础、产业、创新创业、智慧民生4个方面构建“互联网+”数字经济指数，反映了我国31个省、351个城市的数字经济发展状况，但样本数据大多为京东、滴滴等企业的行业数据，主要反映企业的数字化转型程度。2017—2020年，新华三集团数字经济研究院发布的《中国城市数字经济指数白皮书》从城市信息基础、城市服务、城市治理和产业融合4个方面评估中国各城市数字经济发展，测度的城市数量也从2017年的40个增长到2020年的148个。2021年，新华三集团与中国信通院联合发布了《中国城市数字经济指数蓝皮书（2021）》，测度我国242个城市的数字经济发展，但选取的指标并未涉及数字技术的创新水平。2017—2021年，上海社会科学院发布的《全球数字经济城市竞争力发展报告》从经济与基础设施竞争力、数字创新竞争力和数字人才竞争力3个方面构建指标体系，评估全球30个主要城市的数字经济竞争力，但没有涉及数字产业化和产业数字化方面的相关内容。

9.1.5 研究评述

通过梳理发现，虽然国内外各机构从多个角度构建指标对数字经济进行

① 王军，朱杰，罗茜.中国数字经济发展水平及演变测度［J］.数量经济技术经济研究，2021，38（7）：26-42.

② 万晓榆，罗焱卿.数字经济发展水平测度及其对全要素生产率的影响效应［J］.改革，2022（1）：101-118.

测度评价，但从城市视域对数字经济发展进行测度的研究较少，并且目前提及城市数字经济的研究文献和报告，均将城市作为研究数字经济的比较维度，落脚于城市如何支持、发展数字经济的能力和竞争力，而非以数字经济如何赋能城市高质量发展的视角和研究为落脚点。此外，基于省域视角、综合省域和区域视角的研究在测度数字经济发展的指标选取方面，仅仅涉及数字基础设施建设、数字产业转型和发展、数字技术应用和数字社会治理环境，并未涉及对数字经济发展产生重大影响的数据要素资源利用和数字对外开放程度方面的相关指标，缺乏将数字经济与城市创新发展全面融合视角的指标选择。目前，我国数字经济进入高速发展期，各城市对数字经济的认识和重视程度不断加深，数字经济全面融入城市发展的各个领域，成为城市结构优化、转型升级、创新发展的核心引擎。因而，从城市视域构建更加科学、全面的数字经济发展指标体系，科学测度和评价城市数字经济发展，显得尤为重要。

9.2　城市数字经济创新发展测度与评价指标体系构建

9.2.1　指标体系构建原则

9.2.1.1　坚持前瞻性原则

基于对创新领先城市进行测度和评价，在指标选择上要遵循数字经济和城市发展规律，体现指标的前沿性、领先性等特点。

9.2.1.2　坚持融合性原则

数字经济发展最大的特点和趋势就是融合性不断增强。数字经济与城市各领域的全面融合必将是城市创新发展的重要体现。指标选择以城市为界面倾向于数字经济和城市融合发展的重要领域。

9.2.1.3　坚持可比性原则

数字经济涉及城市方方面面，各个城市在数字经济发展上也各有侧重。测度指标选择城市界面数字经济具有代表性、共性的指标，凸显可比性和比较的价值和意义。

9.2.1.4　坚持可操作性原则

在指标选取上，本书在充分考虑指标内涵的基础上，手工整理将代表性和可得性相结合的指标，同时选择可行性高的测度方法，保证指标体系测度结果的可靠性，客观、真实地反映城市数字经济创新发展状况。

9.2.2 指标体系研究设计

本书综合借鉴国内外对数字经济发展测度的思路和方法，基于城市创新发展与数字经济全面融合的视角，构造了城市数字经济创新发展指数，指标体系由 6 个一级指标和 12 个二级指标及 45 个三级指标构成（见表 9–1）。

表 9–1 城市数字经济创新发展指数评价体系

一级指标	二级指标	三级指标	指标类型
数字基础	传统信息基础	每百人拥有固定互联网宽带数量	+
		每百人拥有移动电话数量	+
		人均电信业务收入	+
	新型信息基础	5G 基站数量	+
		新增绿色数据中心数量	+
		新增工业互联网示范项目数量	+
数据要素	公共数据量	公共数据总量	+
		公共数据集数量	+
		公共数据接口数量	+
		中国开放数林指数[①]	+
	产业数据量	每百家企业拥有网站数量	+
		全球市值 Top 30 数字经济上市公司服务用户数量	+
数字产业	数字核心产业聚集	计算机、通信和其他电子设备制造业利润总额占规模以上工业企业利润总额的比重	+
		集成电路产量	+
		中国大数据企业 50 强数量	+
		高新技术企业数量	+
	全球数字企业培育	全球市值 Top 100 数字经济上市公司数量	+
		全球市值 Top 100 数字经济上市公司总市值	+
		全球 Top 100“独角兽”企业数量	+
		全球 Top 100“独角兽”企业总估值	+
		灯塔工厂数量	+

① 中国开放数林指数来源于复旦大学《中国地方政府数据开放报告》。

续表

一级指标	二级指标	三级指标	指标类型
数字创新	数字创新投入和产出	研究与试验发展（R&D）内部经费支出	+
		研究与试验发展（R&D）人员数量	+
		发明专利授权量	+
		卓越科技论文发表量	+
	数字创新资源储备	数字技术领域两院院士数量	+
		数字技术领域国家重点实验室数量	+
		数字技术相关专业学科评估 A^- 及以上数量	+
		高等教育院校在校生数量	+
		高等教育院校专任教师数量	+
数字治理	数字社会建设	网上零售额占社会零售额的比重	+
		智慧服务评估 3 级及以上医院数量	+
		数字普惠金融指数[①]	+
	数字政府治理和服务	数字经济相关政策发布数量	+
		数字经济相关标准新增数量	+
		数字经济相关地方性法规进入立法工作计划数量	+
		可全程在线办理政务服务事项占全部政务服务事项的比重	+
		政府门户网站信息发布总数	+
		政府移动新媒体关注量	+
数字开放	数字跨境交易	软件业务出口总额	+
		软件外包服务出口总额	+
		高新技术产品出口总额	+
	对外开放环境	国际会议举办次数	+
		国际展览举办次数	+
		中国区域对外开放指数[②]	+

① 郭峰，王靖一，王芳，等.测度中国数字普惠金融发展：指数编制与空间特征［J］.经济学（季刊），2020，19（4）：1401-1418.

② 中国区域对外开放指数来源于国家发展改革委国际合作中心对外开放课题组《中国对外开放40 年》。

一级指标由数字基础、数据要素、数字产业、数字创新、数字治理和数字开放构成。其中，数字基础既是发展数字经济的前提条件和根本要求，也是城市数字经济的底层支撑。城市作为数字经济的重要空间载体，数字基础的建设程度反映城市数字化建设的基本水平。本书将数字基础分为传统信息基础和新型信息基础，以每百人拥有固定互联网宽带数量、每百人拥有移动电话数量和人均电信业务收入作为传统信息基础的三级指标，以 5G 基站数量、新增绿色数据中心数量和新增工业互联网示范项目数量作为新型信息基础设施的三级指标。

数据要素既是数字时代驱动经济发展的新生产要素、数字经济的核心，也是城市发展的核心资产和重塑城市竞争优势的重要资源。城市的数据生成、汇聚、存储、转化、交易流通、消费使用的能力是城市重要的竞争能力，影响着城市的数据资源资产化、市场化和产业化发展。本书将数据要素分为公共数据量和产业数据量，以公共数据总量、公共数据集数量、公共数据接口数量和中国开放数林指数作为公共数据量的三级指标，以每百家企业拥有网站数量和全球市值 Top 30 数字经济上市公司服务用户数量作为产业数据量的三级指标。

数字产业是数字经济的重中之重。经济以产业为支撑，数字经济以数字核心产业为支撑。数字化发展打破过往产业孵化的空间限制，发挥城市的资源聚合功能，城市将成为功能全面、效率领先的产业孵化器，催生新兴数字产业，赋能城市经济社会全新发展。本书将数字产业分为数字核心产业聚集和全球数字企业培育，以计算机、通信和其他电子设备制造业利润总额占规模以上工业企业利润总额的比重，集成电路产量，中国大数据企业 50 强数量和高新技术企业数量作为数字核心产业聚集的三级指标，以全球市值 Top 100 数字经济上市公司数量、全球市值 Top 100 数字经济上市公司总市值、全球 Top 100 “独角兽” 企业数量、全球 Top 100 “独角兽” 企业总估值和灯塔工厂数量作为全球数字企业培育的三级指标。

数字创新是数字经济高质量发展的关键驱动力和源头活水。互联网、人工智能等数字技术的创新为城市从速度扩张向内涵式发展新阶段转型提供了新动能，为满足城市利益相关者的多元需求扩容空间。本书将数字创新分为数字创新投入和产出与数字创新资源储备，以研究与试验发展（R&D）内部经费支出、研究与试验发展（R&D）人员数量、发明专利授权量和卓越科技论文发表量作为数字创新投入和产出的三级指标，以数字技术领域两院院士数量、数字技术领域国家重点实验室数量、数字技术相关专业学科评估 A^- 及以上数量、高等教育院校在校生数量和高等教育院校专任教师数量作为数字创新资源储备的三级指标。

数字治理既是城市高质量发展的基本保障，也是数字技术和数字经济赋能城市的重要方面。城市治理复杂、多变，数字化治理是提高城市治理水平和质量能力现代化的必然趋势与主要手段。本书将数字治理分为数字社会建设与数字政府治理和服务，以网上零售额占社会零售额的比重、智慧服务评估 3 级及以上医院数量和数字普惠金融指数作为数字社会建设的三级指标，以数字经济相关政策发布数量、数字经济相关标准新增数量、数字经济相关地方性法规进入立法工作计划数量、可全程在线办理政务服务事项占全部政务服务事项的比重、政府门户网站信息发布总数和政府移动新媒体关注量作为数字政府治理和服务的三级指标。

数字开放既是数字经济的固有特征，也是数字经济高质量发展的必由之路。数字经济发展的未来走向是扩大高水平对外开放，城市对外开放水平是城市综合实力的象征。本书将数字开放分为数字跨境交易和对外开放环境，以软件业务出口总额、软件外包服务出口总额和高新技术产品出口总额作为数字跨境交易的三级指标，以国际会议举办次数、国际展览举办次数和中国区域对外开放指数作为对外开放环境的三级指标。

9.2.3　测度城市及数据来源

研究北京数字经济发展水平和进程状况，需要将其放在国内外比较框架之中。2018 年 9 月，国家发展改革委、教育部、科技部、工业和信息化部等 19 个部门联合印发的《关于发展数字经济稳定并扩大就业的指导意见》掀起了国内各城市数字经济发展的潮流。中国信通院与新华三集团发布的《中国城市数字经济指数蓝皮书（2021）》将城市按照评分划分为 5 个类别，其中北京、上海、杭州、广州、深圳和成都为数字经济一线城市。北京作为我国首都和全国科技创新中心，是全国数字经济发展的“排头兵”，在新一轮数字化发展竞争中备受瞩目。上海、杭州是长三角地区核心城市，利用区域优势，在推动数字产业化、产业数字化和数字化治理等方面走在全国前列。粤港澳大湾区建设是国家重要战略目标，广州、深圳利用珠三角的区域优势，扩大进出口贸易，大力发展数字产业集群，推进政府治理体系和治理能力现代化，在开创数字政府改革建设方面特色鲜明。成都作为川渝地区数字经济发展的“头牌”，数字经济和实体经济深度融合成效显著。因此，基于可比性，本书选择上述 6 个城市，对其数字经济融合发展指数进行测算和比较分析。

本书使用的数据主要源自各城市统计年鉴、国内第三方机构发布的研究报告以及各单位官方网站的统计数据。对于缺失的数据，本书采用差值法计算增加率进行相应估算，最终得到2019—2021年6个城市45个三级指标的面板数据。

9.2.4 测算方法

先来确定指标权重。鉴于6个一级指标和12个二级指标在城市数字经济发展中都极为重要、难分伯仲，故采取均等比例分配权重，即6个一级指标权重均为16.67%，12个二级指标权重均为8.33%。本书采用熵值法对北京、上海、广州、深圳、杭州、成都6个城市的45个三级指标进行测度，计算权重①。熵值法根据指标的变异程度大小确定客观权重：指标熵值越小，其变异程度越大。权重越大，则该指标对综合评价的影响越大。

9.3 北京数字经济创新发展纵向测度结果及分析

9.3.1 北京数字经济创新发展综合指数分析

北京数字经济创新发展综合指数显示，北京数字经济总体呈现逐年上升趋势，2019—2021年的综合指数分别为53.57、57.11和68.46（见图9-1），3年平均综合指数为59.71，年均增长7.45。其中，2021年相比2020年增长11.35，增长大幅提升。

从6个维度指数结构看，2019—2021年北京数字经济创新发展6个维度指数也都呈现逐年上升趋势。其中，数字创新平均指数最高，为14.84；数字治理平均指数最低，为6.80。在指数增长方面，数字产业指数增长最多，数字开放指数增长最少，年均增长由高到低依次是数字产业指数（2.09）、数据要素指数（1.36）、数字治理指数（1.33）、数字基础指数（1.27）、数字创新

---

① 熵值法测算权重分为以下六步：第一步，数据标准化，由于各个指标量纲不一致，如果不将数据进行标准化处理，则会导致指标测算结果出现偏差；第二步，确定第 n 个城市第 i 年第 j 个指标占3年内6个城市第 j 个指标之和的比重，并进行横向处理；第三步，计算第 j 个指标的熵值；第四步，计算第 j 个指标的差异性系数；第五步，计算第 j 个指标占指标体系权重；第六步，计算第 n 个城市第 i 年的指数。

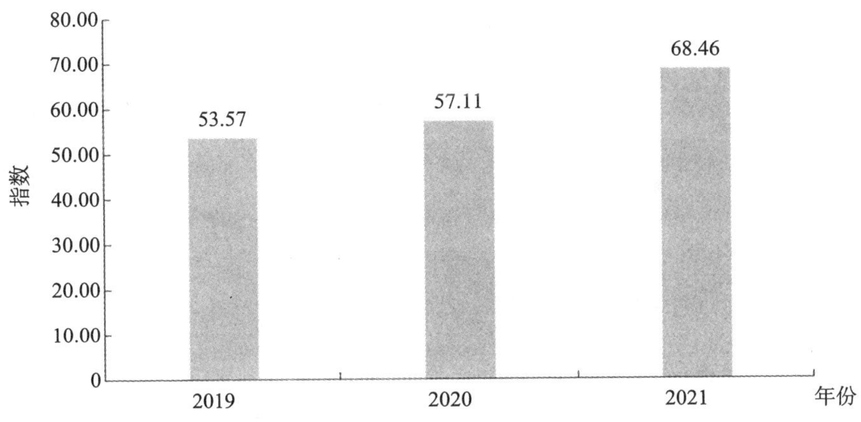

图 9–1　2019—2021 年北京数字经济创新发展指数整体测度

指数（1.25）和数字开放指数（0.17），如图 9–2 所示。从各分项对总指数的贡献看，由高至低依次是数字创新指数（24.94%）、数字基础指数（17.54%）、数字开放指数（16.55%）、数据要素指数（16.40%）、数字产业指数（13.24%）和数字治理指数（11.33%），如图 9–3 所示。可见，数字创新对北京数字经济发展的贡献最大，数字开放、数据要素和数字基础的贡献大致相同，而数字产业和数字治理对北京数字经济创新发展的贡献相对较小。

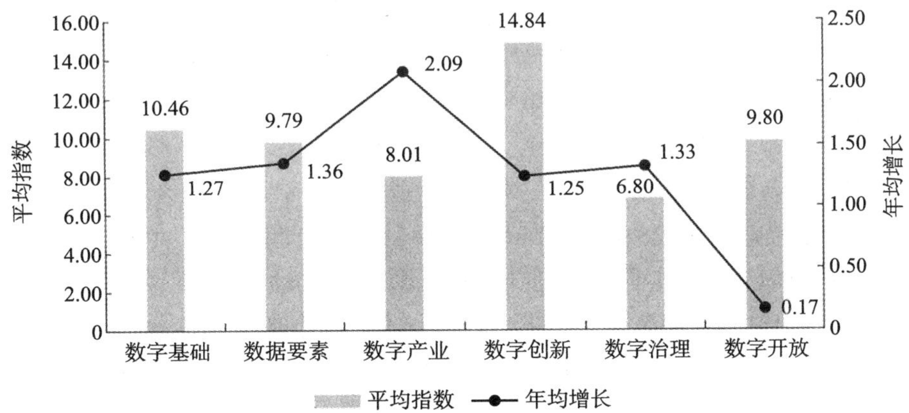

图 9–2　2019—2021 年北京数字经济创新发展指数六维年均增长

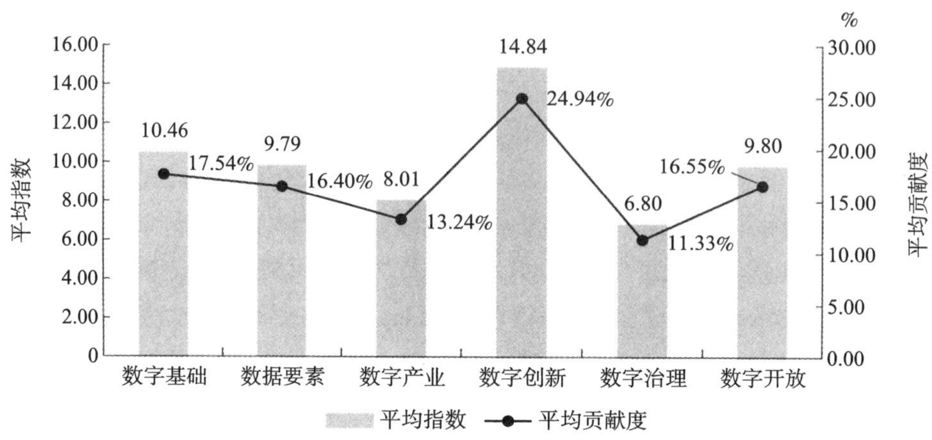

图 9-3　2019—2021 年北京数字经济创新发展指数六维平均贡献度

9.3.2　北京数字基础指数测度结果与分析

北京数字基础指数测度结果显示，2019—2021 年北京数字基础指数逐年提升，分别为 9.11、10.63 和 11.64（见图 9-4）。从指数贡献上看，各年度对北京数字经济创新发展总指数的贡献度变化不大，分别为 17.00%、18.61% 和 17.00%；从指数增长上看，北京数字基础指数出现波动，2019—2020 年北京数字基础指数增长 1.52，2020—2021 年增长降低为 1.01；从结构上看，2019—2021 年传统信息基础指数对数字基础指数的平均贡献度为 39.88%，新型信息基础指数对数字基础指数的平均贡献度为 60.12%。

具体来看，在传统信息基础指数方面，2019—2021 年北京传统信息基础指数分别为 3.58、4.25 和 4.70，平均指数为 4.18，年均增长 0.56。2019—2021 年北京每百人拥有固定互联网宽带数量增长较快，从 31.4 个增长到 36.8 个，两年内增速达 17.20%，但每百人拥有移动电话数量和人均电信业务收入增长较慢，2019—2021 年北京移动电话普及率从 1.83 增长到 1.84，人均电信业务收入从 2828.00 元增长到 2833.71 元。传统信息基础是城市数字经济发展的基本要求和标准配置，在网络通信等传统基础设施方面，北京市的发展已经相对饱和，提升空间有限。

在新型信息基础指数方面，2019—2021 年北京新型信息基础指数高位快速提升，分别为 5.33、6.39 和 6.94，平均指数为 6.22，年均增长 0.81。新型信息基础是数字经济时代城市运行过程中数据传输、储存和计算的基础和支撑，近年来，北京大力推动 5G 基站、绿色数据中心、工业互联网等新型基础设施的建设。2019—2021 年，北京 5G 基站数量从 1.7 万台增长到 5.6 万台。此外，2019 年北京新增 6 家绿色数据中心，2021 年北京新增 2 家绿色数据中心和 14 个工业互联网示范项目。新型信息基础是数字经济时代城市运行过程中数据传输、储存和计算的基础与支撑，新型信息基础设施的建设一方面提高了北京的治理水平和社会生产效率，为打造新型数字生活提供了充足的保障；另一方面保证了数据的安全储存和充分利用，对于企业数字化转型和产业升级，提高行业竞争力，培育经济发展动能起到重要作用。

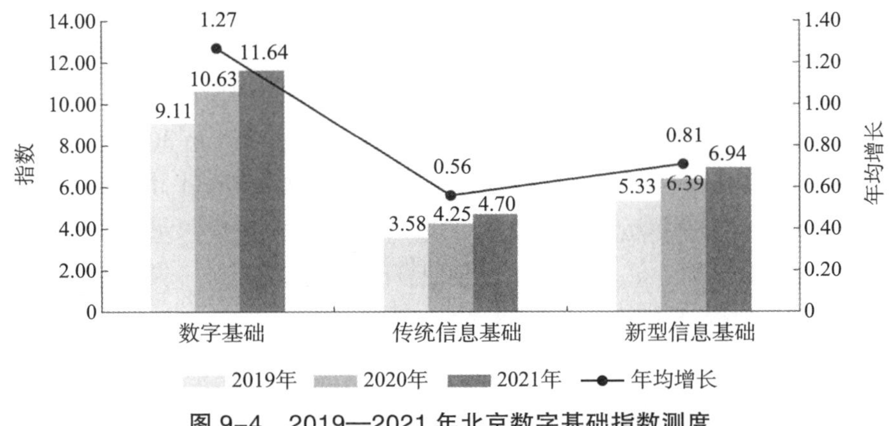

图 9-4　2019—2021 年北京数字基础指数测度

9.3.3　北京数据要素指数测度结果与分析

北京数据要素指数测度结果显示，2019—2021 年北京数据要素指数逐年提升，分别为 8.41、9.85 和 11.12（见图 9-5）。从指数贡献上看，各年度对北京数字经济创新发展总指数的贡献度变化不大，分别为 15.85%、17.48% 和 16.44%；从指数增长上看，北京数据要素指数出现波动，2019—2020 年北京数据要素指数增长 1.44，2020—2021 年增长降低为 1.27；从结构上看，2019—2021 年公共数据量指数对数据要素指数的平均贡献度为 61.18%，产业数据量指数对数据要素指数的平均贡献度为 38.82%。

具体来看，在公共数据量指数方面，2019—2021 年北京公共数据量指数逐年提升，分别为 5.01、6.10 和 6.90，平均指数为 6.00，年均增长 0.95。公共数据量、公共数据集数量和公共数据接口数量的增加提升了北京数据要素的积累和共享程度。数据显示，北京公共数据集数量和公共数据接口数量增长较快，2019—2021 年北京公共数据集数量从 3487 个增长到 11150 个，公共数据接口数量从 68 个增长到 114 个。从城市开放数林指数看，2019—2021 年北京开放数林指数有所下降，从 54.40 降低到 41.03。公共数据是指城市各级行政机关、具有管理公共事务职能的组织以及公共服务运营单位，在依法履行公共治理和公共服务过程中收集、产生的各类数据资源。2021 年北数所的组建和运行推动了北京数据资源产权、交易流通、安全保护等基础制度和标准规范的建设，有力地促进了北京数据资源要素的规范化整合、合理化配置、市场化交易和长效化发展。

在产业数据量指数方面，2019—2021 年北京产业数据量指数分别为 3.40、3.75 和 4.22，平均指数为 3.79，年均增长 0.41。产业数据是指城市各类平台和企业在日常生产、服务经营过程中产生和积累的数据资源，企业拥有的网站数以及服务的用户量对于企业从事日常业务活动，促使城市创新发展大有益处。北京产业数据量指数的提升主要来源于全球市值 Top 30 数字经济上市公司服务用户数量的提升，而在全球市值 Top 30 数字经济上市公司中北京因为拥有美团和京东两家公司，2019—2021 年北京服务用户数量分别为 8.13 亿人、9.83 亿人和 12.20 亿人。而在企业拥有的网站数量上，3 年内北京每百家企业拥有网站数保持不变，均为 58 个。

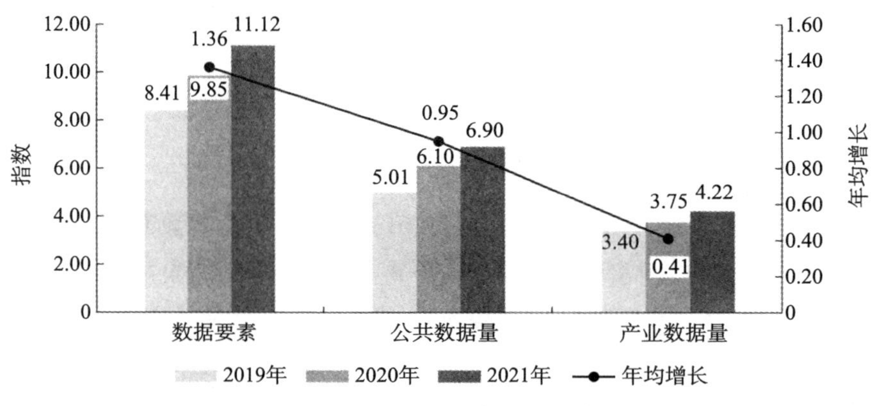

图 9-5　2019—2021 年北京数据要素指数测度

9.3.4　北京数字产业指数测度结果与分析

北京数字产业指数测度结果显示，2019—2021 年北京数字产业指数波动提升，分别为 6.73、6.41 和 10.90（见图 9-6）。从指数贡献上看，各年度对北京数字经济创新发展总指数的贡献度有所波动，分别为 12.68%、11.38% 和 16.11%；从指数增长上看，北京数字产业指数出现较大波动，2019—2020 年北京数字产业指数降低 0.32，2020—2021 年增长 4.49；从结构上看，2019 年和 2020 年，数字核心产业聚集指数对数字产业指数的贡献度更大，分别为 52.30% 和 60.37%；到 2021 年，全球数字企业培育指数对数字产业指数的贡献度更大，达到 61.28%。

具体来看，在数字核心产业聚集指数方面，2019—2021 年北京数字核心产业聚集指数逐年提升，分别为 3.52、3.87 和 4.23，平均指数为 3.87，年均增长 0.36。集成电路是具有代表性的数字核心产业，2019—2021 年北京集成电路产量从 154.5 亿块增长到 207.7 亿块。大数据企业和高新技术企业是数字时代下以数据和科技为核心的企业，2021 年中国大数据企业 50 强中，北京拥有 24 家。此外，北京高新技术企业数量从 2019 年的 27416 万家增长到 2021 年的 34126 万家，支撑了北京数字核心产业的聚集。

在全球数字企业培育指数方面，2019—2021 年北京全球数字企业培育指数先降后升，分别为 3.21、2.54 和 6.68，平均指数为 4.14，年均增长 1.74。2020 年北京全球数字企业培育指数相比 2019 年降低 0.67，而 2021 年却相比 2020 年增长 4.14。前者的原因是受新冠疫情及平台企业治理等相关因素影响，2020 年北京全球市值 Top 100 数字经济上市公司数量相比 2019 年减少 3 家，全球市值 Top 100 "独角兽" 企业减少 7 家；后者的原因是 2021 年 "三一重工" 企业入选灯塔工厂。灯塔工厂作为全球表率的领先企业，代表着全球智能制造的最高水平，"三一重工" 入选灯塔工厂对北京的产业数字化转型意义重大。

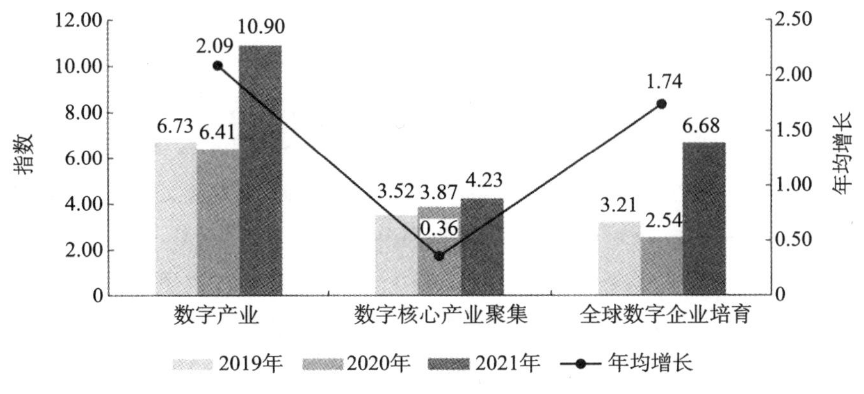

图 9-6 2019—2021 年北京数字产业指数测度

9.3.5 北京数字创新指数测度结果与分析

北京数字创新指数测度结果显示，2019—2021 年北京数字创新指数逐年提升，分别为 13.68、14.66 和 16.17（见图 9-7）。从指数贡献上看，各年度对北京数字经济创新发展总指数的贡献度变化不大，分别为 25.77%、26.02% 和 23.90%；从指数增长上看，北京数字创新指数出现波动，2019—2020 年北京数字创新指数增长 0.98，2020—2021 年增长 1.51；从结构上看，2019 年和 2020 年，数字创新资源储备指数对北京数字创新指数的贡献度略大，分别为 54.61% 和 51.09%，到 2021 年，数字创新投入和产出指数对数字创新指数的贡献度略大，为 51.45%。

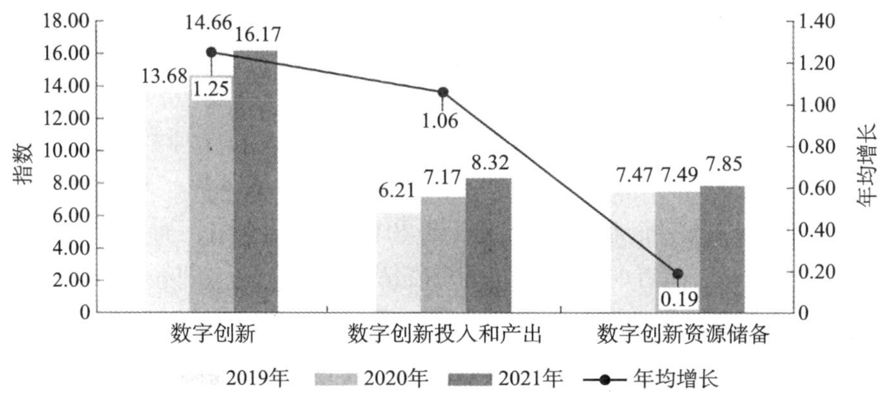

图 9-7 2019—2021 年北京数字创新指数测度

具体来看，在数字创新投入和产出指数方面，2019—2021 年北京数字创新投入和产出指数逐年提升，分别为 6.21、7.17 和 8.32，平均指数为 7.23，年均增长 1.06。近年来，北京加大数字技术创新过程中资本和人力的投入，也收获了丰富的创新研究产出。2019—2021 年，北京研究与试验发展内部经费支出和研究与试验发展人员分别从 2233.59 亿元和 46.42 万人增长到 2423.44 亿元和 48.26 万人，发明专利授权量和卓越科技论文发表数量也分别从 53127 个和 62100 篇增长到 75340 个和 94271 篇。

在数字创新资源储备指数方面，2019—2021 年北京数字创新资源储备指数逐年上升，分别为 7.47、7.49 和 7.85，平均指数为 7.60，年均增长 0.19。数字创新资源储备是指在数字技术的创新过程中对城市科技发展起到直接推动作用的掌握现代化信息技术的人才和科研机构，北京高校和科研院所众多，高层次创新人才资源为数字技术发展提供了充足的智力保障。两院院士作为高精尖人才，在研发数字技术上起着关键作用，2021 年北京数字技术领域两院院士有 137 人。国家重点实验室作为国家科技创新基地，为科研人员提供了最好的研发平台，发挥了原始创新能力的引领带动作用，2021 年北京数字技术领域国家重点实验室有 13 家。学校作为高水平人才最重要的储备场所，数字技术相关专业学科的安排以及师生的科研为城市数字技术的创新提供智力支持。2021 年，北京数字技术相关专业学科评估 A^- 及以上数量有 20 个，高等教育院校在校生有 59.46 万人，高等教育院校专任教师有 7.51 万人。

9.3.6　北京数字治理指数测度结果与分析

北京数字治理指数测度结果显示，2019—2021 年北京数字治理指数逐年提升，分别为 5.67、6.42 和 8.32（见图 9-8）。从指数贡献上看，各年度对北京数字经济创新发展总指数的贡献度变化不大，分别为 10.68%、11.40% 和 12.30%；从指数增长上看，北京数字治理指数出现波动，2019—2020 年北京数字治理指数增长 0.75，2020—2021 年增长 1.90；从结构上看，北京数字社会建设成效更为显著，2019—2021 年数字社会建设指数对数字治理指数的平均贡献度为 66.63%，数字政府治理和服务指数对数字治理指数的平均贡献度为 33.37%。

具体来看，在数字社会建设指数方面，2019—2021 年北京数字社会建设指数逐年提升，分别为 3.98、4.50 和 4.96，平均指数为 4.48，年均增长 0.49。在数字时代，数字技术的应用和普及对北京市民消费模式、生活方式和社会交往方式的改变产生了很大影响，包括提供便捷网络购物和智能医疗服务。2021 年，北京网上零售额占社会零售额的比重为 36.3%，智慧服务评估 3 级及以上医院有 4 家。数字普惠金融指数能够衡量城市的普惠金融程度，2021 年北京数字普惠金融指数为 322.96。

在数字政府治理和服务指数方面，2019—2021 年北京数字政府治理和服务指数逐年提升，分别为 1.69、1.92 和 3.36，平均指数为 2.32，年均增长 0.84。北京出台数字经济相关政策、标准和地方性法规，体现对于发展数字经济的重视程度，2021 年北京数字经济相关政策发布 5 项，数字经济相关标准新增 24 项，数字经济相关地方性法规进入立法工作计划数量 1 项。在数字治理方面，北京起步较晚，缺乏具有全局性、系统性和战略性的规划或指导意见，但 2019—2021 年北京数字治理指数年均增速达 21.41%，未来有广阔的发展前景。近年来，北京大力发展数字经济，先后发布了“1+3”方案，目标是打造数字贸易试验区，打造开放创新、包容普惠的数字经济和数字贸易营商环境。2021 年 7 月，在《北京市关于加快建设全球数字经济标杆城市的实施方案》中，明确提出 2030 年北京建设成为全球数字经济标杆城市。北京加快建设数字政府，有效地满足了百姓的生活需求，提高了政府治理的透明性和治理能力。2019—2021 年北京数字政府建设取得了长足进步，可全程在线办理政务服务事项的占比从 41.94% 提高到 89.27%，政府门户网站留言平均办理天数从 12.70 天缩短到 5.50 天，政府移动新媒体关注量从 20.20 万个增长到 43.46 万个。

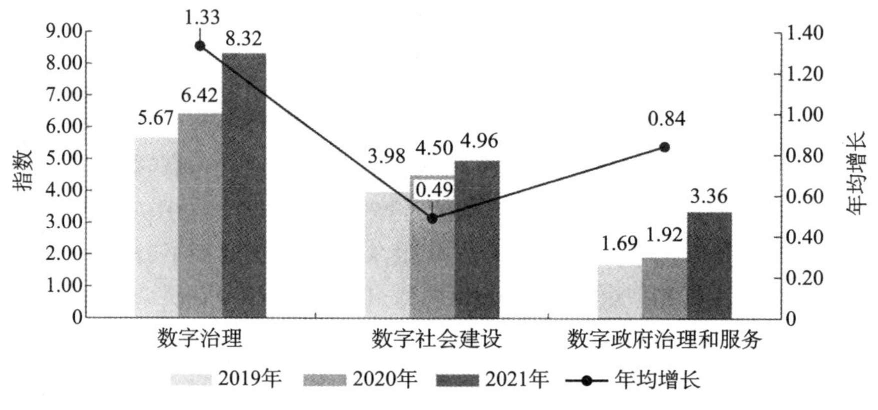

图 9-8　2019—2021 年北京数字治理指数测度

9.3.7　北京数字开放指数测度结果与分析

北京数字开放指数测度结果显示，2019—2021 年北京数字开放指数波动提升，分别为 9.97、9.13 和 10.31（见图 9-9）。从指数贡献上看，各年度对北京数字经济创新发展总指数的贡献度有所波动，分别为 18.78%、16.21% 和 15.24%；从指数增长上看，北京数字开放指数出现波动，2019—2020 年北京数字开放指数降低 0.84，2020—2021 年增长 1.18；从结构上看，对外开放环境指数对数字开放的平均贡献度更大，2019—2021 年数字跨境交易指数对数字开放指数的平均贡献度为 39.37%，对外开放环境指数对数字开放指数的平均贡献度为 60.63%。

具体来看，在数字跨境交易指数方面，2019—2021 年北京数字跨境交易指数逐年提升，分别为 3.48、3.77 和 3.86，平均指数为 3.68，年均增长 0.19。作为国际大都市，软件产品等高新技术产品对外出口的贸易收入是北京数字贸易实力和国际化程度的双重体现，2019—2021 年北京软件业务出口总额从 547818 万美元提升到 619739 万美元，软件外包服务出口总额从 485434 万美元提升到 549165 万美元，高新技术产品出口总额从 157.5 亿美元提升到 375.1 亿美元。

在对外开放环境指数方面，2019—2021 年北京对外开放环境指数先降后升，分别为 6.49、5.36 和 5.99，平均指数为 5.95，年均降低 0.25。受新冠疫情影响，2020 年北京对外开放环境指数相比 2019 年降低 1.13，这是因为 2020 年北京举办国际会议和国际展览次数相比 2019 年均有所下降。举办国际会议和国际展览都是提升北京对外开放程度、提升国家综合实力的象征，2020 年北京举办数字经济相关国际会议次数相比 2019 年减少 3 次，举办国际展览次数相比 2019 年减少 174 次，但随着疫情好转，2021 年北京举办国际会议和国际展览次数均有所回升。中国区域对外开放指数衡量城市对外开放水平，北京区域对外开放指数从 2019 年的 56.92 提升到 2021 年的 63.62。目前，北京正打造国家服务业扩大开放综合区和自由贸易试验区，“两区”建设推动了北京数字经济跨境开放，吸引着国际人才和外国数字企业落户，提升了国际合作水平。北京市建设全方位、多领域、高层次的对外开放新格局，对全国对外开放产生了积极的引领和示范作用。

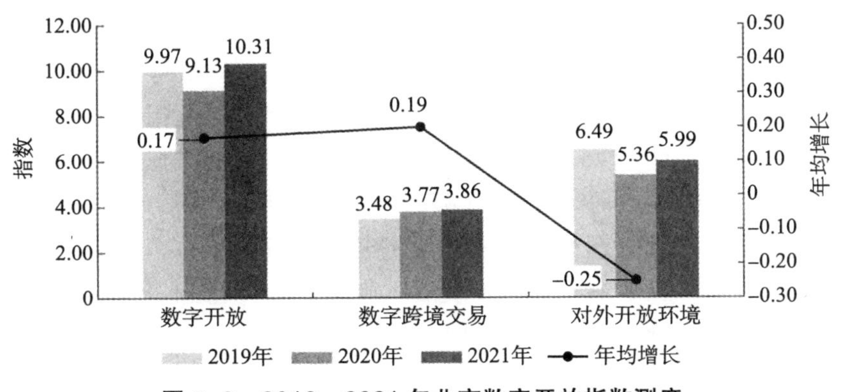

图 9-9 2019—2021 年北京数字开放指数测度

9.4 国内领先城市数字经济创新发展测度与横向比较

为深入分析北京数字经济创新发展状况，本书将北京和上海、杭州、广州、深圳、成都 5 个国内数字经济创新发展领先城市进行横向测度与比较，为北京加快数字经济标杆城市建设、优化发展路径提供参考。

9.4.1 六个城市数字经济创新发展综合指数比较

六个城市数字经济创新发展综合指数显示，2019—2021 年六个城市数字经济创新发展总体呈现逐年上升趋势，3 年分别为 175.65、185.94 和 225.85（见图 9–10），年平均指数为 195.81，年均增长 25.10。其中，2020 年六个城市数字经济创新发展综合指数相比 2019 年增长 10.29，2021 年六个城市数字经济创新发展综合指数相比 2020 年增长 39.91，增长幅度有所提升。

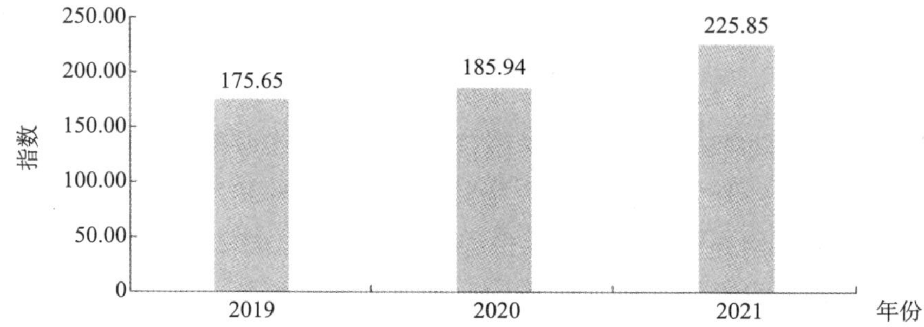

图 9–10　2019—2021 年六个城市数字经济创新发展指数整体测度

从六个城市综合指数排名看，2019—2021 年北京数字经济创新发展平均综合指数遥遥领先于其他 5 个城市，为 59.02，深圳、上海、杭州、广州和成都分别排名第 2、第 3、第 4、第 5、第 6 位，平均综合指数分别为 38.98、35.18、25.68、21.21 和 16.30（见图 9–11）。在综合指数增长方面，北京排名第 1 位，2019—2021 年年均增长 7.45。成都、深圳、广州、杭州、上海分别排名第 2、第 3、第 4、第 5、第 6 位，年均增长分别为 6.64、4.70、2.34、2.03 和 1.94。北京作为我国数字经济发展的“排头兵”，积极建设全球数字经济标杆城市，引领国内数字经济创新发展。

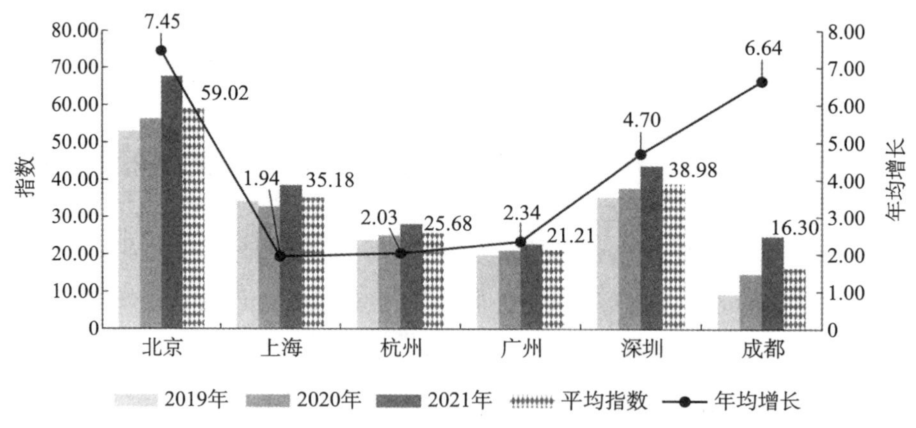

图 9–11　六个城市数字经济创新发展指数测度

从六个城市数字经济创新发展指数的 6 个维度看，2019—2021 年北京数字基础、数据要素、数字产业、数字创新、数字开放 5 个指数在六个城市中排名第 1 位，其中数字创新平均指数领先最多，表明北京在创新方面的优势最大（见图 9–12）。北京数字治理平均指数仅为 6.80，和杭州的 9.86、深圳的 7.00 相比有较大差距，在六个城市中排名第 3 位。

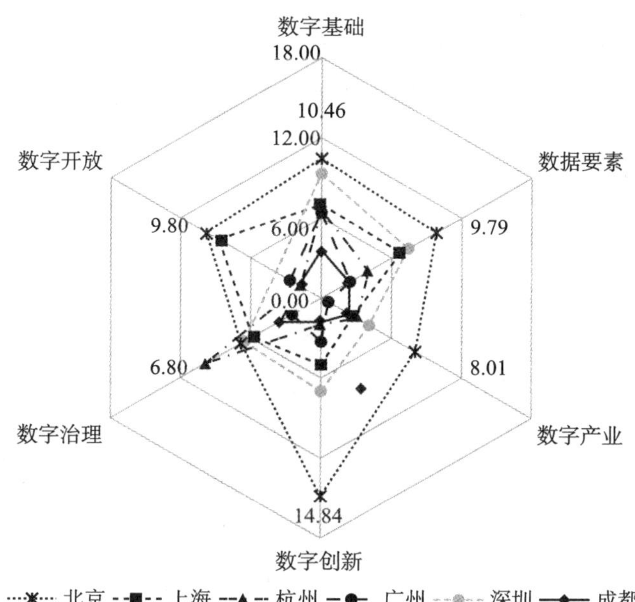

图 9–12　六个城市数字经济创新发展指数六维测度

9.4.2　六个城市数字基础指数测度结果比较

从总体来看，2019—2021 年六个城市数字基础总指数逐年提升，分别为 35.00、37.77 和 45.09，年均增长 5.05。从城市排名来看，2019—2021 年北京数字基础指数在六个城市中排名第 1 位，平均指数为 10.46（见图 9–13）。上海、杭州、广州、深圳和成都分别排名第 2、第 3、第 4、第 5、第 6 位，平均指数分别为 7.02、6.60、6.42、5.21 和 3.58。

具体来看，在传统信息基础指数方面，北京排名第 2 位，平均指数为 4.18。杭州相比排名第 1 位，平均指数为 5.15，2021 年北京每百人拥有固定互联网宽带数量和杭州相比相差 10.7 个。杭州作为我国互联网发展的领先城市，在高速宽带接入、网络综合承载能力以及互联网资源方面具有领先优势，并且拥有阿里巴巴等优秀的互联网企业。成都排名第 6 位，平均指数仅为 1.39。

在新型信息基础指数方面，北京排名第1位，平均指数为6.29。2021年，北京5G基站有5.6万个，绿色数据中心有2个，工业互联网示范项目数量有14个。广州排名第2位，平均指数为3.53。广州紧抓国家5G等新型数字基础设施发展的重大战略机遇，全力发挥国内三大通信枢纽核心优势，加快5G、千兆光纤等新技术布局，推动新型数字基础设施建设。截至2022年6月，广州已累计建成5G基站超6.7万个，获评全国首批"千兆城市"。杭州排名第6位，平均指数仅为1.45。杭州仅2020年新增1个绿色数据中心，2019—2021年平均每年仅新增2个工业互联网示范项目。

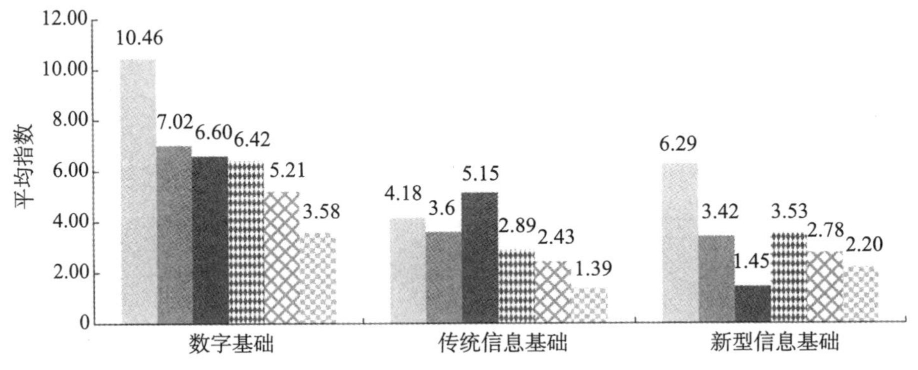

图9-13　2019—2021年六个城市数字基础指数测度

9.4.3　六个城市数据要素指数测度结果比较

从总体来看，2019—2021年六个城市数据要素总指数逐年提升，分别为31.59、32.79和39.75，年均增长4.08。从城市排名来看，2019—2021年北京数据要素指数在六个城市中排名第1位，平均指数为9.79（见图9-14）。深圳、上海、杭州、广州和成都分别排名第2、第3、第4、第5、第6位，平均指数分别为9.32、6.77、4.01、2.44和2.37。

具体来看，在公共数据量指数方面，北京排名第1位，平均指数为6.00。2021年北京公共数据总量达59.86亿条，公共数据集有11150个，公共数据接口数量有114个，均遥遥领先于其他5个城市。上海排名第2位，平均指数为3.27。"中国开放数林指数"作为我国首个专注于评估政府数据开放水平的专业指数，2021年上海开放数林指数为70.74，排名全国第1位。近年来，上海大力推动数据开放程度，《上海市数据条例》指出，上海市政府办公厅应当制定政策，鼓励和引导市场主体依法开展数据共享、开放、交易、合作，促进跨区域、跨行业的数据流通利用。广州排名第 6 位，平均指数仅为 0.68，2021 年广州公共数据总量仅为 1.52 亿条，公共数据集仅有 1241 个。

在产业数据量指数方面，北京排名第 2 位，平均指数为 3.79。深圳排名第 1 位，平均指数为 7.29。2021 年全球市值 Top 30 数字经济上市公司服务用户数量为 29.07 亿人。深圳坐拥腾讯和网易两大用户量排名全球市值 Top 30 的数字经济上市公司，拥有超大规模的数据平台和用户群体，推动数据要素发挥最大价值。虽然北京同样坐拥美团和京东两大用户量排名全球市值 Top 30 的数字经济上市公司，但 2021 年全球市值 Top 30 数字经济上市公司服务用户数量仅为 12.20 亿人。杭州和成都分别排名第 5 位和第 6 位，平均指数仅为 1.68 和 1.00，2019—2021 年均没有排名全球市值 Top 30 的数字经济上市公司。

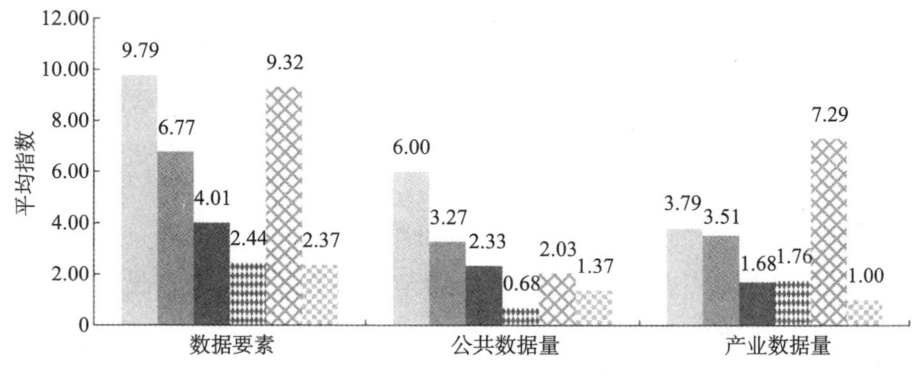

图 9-14 2019—2021 年六个城市数据要素指数测度

9.4.4 六个城市数字产业指数测度结果比较

从总体来看，2019—2021 年六个城市数字产业总指数逐年提升，分别为 19.85、21.91 和 30.86，年均增长 5.51。从城市排名来看，2019—2021 年北京数字产业指数在六个城市中排名第 1 位，平均指数为 8.01（见图 9-15）。深圳、杭州、上海、成都和广州分别排名第 2、第 3、第 4、第 5、第 6 位，平均指数分别为 7.41、3.05、2.70、2.43 和 0.60。

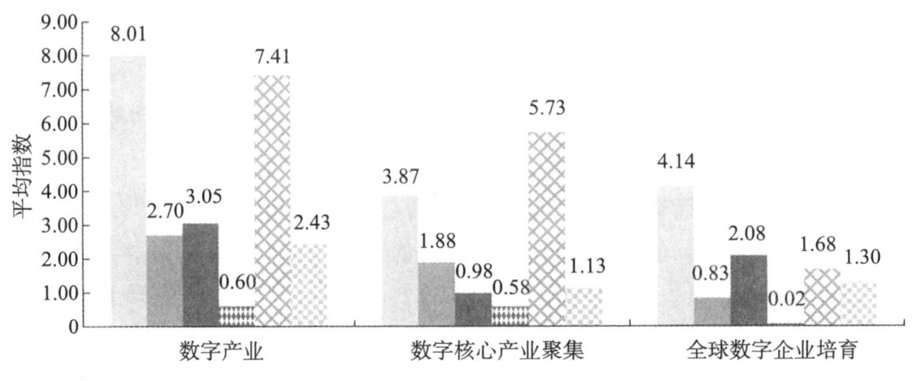

图 9-15　2019—2021 年六个城市数字产业指数测度

具体来看，在数字核心产业聚集指数方面，北京排名第 2 位，平均指数为 3.87。2021 年北京计算机、通信和其他电子设备制造业利润总额占规模以上工业企业利润总额的比重为 9.70%，集成电路产量为 207.7 亿块。深圳排名第 1 位，平均指数为 5.73。深圳是“中国软件名城”，2021 年深圳计算机、通信和其他电子设备制造业利润总额占规模以上工业企业利润总额的比重为 56.17%。此外，2021 年深圳数字经济核心产业增加值突破 9000.0 亿元，占全市 GDP 的比重为 30.60%。同时，深圳重点打造软件与信息服务、数字创意、超高清视频、智能网联汽车、智能机器人等数字经济产业集群，推动全市数字经济高质量发展。虽然北京软件业相比深圳有所差距，但大数据企业和高新技术企业遥遥领先。2021 年，北京拥有 24 家中国大数据企业 50 强，34126 家高新技术企业，而深圳仅有 4 家中国大数据企业 50 强，20000 家高新技术企业。广州排名第 6 位，平均指数仅为 0.58，2021 年广州集成电路产量仅为 8.8 亿块，没有企业上榜中国大数据企业 50 强。

在全球数字企业培育指数方面，北京排名第 1 位，平均指数为 4.14。虽然受新冠疫情影响，2020 年北京全球市值 Top 100 数字经济上市公司数量和全球 Top 100 数字经济“独角兽”企业数量相比 2019 年均有所下降，但仍然领先于其他 5 个城市。2021 年，北京全球 Top 100 数字经济“独角兽”企业总估值为 27320 亿元人民币，领先第 2 名的杭州将近 15000 亿元人民币。杭州排名第 2 位，平均指数为 2.08。深圳排名第 3 位，平均指数为 1.68。在全球市值 Top 100 数字经济上市公司市值规模方面，2021 年杭州和深圳分别为 7971.25 亿美元和 6174.13 亿美元，均领先于北京。虽然北京拥有美团、京东、百度和小米，企业数量居全国首位，但深圳和杭州分别坐拥阿里巴巴和腾讯，拥有巨大的市场规模。目前，北京市数字经济企业呈现“有高原无高峰”的局面，缺乏营收千亿元人民币、市值千亿美元、具有国际影响力的数字经济企业。因此，北京市要聚焦未来产业布局，通过挖掘、服务、培育、拓展等系列措施建设全球最前沿的世界级产业集群，打造一批具有全球竞争力的领军企业。广州排名第 6 位，平均指数仅为 0.02，2019—2021 年广州均没有全球市值 Top 100 数字经济上市公司，仅 2019 年有 1 家全球 Top 100“独角兽”企业，估值仅为 200 亿元人民币。

9.4.5　六个城市数字创新指数测度结果比较

从总体来看，2019—2021 年六个城市数字创新总指数逐年提升，分别为 27.33、30.63 和 34.89，年均增长 3.78。从城市排名来看，2019—2021 年北京数字创新指数在六个城市中排名第 1 位，分别为 13.68、14.66 和 16.17，平均指数为 14.84，且大幅领先其他 5 个城市（见图 9–16）。上海、深圳、广州、杭州和成都分别排名第 2、第 3、第 4、第 5、第 6 位，平均指数分别为 4.99、4.07、3.27、1.97 和 1.80。

具体来看，在数字创新投入和产出指数方面，北京排名第 1 位，平均指数为 7.23。2021 年北京研究与试验发展内部经费支出为 2423.44 亿元，发明专利授权 75340 件，卓越科技论文发表 94271 篇，均领先于其他 5 个城市。深圳排名第 2 位，平均指数为 3.66，2021 年深圳研究与试验发展人员达 48.59 万人。目前，深圳不断提升信息技术创新能力，推荐创新主体承接“物联网与智慧城市关键技术及示范”等科技部重点研发计划，“新一代人工智能”“区块链与金融科技”“芯片、软件与计算”等广东省科技厅重点领域研发计划项目。此外，在 PCT 国际专利申请量上，深圳连续多年居全国大中城市首位。成都排名第 6 位，平均指数仅为 0.26，2021 年成都研究与试验发展人员仅有 2.22 万人，发明专利授权量仅为 1072 件。

在数字创新资源储备指数方面，北京排名第 1 位，平均指数为 7.61。北京作为全国首都，汇集各类技术和人才资源，在资源储备方面具有绝对的领先地位。2021 年北京数字技术领域两院院士有 137 人，数字技术领域国家重点实验室有 13 家，数字技术相关专业学科评估 A^- 及以上有 20 个，均领先于其他 5 个城市。上海、成都、广州、杭州分别排名 2、第 3、第 4、第 5 位，平均指数均不超过 2.00。深圳排名第 6 位，平均指数仅为 0.42，2021 年深圳数字技术领域两院院士仅有 6 人，数字技术领域国家重点实验室仅有 2 个，没有学科评估 A^- 及以上的数字技术相关专业，高等教育院校在校生和高等教育院校专任教师数量分别仅有 16.39 万人和 0.91 万人。虽然目前北京数字创新资源储备丰富，但近年来存在严重的高端人才外流问题，《中国科学基金》杂志[①]统计的全国杰青人才（45 岁以下）的流动数据显示，2020 年北京杰青人才净流出 29 人。北京应出台有关政策，激励数字人才落户北京，为未来数字经济创新发展提供后续保障。

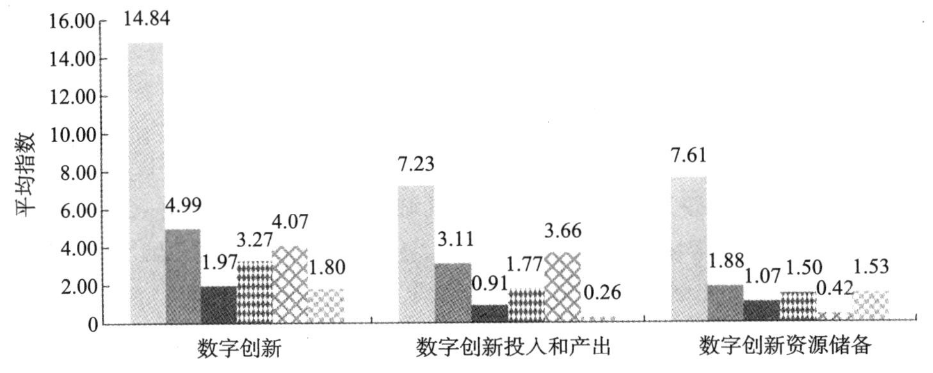

图 9-16　2019—2021 年六个城市数字创新指数测度

9.4.6　六个城市数字治理指数测度结果比较

从总体来看，2019—2021 年六个城市数字治理总指数逐年提升，分别为 28.47、34.42 和 43.03，年均增长 7.28。从城市排名来看，2019—2021 年北京数字治理指数在六个城市中排名第 3 位，平均指数为 6.80（见图 9-17）。杭州、深圳分别排名第 1、第 2 位，平均指数分别为 9.86 和 7.00。上海、成都和广州分别排名第 4、第 5、第 6 位，平均指数分别为 5.82、3.37 和 2.46。

具体来看，在数字社会建设指数方面，北京排名第 2 位，平均指数为 4.48。2021 年北京网上零售额占社会零售额的比重为 36.3%，智慧服务评估 3 级及以上医院有 4 家，数字普惠金融指数为 322.96。杭州排名第 1 位，平均指数为 7.70，2021 年杭州智慧服务评估 3 级及以上医院有 9 家，数字普惠金融指数为 347.82。根据北京大学数字普惠金融指数，杭州在数字金融覆盖广度、数字金融使用深度和普惠金融数字化程度方面均遥遥领先于其他 5 个城市。杭州作为阿里巴巴的总部，互联网金融在践行普惠金融的道路上先人一步。蚂蚁

① 《中国科学基金》杂志是由国家自然科学基金委员会主办的综合指导类学术性期刊。

金服的金融科技实践，让金融更加普惠、更加绿色，也更加安全。成都排名第 6 位，平均指数仅为 0.21，2021 年成都网上零售额占社会零售额的比重为 11.8%，没有智慧服务评估 3 级及以上的医院，数字普惠金融指数为 303.76。

在数字政府治理和服务指数方面，北京排名第 4 位，平均指数为 2.32，2019—2021 年北京年均数字经济相关政策发布 3.67 项，数字经济相关标准新增 15.33 项，年均数字经济相关地方性法规进入立法工作计划的有 1 项。深圳排名第 1 位，平均指数为 5.50，2019—2021 年深圳年均数字经济相关政策发布 5 项，年均数字经济相关地方性法规进入立法工作计划的有 4 项，年均政府移动新媒体关注量有 75.17 万个。近年来，深圳以数字政府为牵引，推动城市管理手段、管理模式及管理理念不断创新，建设智慧城市，加快构建新发展格局。广州排名第 6 位，平均指数仅为 1.40，2021 年广州没有新增数字经济相关标准，可全程在线办理政务服务事项占全部政务服务事项的比重仅为 81.2%。

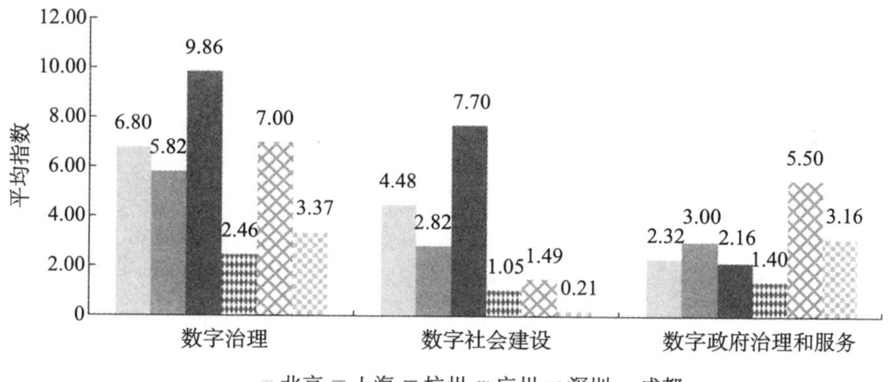

图 9–17　2019—2021 年六个城市数字治理指数测度

9.4.7　六个城市数字开放指数测度结果比较

从总体来看，2019—2021 年六个城市数字开放总指数先降后升，分别为 33.41、28.42 和 32.24，年均减少 0.59，这主要受 2020 年新冠疫情影响。从城市排名来看，2019—2021 年北京数字开放指数在六个城市中排名第 1 位，平均指数为 9.80（见图 9–18）。上海、深圳、广州、成都和杭州分别排名第 2、第 3、第 4、第 5、第 6 位，平均指数分别为 8.72、6.55、2.65、1.87 和 1.75。

具体来看，在数字跨境交易指数方面，北京排名第 2 位，平均指数为 3.86。2021 年北京软件业务出口总额为 619739 万美元，软件外包服务出口总额为 549165 万美元，高新技术产品出口总额为 375.1 亿美元。深圳排名第 1 位，平均指数为 4.92，作为全国贸易开放的先行城市，软件产业的优势积累为深圳发展贸易数字化提供了可行的基础。2021 年深圳软件业务出口总额和高新技术产品出口总额分别为 2095200 万美元和 1487.78 亿美元。上海排名第 3 位，平均指数为 2.49,《上海市数字贸易发展行动方案（2019—2021 年）》中提出上海要围绕新模式、新业态打造数字服务等特色领域，不断巩固上海数字贸易的先发优势，培育数字贸易持续增长的核心竞争力，加快打造数字贸易的全球竞争力。杭州排名第 6 位，平均指数仅为 0.46，2021 年杭州高新技术产品出口总额仅为 135.42 亿美元。

在对外开放环境指数方面，北京排名第 2 位，平均指数为 5.95，2021 年北京国际会议举办次数为 91 次、国际展览举办次数为 180 次，对外开放指数为 63.62。上海排名第 1 位，平均指数为 6.23。上海作为我国对外开放的前沿窗口，一直立足建设社会主义现代化国际大都市，在贸易交往的同时推动全球文化交流活动，提升城市“软实力”。2019—2021 年上海举办多次国际展览，虽然受新冠疫情影响，2020 年上海举办国际展览次数从 2019 年的 545 次降低到 315 次，但 2021 年回升到 341 次。成都排名第 6 位，平均指数仅为 0.68，2021 年成都对外开放指数仅为 20.22。

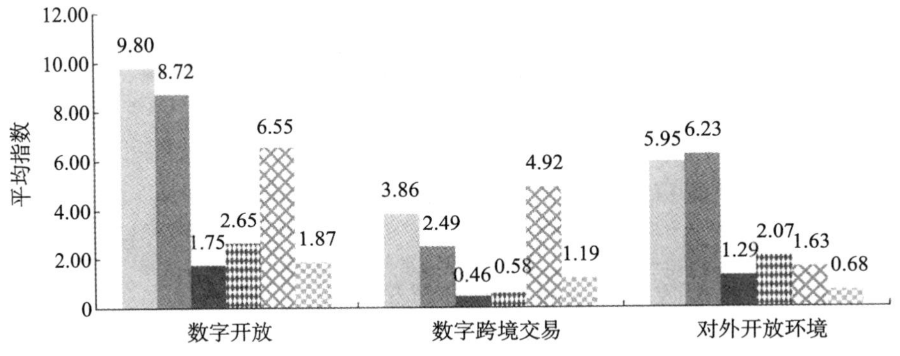

图 9-18　2019—2021 年六个城市数字开放指数测度

9.5　全球数字经济创新发展领先城市比较分析

目前，全球竞争越发激烈，各国对数字经济的重视程度不断加深，纷纷出台相关政策和措施推动本国数字经济与实体经济深度融合，以提升本国经济发展能级。从全球竞争格局和演变趋势看，城市是国家竞争的主阵地，一国城市群的竞争力直接影响国家的综合实力。在数字经济时代，城市的数字经济发展将会对城市发展产生重大影响。北京建设全球数字经济标杆城市，就是要以全球为坐标，打造拥有国际先进标准、引领国际前沿发展的数字经济标杆城市，因此将北京和全球数字经济领先城市进行比较研究十分重要。

根据《全球数字经济竞争力发展报告》[①]，美国已经连续4年在全球数字经济竞争力榜单中排名第 1 位，在数字经济领域具有绝对领先的优势地位。旧金山地处美国西海岸，坐拥世界著名的高科技产业区硅谷，数字和信息产业持续引领区域的经济增长；纽约作为美国第一大都市和第一大港口，在基础设施建设、科技创新上遥遥领先；波士顿拥有哈佛大学和麻省理工学院等五大名校，在人才储备和培养中拥有强大的竞争力。此外，作为英国和日本的首都，伦敦和东京在抢占数字经济这个“制高点”的过程中均存在强大的竞争实力。由于国内外对数字经济规模的测度标准不同以及数据的可得性问题，目前无法构建指标体系将北京和全球数字经济创新发展领先城市进行系统分析。因此，本书综合既有的研究报告、文献等成果，从关乎城市数字经济发展至关重要的数字企业、数字技术和数字人才 3 个方面将北京、上海、杭州、广州、深圳、成都 6 个国内数字经济创新发展领先城市和旧金山、纽约、波士顿、伦敦和东京 5 个全球数字经济创新发展领先城市进行比较分析。

9.5.1　数字企业比较分析

企业是城市发展的微观主体，城市数字经济发展依赖于数字经济企业的发展，城市拥有的数字经济企业的规模、数量、技术创新水平等成为测度城市数字经济发展的重要指标。本书基于 Wind 的行业划分，选择电信服务、可选消费和信息技术行业的企业作为数字经济企业，手工整理 2019—2021 年全球市值 Top 100 数字经济上市公司[②]，从数字经济企业数量及总市值、“独角兽”企业数量及总估值 4 个方面比较中外 11 个城市。

从城市拥有的全球市值 Top 100 数字经济上市公司数量来看，2019—2021 年 11 个城市变化都不大，其中旧金山拥有的公司数量最多，排名第 1 位，2019 年有 19 家，2020 年有 27 家，2021 年减少到 23 家。其次是东京，2021 年拥有 6 家。北京位列第 3 名，公司数量从 2019 年的 7 家减少到 2021 年的 4

---

① 《全球数字经济竞争力发展报告》是由上海社会科学院发布的指数报告。

② 全球市值 Top 100 数字经济上市公司数据来源于 Wind 数据库。用 Wind 行业划分，筛选数字经济上市公司的相关范围。

家（见表 9–2）。2019—2021 年广州、成都和波士顿均没有全球市值 Top 100 数字经济上市公司，拼多多成为上海 2020 年以来仅有的一家全球市值 Top 100 数字经济上市公司。

表 9–2　2019—2021 年 11 个城市全球市值 Top 100 数字经济上市公司数量

单位：家

城市	2019 年数量	2020 年数量	2021 年数量	平均数量
旧金山	19	27	23	23.0
东京	7	5	6	6.0
北京	7	4	4	5.0
纽约	4	3	4	3.7
杭州	3	3	3	3.0
深圳	2	3	2	2.3
伦敦	2	1	1	1.3
上海	0	1	1	0.7
广州	0	0	0	0.0
成都	0	0	0	0.0
波士顿	0	0	0	0.0

从城市拥有的全球市值 Top 100 数字经济上市公司总市值来看，旧金山排名第 1 位，2019—2021 年旧金山全球市值 Top 100 数字经济上市公司总市值从 47480.07 亿美元增长到 94566.96 亿美元（见表 9–3）。高科技产业区硅谷是旧金山湾区经济活力最强的板块和全球数字技术和产业高地，苹果、谷歌、脸书等数字和信息企业形成独特的城市产业集群，依托这些优势，旧金山持续引领全球数字经济创新发展。2019—2021 年北京全球市值 Top 100 数字经济上市公司总市值逐年提升，从 2453.98 亿美元增长到 4739.21 亿美元，在中外 11 个城市中排名第 6 位。其中，美团和京东市值增长迅速，贡献较大，分别从 2019 年的 307.84 亿美元和 302.89 亿美元增长到 2021 年的 2236.47 亿美元和 1380.68 亿美元，提升了北京数字经济国际竞争力。阿里巴巴是杭州“一枝独秀”的数字企业，2021 年市值超过 6500 亿美元。杭州依托阿里巴巴 2021 年全球市值 Top 100 数字经济上市公司总市值达到 7645.28 亿美元，排名

第 3 位。纽约通过引入世界顶级公司，如万事达卡、威瑞森电信和 IBM，大力发展技术密集型经济，增强内部竞争优势，2021 年 Top 100 数字经济上市公司总市值达 7921.25 亿美元，排名第 2 位。纽约北部孕育的“科技谷”是世界上最先进的半导体制造区和纳米技术研发中心，成为高精尖研发业务聚集地。

表 9–3　2019—2021 年 11 个城市全球市值 Top 100 数字经济上市公司总市值

单位：亿美元

城市	2019 年总市值	2020 年总市值	2021 年总市值	平均总市值
旧金山	47480.07	72563.63	94566.96	71536.89
纽约	6823.76	7214.62	7971.25	7227.89
杭州	5127.11	7062.48	7645.28	6464.55
深圳	4359.91	8000.06	6174.13	6433.77
东京	3832.69	3321.39	5332.92	4162.33
北京	2453.98	3077.92	4739.21	3423.70
上海	0.00	439.66	2200.80	880.15
伦敦	593.99	578.71	960.54	711.08
广州	0.00	0.00	0.00	0.00
成都	0.00	0.00	0.00	0.00
波士顿	0.00	0.00	0.00	0.00

从城市拥有的全球 Top 100“独角兽”企业数量来看，根据胡润研究院发布的《胡润全球“独角兽”榜》[①]，2019—2021 年个别城市变化较大。2019年，北京拥有的企业数量排名第 1 位，有 22 家；旧金山排名第 2 位，有 21 家（见表 9–4）。受新冠疫情影响，2020 年北京企业数量减少到 15 家，排名第 2 位，虽然旧金山企业数量同样有所减少，但仍有 17 家全球 Top 100“独角兽”企业，反超北京排名第 1 位。2021 年，旧金山企业数量继续排名第 1 位，达到 24 家，而北京仅剩 7 家，被上海超越，排名降低至第 3 位。2019—2021 年上海企业数量基本稳定，分别为 10 家、7 家和 8 家。2019—2021 年成都和东京均没有全球 Top 100“独角兽”企业，云从科技为广州 2019 年唯一入选的企

① 《胡润全球“独角兽”榜》是由胡润研究院发布的报告。

业，但 2020 年和 2021 年均未能入选。

表 9–4　2019—2021 年 11 个城市全球 Top 100“独角兽”企业数量

单位：家

城市	2019 年数量	2020 年数量	2021 年数量	平均数量
旧金山	21	17	24	20.7
北京	22	15	7	14.7
上海	10	7	8	8.3
深圳	6	4	4	4.7
伦敦	4	4	4	4.0
纽约	5	2	4	3.7
杭州	4	3	3	3.3
波士顿	2	2	3	2.3
广州	1	0	0	0.3
成都	0	0	0	0.0
东京	0	0	0	0.0

从城市拥有的全球 Top 100“独角兽”企业总估值来看，根据胡润研究院发布的《胡润全球“独角兽”榜》，2019—2021 年北京全球 Top 100“独角兽”企业总估值列全球第 1 位，且遥遥领先，从 2019 年的 17000 亿元人民币增长到 2021 年的 27320 亿元人民币（见表 9–5）。其中，字节跳动贡献较大，凭借其独特的经营理念、营销策略和大量的人才积累，估值从 2019 年的 5000 亿元人民币上升到 2021 年的 22500 亿元人民币。旧金山仅次于北京，排名第 2 位，2019—2021 年总估值从 10550 亿元人民币提升到 24720 亿元人民币，与北京的差距在 3 年内从 6450 亿元人民币缩小到 2600 亿元人民币。旧金山是全球最发达的风险投资中心之一，风险投资高度活跃，有效支撑了金融科技创新活动的开展，区块链、人工智能、信息服务等数字经济产业日益强大，数字经济实力不断夯实。杭州全球 Top 100“独角兽”企业总估值呈现上升趋势，2019—2021 年从 11900 亿元人民币增长到 12650 亿元人民币，在 11 个城市中排名第 3 位。蚂蚁集团作为全球最大的金融科技“独角兽”企业，2021 年估值达到 10000 亿元人民币，占杭州 Top 100“独角兽”企业总市值的 79.05%，这反映出杭州蚂蚁金服“一家独大”，数字经济企业高度集中。上海近年“独角兽”企业市值呈现下滑趋势，从 2020 年 4850 亿元人民币降低到

2021 年 4400 亿元人民币。“独角兽”企业是新经济的风向标，蕴含着物联网、云计算、大数据等诸多创新元素，既是新产业的先行者，也是数字经济领域创新发展的引领者。所以，各大城市无不重视“独角兽”企业的引进、培育和发展。

表 9–5　2019—2021 年 11 个城市全球 Top 100“独角兽”企业总估值

单位：亿元人民币

城市	2019 年总市值	2020 年总市值	2021 年总市值	平均总市值
北京	17000	18350	27320	20890.00
旧金山	10550	11900	24720	15723.33
杭州	11900	12300	12650	12283.33
上海	5400	4850	4400	4883.33
深圳	3500	3100	4800	3800.00
纽约	6600	950	1980	3176.67
伦敦	950	1200	4130	2093.33
波士顿	400	650	1600	883.33
广州	200	0	0	66.67
成都	0	0	0	0.00
东京	0	0	0	0.00

9.5.2　数字技术比较分析

城市数字技术创新能力决定城市数字经济竞争力水平。日本森纪念财团发布的《全球城市实力指数》[①]从经济、研发、文化互动、宜居性、环境和可入住性评估全球 40 多个城市的优劣势。本书选择《全球城市实力指数》中的研发指数，比较城市的技术研发实力。结果显示，2019—2021 年北京研究与发展指数逐年降低，分别为 96.1、94.3 和 93.3，平均指数为 94.6，在 7 个城市中排名第 6 位（见表 9–6），落后于其他 5 个国外城市。2019—2021 年纽约研究与发展指数先降后升，分别为 224.5、212.1 和 216.9，平均指数为 217.8，在 7 个城市中排名第 1 位。纽约坐拥 9 所全球 200 强科研机构和 7 所全球 200 强大学，拥有丰富的科研储备。此外，纽约政策支持与监管规范双管齐

① 《全球城市实力指数》是由日本森纪念财团发布的指数报告，未统计杭州、广州、深圳和成都的研究与发展指数得分。

下，成立了全美首个数字货币研究工作组，为科技创新生态不断注入新动能。2019—2021 年伦敦研究与发展指数逐年降低，分别为 187.8、186.8 和 186.5，平均指数为 187.0，在 7 个城市中排名第 2 位。伦敦致力于同步发展经济与科技，在作为传统国际金融中心的基础上大胆提出“东部硅谷”设想，成立意在比肩美国硅谷的“东伦敦科技城”。

目前，我国数字经济领域核心关键技术受到国外限制，面临着很严重的“卡脖子”问题。在基础技术方面，如储存技术、大数据基础算法技术等被国外垄断，虽然目前北京算法等数字底层技术全国领先，但与国际顶尖城市相比差距明显，计算、推算、计数（G06）高价值专利占比仅为 2%，明显低于纽约的 27.4%、东京的 8.5%。在基础元器件方面，5G 产业主要依赖射频芯片、光通信芯片、中高频射频器件等先进元器件的进口。在基础软件的操作系统领域，PC 操作系统被微软的 Windows 垄断，数据库操作系统被甲骨文、IBM、微软、SAP 四家公司垄断。北京和世界上发达城市相比，在数字技术水平上有差距，面临着严峻的竞争压力。

表 9–6　2019—2021 年全球 7 个城市研究与发展指数

城市	2019 年指数	2020 年指数	2021 年指数	平均指数
纽约	224.5	212.1	216.9	217.8
伦敦	187.8	186.8	186.5	187.0
东京	166.2	155.0	156.1	159.1
波士顿	145.7	136.5	137.0	139.7
旧金山	117.3	108.6	116.8	114.2
北京	96.1	94.3	93.3	94.6
上海	80.3	78.2	83.1	80.5

9.5.3　数字人才比较分析

人才作为技术研发的基础，对科技创新起到重要的支撑作用，发展数字经济需要掌握现代化信息技术的数字化专用性技术人才。根据欧洲工商管理学院发布的《全球人才竞争力指数》[①]，2019—2021 年北京人才竞争力指数先升后降，分别为 44.1、52.9 和 47.4，平均指数为 48.1，在国内城市中排名第 1 位，但和其他 5 个国外城市相比有较大差距（见表 9–7）。在参与测评的 155

① 《全球人才竞争力指数》是由欧洲工商管理学院发布的指数报告。

个城市中，2021 年北京、上海、深圳、杭州、广州和成都分别排名第 64、第 77、第 82、第 88、第 98 和第 109 位，均中等偏下。2019—2021 年旧金山、波士顿、伦敦和纽约平均指数分别为 69.0、67.6、66.4 和 66.4，在 11 个城市中排名前四位。旧金山和纽约分别拥有斯坦福大学和纽约大学等全球顶尖高校，波士顿坐拥哈佛大学和麻省理工学院等五大名校，为金融、科技等产业发展输送了大量优秀人才。帝国理工学院、伦敦国王学院等伦敦顶尖院校推出金融科技课程，从根本上强化对数字经济发展的理论和人才支撑。此外，在顶尖科技奖项获奖人数和高被引科学家比例方面，4 个城市均遥遥领先。

虽然目前北京人才竞争力和其他 5 个城市相比有差距，但 2021 年北京在人才竞争力指数中的成长力指数为 89.6，在 11 个城市中排名第 2 位，仅次于伦敦的 95.0。北京汇集北京大学、清华大学、中国人民大学等多家全球知名学府，两院院士人数占中国半壁江山，科研及人才资源丰富，未来培养数字人才拥有广阔的机遇和前景。

表 9–7　2019—2021 年全球 11 个城市人才竞争力指数

城市	2019 年指数	2020 年指数	2021 年指数	平均指数
旧金山	62.5	68.1	76.3	69.0
波士顿	65.4	66.8	70.6	67.6
伦敦	62.1	71.7	65.5	66.4
纽约	64.6	73.7	61.0	66.4
东京	58.4	65.7	50.8	58.3
北京	44.1	52.9	47.4	48.1
上海	39.4	54.0	43.2	45.5
杭州	33.2	45.1	41.1	39.8
深圳	28.6	42.4	42.1	37.7
广州	31.0	39.2	37.3	35.8
成都	29.6	35.4	34.8	33.2

9.6 结论

本书基于城市发展模式创新与数字经济全面融合的视角构建城市数字经济创新发展指数，从数字基础、数据要素、数字产业、数字创新、数字治理和数字开放 6 个维度进行测度、比较，对北京 2019—2021 年数字经济创新发展进行纵向分析，并将北京和上海、杭州、广州、深圳、成都 5 个国内数字经济创新发展领先城市进行横向比较，将北京和旧金山、纽约、波士顿、伦敦、东京 5 个全球数字经济创新发展领先城市的重点领域进行对比与借鉴分析，主要结论如下。

9.6.1 北京数字经济创新发展成效显著，数字产业发展潜力巨大

从北京自身来看，2019—2021 年北京数字经济创新发展呈现高位加速上升趋势，数字经济创新发展指数从 2019 年的 53.57 加速上升至 2021 年的 68.46。从指数构成的 6 个分项看，也均呈现逐年上升趋势。其中，数字创新指数最高，贡献最大。作为全国科技创新中心，北京大力投入科技创新，创新成果显著；同时，高校和科研院所众多，高层次创新人才资源为北京市数字经济发展提供了充足的智力保障。北京的数字治理指数最低，贡献最小。在数字治理方面，北京起步较晚，缺乏具有全局性、系统性和战略性的规划或指导意见。但 2019—2021 年北京数字治理指数年均增速达 21.41%，作为全国超大城市，近年来北京出台多项政策文件，建设数字政府，未来有广阔的发展前景。此外，北京在大力推动数字核心产业聚集的同时，促进传统企业的数字化转型，培育全球标杆企业，2019—2021 年数字产业指数增长最快，但受新冠疫情影响，数字开放指数增长最慢。

9.6.2 和国内城市相比，北京数字经济创新发展整体优势明显，但数字治理有差距

在横向维度上，和国内五大创新领先城市相比，北京数字经济创新发展绝对优势明显。2019—2021 北京数字经济创新发展综合指数位列 6 个城市之首，平均指数为 59.72。在指数增长方面，北京同样排名第 1 位，年均增长 7.45，遥遥领先于其他 5 个城市。北京作为我国数字经济发展的“排头兵”，积极引领国内数字经济发展，积极建设全球数字经济标杆城市、国际数字化大都市。从 6 个维度分项指数看，北京在数字基础、数据要素、数字创新、数字产业、数字开放 5 个方面的平均指数在 6 个城市中都排在第 1 位，其中数字创新平均指数领先最多。但是，2019—2021 年北京数字治理平均指数在 6 个城市中排名第 3 位，低于杭州和深圳。杭州作为阿里巴巴的总部，互联网金融在践行普惠金融的道路上先人一步。深圳以数字政府牵引，推动城市管理手段、管理模式及管理理念的不断创新，建设智慧城市，加快构建新发展格局。

9.6.3 和国际城市相比，北京数字经济创新发展相对落后

从国际比较看，与全球数字经济创新发展领先城市相比，北京数字经济创新发展相对落后。在数字企业方面，北京在全球Top 100数字经济企业数量和总市值、全球Top 100“独角兽”企业数量上和旧金山均有较大差距，仅在“独角兽”企业总市值上具备一定优势，但2019—2021年旧金山全球Top 100“独角兽”企业总估值和北京的差距已经从6450亿元人民币缩小到2600亿元人民币。受新冠疫情和相关因素影响，2020年北京“独角兽”企业优势出现大幅收缩趋势。高科技产业区硅谷是旧金山湾区经济活力最强的板块与全球数字技术和产业高地，苹果、谷歌、脸书等数字和信息企业形成独特的城市产业集群，持续引领全球数字经济创新发展。在数字技术和数字人才方面，北京同样远远落后于全球数字经济创新发展领先城市，面临着严重的“卡脖子”问题，人才竞争力也略显不足。纽约坐拥9所全球200强科研机构和7所全球200强大学，拥有丰富的科研储备。伦敦致力于同步发展经济与科技，帝国理工学院、伦敦国王学院等伦敦顶尖院校提供的人才支撑会助力伦敦成立比肩美国硅谷的“东伦敦科技城”。

9.7 深入推进北京数字经济创新发展的政策建议

9.7.1 强化政府作用，提高数字经济治理能力

第一，北京应加强前瞻布局，组建开放式领导工作小组，把握数字经济创新发展范式演变趋势，赢得工作主动。同时加强统筹协调，成立与数字经济发展相适应的工作专班，保持政府工作制定和落实的平衡性与有效性。充分借鉴和吸收长三角与珠三角地区数字社会建设的经验及成果，推动智慧城市发展行动纲要落地实施，加快城市治理数字化转型。

第二，北京应深化认识，科学把握数字经济发展所体现的市场经济、创新经济的规律特点，推动有效市场和有为政府更好地结合。加大对于数字经济相关企业税收等方面的资金扶持力度，引导更多的资金流向基于5G、人工智能和自动驾驶等面向未来的数字经济场景，增强产业链、供应链的安全性和稳定性。应重点关注数字技术文化、教育、医疗、交通等领域应用的可能性，推动文化大数据战略的实施、打造互联网教育平台、提供智慧医疗服务、建设智慧停车场等，更好地服务民生。应抓好城市副中心、回天地区等数字社区试点建设，打造“灯塔”社区，提高市民数字素养。

第三，北京应加强综合统筹，完善落实京津冀区域的数字经济协调分工，打造数字经济发展区域高地。应充分依托河北的产业基础优势和天津的服务贸易优势，更好地实现协调分工，发挥区域联动优势，增强北京对天津和河北的辐射带动作用。充分利用雄安新区作为北京非首都功能疏解的集中承载地在京津冀一体化过程中的支撑作用，优化营商环境，推动京津冀区域协同发展，进一步促进“五子联动”融入新发展格局。

9.7.2　强化数字基础和数字技术对数字产业培育的底层支撑

第一，北京应加快建设系统性、规模性和前瞻性的数字基础设施网络格局，通过5G、云终端、数据中心和算力中心等新型基础设施的建设，带动交通、电力、能源等传统行业基础设施的数字化转型升级，打造“七通一平”数字基础底座，推动互联网、大数据、人工智能同产业深度融合，激发市场主体的活力。

第二，北京应加大对科技创新的投入力度，充分利用机器学习技术及软件和集成系统，打好高端芯片、量子通信等核心技术攻坚战，解决“卡脖子”问题，提高全要素生产率，发挥数字技术对经济社会发展的叠加、倍增作用。在促进软件和信息服务业等数字产业发展的同时，大力促进数字技术与传统产业链、价值链的深度融合，聚焦于未来产业布局，推动高级别自动驾驶示范区等智慧产业的建设。

第三，北京应充分发挥“两区”建设对数字贸易的推动作用，加强与各国数字贸易相关管理机构及全球主要城市的交流合作，积极参与全球数字贸易规则构建，扩大高水平对外开放。坚持国际视野，提升市场功能，加大软件、信息等数字产业的对外出口力度，通过挖掘、服务、培育、拓展等系列措施建设全球最前沿的世界级产业集群，打造市值千亿美元的、具有国际影响力的数字经济企业，提升北京在国际城市中的地位和形象。

9.7.3　加快推动数据要素的开放共享和安全发展

第一，北京应大力推动政府数据开放，充分利用北数所促进数据资源要素的规范化整合、合理化配置、市场化交易和长效化发展，打破“信息孤岛”，在实现国内数据跨部门、跨区域互联互通的同时加强与各国政府间的对话合作，逐步与国际社会建立数据跨境流通互信机制。

第二，在数据要素安全上，北京要积极融入全球数字分工与治理体系建设，强化数据监管机制，确保数据安全和关键信息可控，提高数字治理能力，打造高效协同的数字政府。随着陆续出台《中华人民共和国数据安全法》《中华人民共和国个人信息保护法》等新规，结合此前落地实施的《中华人民共和国网络安全法》，我国已经初步搭建数据安全法律框架，但在数据确权、数据流通和数据交易等具体环节上，法律空白的问题依然存在。北京应当以超前意识做好前瞻布局，在数字经济规则等方面先行先试，加强数据安全保护和个人信息保护，在数据确权、数据融通、数据交易、数据开放等方面探索地方性法规规范，为数据要素市场化配置提供法律保障。

第三，在制度设定上，由于数据是一种新型生产要素，具有易复制、无形、非竞争性等特性，在数据的流通过程中数据的属性可能会随应用场景变化而变化，因此北京应在法律允许的情况下保持适度的制度弹性，探索维护各方合法权益、提高数据利用效率的具体路径，推进公共服务系统入云，城市管理智能化、市场监管智慧化和城市规划可持续水平进一步提升。

9.7.4　大力支持数字人才的吸引和培育

第一，北京应借鉴深圳、西安等城市在引进人才方面的相关做法，以国家实验室、北京实验室、重点企业研发机构等平台为载体，为国内外数字经济领域的高端人才提供劳动报酬、子女教育、高端医疗、住房保障、户口需求等方面的激励制度，同时建立健全凝聚人才队伍和发挥人才作用的各项选拔与考核制度，为复合型人才建立新型职称评级体系，打通人才职务和职称晋升渠道，充分激发相关领域人才干事创业的热情与活力。

第二，北京应充分利用丰富的资源要素禀赋，大力实施数字化人才培养工程，加强对于数字经济领域研究人员、职业人才和创新型人才的培养。充分发挥“两区”建设在加大数字经济跨境开放，吸引国际人才落户，提升国际合作水平，建设全方位、多领域、高层次的对外开放新格局中的引领和示范作用。

第三，北京应提高高校数字人才培养能力，通过开设数字经济领域的相关课程，组建实训基地，深入推动产学研融合、校企合作的人才培养机制，培育适应互联网、大数据、人工智能等新兴数字技术与实体经济深度融合发展的复合型人才、应用型人才、领军型人才，以及深入了解传统制造业运作流程与关键环节，能够在细分垂直领域深度应用新一代信息技术进行数字化、网络化、智能化改造的跨界人才。同时，北京应协调相关行业、协会、企业、科研机构共同参与对各行业的基层从业人员进行数字技能方面的培训，促进数字化应用的全民普及。

参考文献

［1］郭峰，王靖一，王芳，等．测度中国数字普惠金融发展：指数编制与空间特征［J］．经济学（季刊），2020，19（4）：1401–1418.

［2］韩兆安，赵景峰，吴海珍．中国省际数字经济规模测算、非均衡性与地区差异研究［J］．数量经济技术经济研究，2021，38（8）：164–181.

［3］姜润彬，王鹏．比较分析视角下北京市数字经济发展特点与建议［J］．数字经济，2021（5）：12–19.

［4］焦帅涛，孙秋碧．中国数字经济发展的测度及分析［J］．福州大学学报（哲学社会科学版），2021，35（6）：18–25.

［5］邝劲松，石校菲，杨祎，等．中国省域数字经济发展水平测度与空间演变格局研究［J］．商学研究，2022，29（1）：94–102.

［6］雷鸣嘉．数字经济发展水平测度指标体系研究［J］．上海信息化，2020（5）：17–20.

［7］刘欢．数字经济的测度：文献综述与研究展望［J］．商业经济，2021（12）：146–147.

［8］刘军，杨渊鋆，张三峰．中国数字经济测度与驱动因素研究［J］．上海经济研究，2020（6）：81–96.

［9］万晓榆，罗焱卿．数字经济发展水平测度及其对全要素生产率的影响效应［J］．改革，2022（1）：101–118.

［10］王娟娟，佘干军．我国数字经济发展水平测度与区域比较［J］．中国流通经济，2021，35（8）：3–17.

［11］王军，朱杰，罗茜．中国数字经济发展水平及演变测度［J］．数量经济技术经济研究，2021，38（7）：26–42.

［12］向书坚，吴文君．中国数字经济卫星账户框架设计研究［J］．统计研究，2019，36（10）：3–16.

［13］徐清源，单志广，马潮江．国内外数字经济测度指标体系研究综述［J］．调研世界，2018（11）：52–58.

［14］许宪春，张美慧．中国数字经济规模测算研究：基于国际比较的视角［J］．中国工业经济，2020（5）：23–41.

［15］张雪玲，吴恬恬．中国省域数字经济发展空间分化格局研究［J］．调研世界，2019（10）34–40.

［16］BEA.Measuring the digital economy：an update incorporating data from the 2018 comprehensive update of the industry economic accounts［EB/OL］. https：//www.bea.gov/system/files/2019–04/digital–economy–report–update–April–2019_1.pdf.

［17］OECD.A proposed framework for digital supply –use tables［EB/OL］. http：//www.oecd.org/officialdocuments/publicdisplaydocumentpdf/?cote=SDD/CSSP/WPNA（2018）3&Doc Language=En.

附录1　企业数字化转型调查问卷

甄别题

1. 您在贵企业中的职位是：[单选题]

□ CEO/ 总经理

□ 高层管理人员

□ 财务部门人员

□ 中层管理人员

□ 普通员工

□ 其他（请注明）

一、企业基本情况

2. 企业注册地 [单选题]

□ 东城区

□ 西城区

□ 朝阳区

□ 丰台区

□ 石景山区

□ 海淀区

□ 门头沟区

□ 房山区

□ 通州区

□ 顺义区

□ 昌平区

□ 大兴区

□ 怀柔区

□ 平谷区

□ 密云区

☐ 延庆区

3. 贵企业的主营业务归属于哪个行业？［单选题］

☐ 农林牧渔业
☐ 采矿业
☐ 制造业
☐ 电力、燃气与水的生产和供应业
☐ 建筑业
☐ 交通运输、仓储和邮政业
☐ 信息传输、软件和信息技术服务业
☐ 批发和零售业
☐ 住宿和餐饮业
☐ 金融业
☐ 房地产业
☐ 租赁和商务服务业
☐ 科学研究和技术服务业
☐ 水利、环境和公共设施管理业
☐ 居民服务、修理和其他服务业
☐ 教育
☐ 卫生和社会工作
☐ 文化、体育和娱乐业
☐ 其他行业（请注明）

4. 贵企业的所有制特征为：［单选题］

☐ 国有 / 国有控股
☐ 集体 / 集体控股
☐ 民营
☐ 外商独资
☐ 中外合资
☐ 其他

5. 根据《企业规模划分标准》，贵企业属于：［单选题］

☐ 大型企业
☐ 中型企业
☐ 小型企业
☐ 微型企业

6. 贵企业目前已采用的数字化技术有：［多选题］

□ 大数据

□ 云计算

□ 5G 技术

□ 人工智能

□ 物联网

□ 区块链

□ 3D 打印

□ 机器人

□ 其他（请注明）

□ 暂无

二、企业数字化认知

7. 您对大数据、人工智能、云计算、5G 等数字化相关政策的了解程度是：［单选题］

□ 非常了解

□ 一般了解

□ 不了解

8. 贵企业一般通过什么途径了解数字化转型的政策及案例？［多选题］

□ 政府网站

□ 网络新闻、微博、微信等网络媒介

□ 纸媒

□ 电视

□ 协会、联盟渠道

□ 其他

□ 完全不了解

9. 贵企业认为北京市企业数字化转型的优势有哪些？［多选题］

□ 产业基础好

□ 技术优势明显

□ 人才优势明显

□ 市场环境好

□ 应用场景多

□ 政策力度大

☐ 其他____________

10. 贵企业认为目前北京市企业在数字化转型中存在哪些薄弱环节？［多选题］

☐ 信息基础设施薄弱

☐ 应用场景少

☐ 政策服务力度不高

☐ 人才缺乏

☐ 市场环境较差

☐ 其他____________

11. 贵企业认为政府应从哪些方面帮助北京市企业进行数字化转型？［多选题］

☐ 完善相关法律法规

☐ 出台数字化转型指导意见

☐ 促进数字经济核心技术攻关

☐ 加强对新模式新业态的引导和示范

☐ 加强风险防范和保护信息安全

☐ 促进信息技术与实体经济相融合

☐ 引导数字产业聚集

☐ 加强对企业"一对一"式的精准服务

☐ 加强高端人才引进和培养

☐ 其他____________

三、企业数字化转型现状

12. 贵企业是否已经开始进行数字化转型？［单选题］

☐ 是

☐ 否 （请跳至第 21 题）

13. 您认为以下哪项为贵企业最重要的数字化转型目标？［单选题］

☐ 提高运营（生产运营、服务运营等）效率

☐ 降低运营成本

☐ 提高创新能力

☐ 增加市场竞争力

☐ 提高客户满意度和忠诚度

☐ 提高环境适应能力

☐ 拓展企业业务边界
☐ 提升行业影响力
☐ 其他

14. 贵企业是否制定了数字化转型规划？［单选题］
☐ 未制定规划
☐ 分散在各部门规划中，其中信息化的目标和任务明确
☐ 具有企业级专项规划，与企业发展战略相匹配，并投入资金进行实施

15. 贵企业是否具有数字化转型的组织和专项人才？［单选题］
☐ 无数字化专职人员
☐ 数字化人员隶属其他部门
☐ 独立设置数字化部门
☐ 实行了首席数据官（CDO）制度

16. 贵企业目前在以下哪些方面采用了数字化管理？［多选题］
☐ 财务管理
☐ 购销存管理
☐ 生产制造管理
☐ 物流仓储管理
☐ 客户关系管理
☐ 人力资源管理
☐ 其他
☐ 无

17. 贵企业的数字化创新方式有：［多选题］
☐ 利用已有资源，内部创新研发
☐ 通过兼并收购获得新能力
☐ 通过孵化初创企业获得新能力
☐ 利用合作伙伴资源，与其共同创新研发
☐ 通过产品的购买租赁获得新能力

18. 贵企业是否有以下应用数据资源的行为？［多选题］
☐ 利用消费者（用户）大数据，开展数字化营销
☐ 在生产流程中采集数据，并利用人工智能等大数据技术来提高生产效率
☐ 利用大数据管理供应链
☐ 利用大数据提高产品售后管理效益

☐ 其他____________

☐ 没有应用过数据资源

19. 贵企业是否曾从以下外部渠道取得数据？［多选题］

☐ 从政府数据开放平台获取数据

☐ 从数字平台订购数据

☐ 从第三方大数据公司订购数据 / 服务

☐ 在大数字交易所交易数据

☐ 其他____________

☐ 没有进行过数据交易

20. 贵企业认为数据交易存在以下哪些问题？［多选题］

☐ 数据难确权

☐ 数据难定价

☐ 数据开放程度低

☐ 缺乏数据交易渠道

☐ 其他____________

☐ 不了解

21. 贵企业是否考虑过数字化转型？［单选题］

若第 12 题回答“是”，则第 21、第 22 题不需要回答

☐ 是（请跳至第 23 题）

☐ 否（请跳至第 22 题）

22. 不考虑数字化转型的原因是：［多选题］

☐ 本行业数字技术应用空间很小

☐ 消耗大量资金，成本高

☐ 效果不明

☐ 存在安全隐患和信息泄露风险

☐ 不理解什么是数字化

☐ 没有先行案例，不懂得应该如何数字化

☐ 其他______________

结束作答

四、数字化转型效果与政策诉求

23. 您认为数字化转型（可以）为贵企业带来何种有利影响？［多选题］

☐ 提高生产效率和管理效率

□ 销售额和市场份额显著增加
□ 降低企业生产运营成本
□ 提高企业转型升级的决策科学性和企业反应能力
□ 资本市场增值
□ 行业影响力显著提升
□ 提升员工的创新意识与综合性人才培养
□ 其他___________
□ 没有特别的推动

24. 您认为数字化建设（可能）对贵企业造成哪些负担？［多选题］
□ 增加 IT 建设成本
□ 更多的员工下岗
□ 存在商业秘密、数据机密泄露风险
□ 效果达不到预期
□ 其他___________
□ 没有特别的不利影响

25. 您认为贵企业数字化转型的难点是什么？［多选题］
□ 缺乏数字化战略的顶层设计和战略规划
□ 企业管理、组织架构与职能设置无法有效推进相关工作
□ 数字化专业技术人才短缺
□ 找不准业务场景与数字技术应用的结合点
□ 缺乏数字化转型的资金预算
□ 缺乏政府政策、法律法规的支持引导
□ 其他___________

26. 在数字化转型过程中，贵企业希望得到哪些帮助？［多选题］
□ 数字化转型的相关讲座、培训
□ 政府引导支持
□ 与本行业相关高精尖企业及学术、科研机构的对接机会
□ 专项改造资金支持或政策支持
□ 其他___________
□ 不需要数字化转型

27. 在数字化转型过程中，贵企业希望得到哪些政策支持？［多选题］
□ 人才引进政策
□ 金融支持政策

□ 财税优惠政策
□ 产业投资政策
□ 土地优惠政策
□ 技术创新支持
□ 其他____________

附录2 北京数字经济相关政策梳理

发布时间	文件名称	发布机构	主要内容
2012年7月	《北京市“十二五”时期城市信息化及重大信息基础设施建设规划的通知》	北京市人民政府	信息化、宽带化，网络宽带建设
2016年1月	《北京市人民政府关于积极推进“互联网+”行动的实施意见》	北京市人民政府	①发挥互联网对科技创新的促进作用，推进全国科技创新中心建设。②利用互联网加速重构生产力布局，有序疏解北京非首都功能。③支持互联网企业与传统企业跨界合作，推动传统产业转型升级。④建立基于互联网全方位、多层次的产业对接合作平台和协同创新平台，扩大京津冀产业协同创新效应，推动形成协同创新共同体
2017年9月	《北京市推进两化深度融合推动制造业与互联网融合发展行动计划》	北京市经济和信息化委员会	支撑融合发展的基础设施和产业生态日趋完善，制造业数字化、网络化、智能化取得明显进展，产业融合创新催生的新业态成为北京经济增长的新引擎，成为辐射引领京津冀协同乃至全国产业升级的新典范
2019年1月	《关于北京市2018年国民经济和社会发展计划执行情况与2019年国民经济和社会发展计划的报告》	北京市发展和改革委员会	不断发展壮大数字经济，深入落实5G产业发展行动方案，大力推进工业互联网平台建设和工业技术软件化，加快建设国家网络安全产业园，促进电子信息产业持续快速增长
2020年1月	《关于北京市2019年国民经济和社会发展计划执行情况与2020年国民经济和社会发展计划的报告》	北京市发展和改革委员会	编制5G细分领域工作方案，制定支持5G发展政策包，实现5G在超高清视频等领域实质性商用。大力发展数字经济，推动区块链和人工智能、大数据、物联网、工业互联网等前沿信息技术深度融合，建好国家网络安全产业园区
2020年6月	《中共北京市委　北京市人民政府关于加快培育壮大新业态新模式促进北京经济高质量发展的若干意见》	中共北京市委、北京市人民政府	①新基建：力争到2022年底基本建成。②新场景：将实施应用场景“十百千”工程。③新消费：拓展直播卖货、云逛街

续表

发布时间	文件名称	发布机构	主要内容
2020 年 6 月	《北京市加快新场景建设培育数字经济新生态行动方案》	中共北京市委、北京市人民政府	以场景驱动数字经济技术创新、场景创新与新型基础设施建设深度融合
2020 年 6 月	《北京市区块链创新发展行动计划》	北京市人民政府办公厅	把北京初步建设成为具有影响力的区块链科技创新高地、应用示范高地、产业发展高地、创新人才高地
2020 年 6 月	《北京市加快新型基础设施建设行动方案》	北京市人民政府	建成具备网络基础稳固、数据智能融合、产业生态完善、平台创新活跃、应用智慧丰富、安全可信可控等特征，具有国际领先水平的新型基础设施
2020 年 9 月	《深化北京市新一轮服务业扩大开放综合试点建设国家服务业扩大开放综合示范区工作方案》	北京市人民政府	推进数字经济和数字贸易发展。加快推动公共数据开放，引导社会机构依法开放自有数据，支持北京市在特定领域开展央地数据合作，推动政务数据与社会化数据平台对接。研究境内外数字贸易统计方法和模式，打造统计数据和企业案例相结合的数字贸易统计体系。研究建立完善数字贸易知识产权相关制度
2020 年 9 月	《北京国际大数据交易所设立工作实施方案》	北京市地方金融监督管理局	北数所具备五大功能定位：一是权威的数据信息登记平台；二是受到市场广泛认可的数据交易平台；三是覆盖全链条的数据运营管理服务平台；四是以数据为核心的金融创新服务平台；五是新技术驱动的数据金融科技平台
2020 年 9 月	《北京市关于打造数字贸易试验区实施方案》	北京市商务局	通过数字贸易试验区建设，加快试点示范和政策创新
2020 年 9 月	《北京市促进数字经济创新发展行动纲要（2020—2022 年）》	北京市经济和信息化局	聚焦数字产业化、产业数字化、数据价值化、数字化治理
2020 年 11 月	《北京市全面深化服务贸易创新发展试点实施方案》	北京市商务局	聚焦数字贸易，激发北京数字经济国际化新动能。①打造“三位一体”数字贸易试验区。②探索跨境数据安全有序流动。③释放数字贸易创新发展活力：规则制定、研发设计、海外并购、知识产权
2020 年 12 月	《中共北京市委关于制定北京市国民经济和社会发展第十四个五年规划和二〇三五年远景目标的建议》	中共北京市委	顺应数字产业化、产业数字化发展趋势，实施促进数字经济创新发展行动纲要，打造具有国际竞争力的数字产业集群，建设全球数字经济标杆城市

续表

发布时间	文件名称	发布机构	主要内容
2021年1月	《科技领域“两区”建设工作方案》	北京市科学技术委员会	①建设基于区块链的可信数字基础设施平台。②聚焦于数据“感、传、算、信、用”的薄弱环节，加快突破智能传感、融合通信、物联网、边缘计算、人工智能、区块链等一批数字经济支撑技术
2021年1月	《北京市进一步优化营商环境更好服务市场主体实施方案》	北京市人民政府办公厅	①放宽数字经济领域市场准入。②构建数字政务平台体系，加快搭建数字服务、数字监管、数字营商信息化平台
2021年2月	《关于北京市2020年国民经济和社会发展计划执行情况与2021年国民经济和社会发展计划的报告》	北京市发展和改革委员会	①优化营商环境，打造数字政府。②建设全球数字经济标杆城市，制定实施促进数字经济创新发展行动纲要
2021年3月	《北京市“十四五”时期智慧城市发展行动纲要》	北京市人民政府	到2025年，将北京建设成为全球新型智慧城市的标杆城市
2021年7月	《关于加快新型基础设施建设支持试点示范推广项目的若干措施》	北京市经济和信息化局	新基建试点
2021年7月	《北京市关于加快建设全球数字经济标杆城市的实施方案》	中共北京市委办公厅	打通数据“生成—汇聚—交易—消费—应用”全链条，培育数据驱动的未来产业，建立数字经济规则和发展测度体系，形成开放领先的新型数字社会生态
2021年8月	《北京市“十四五”时期高精尖产业发展规划》	北京市人民政府	推动产业“换核、强芯、赋智、融合”，加快产业基础再造提升、产业链条优化升级、智能绿色全面覆盖、制造服务深度融合、区域发展开放联动“五个突破”，推进动力转换、效率提升、结构优化“三大变革”，实现高精尖产业质量、能量、体量“三量提升”，打造一批具有全球竞争力的万亿级产业集群和领军企业
2021年11月	《北京市关于促进数字贸易高质量发展的若干措施》	北京市商务局	①搭建数字贸易服务平台。②探索推动跨境数据流动。③夯实数字贸易产业基础。④提升数字贸易便利度。⑤加大数字贸易企业支持力度。⑥完善数字贸易保障体系
2021年11月	《北京市“十四五”时期国际科技创新中心建设规划》	中共北京市委	打造世界主要科学中心和创新高地，率先建成国际科技创新中心，为实现高水平科技自立自强和建设科技强国提供战略支撑

后记 Afterword

高质量发展是党的二十大明确提出的全面建设社会主义现代化国家的首要任务，开展高质量发展相关理论研究和实践探索是高校和社会各界的使命责任。高质量发展的本质内涵与数字化发展高度契合，数字技术和数字经济的发展为经济社会高质量发展提供了路径和方法，也是实现中国式现代化的重要引擎。习近平总书记高度重视数字经济发展，指出“发展数字经济是把握新一轮科技革命和产业变革新机遇的战略选择”。党的十九届五中全会明确提出要“加快数字化发展，建设数字中国”，党的二十大再次强调要“加快发展数字经济”。近年来，移动互联网、大数据、人工智能等技术不断创新，并深度融入和改造经济社会发展各领域，数字经济成为重组全球要素资源、重塑全球经济结构、改变全球竞争格局的关键力量。

城市是数字经济发展最重要的空间承载和综合平台，也是经济社会数字化发展的主阵地。数字时代，数字技术和数字经济与城市经济社会发展深度融合，城市发展模式和核心竞争要素发生改变，城市发展逻辑和竞争格局加速演变。数字文明的兴起，需要我们站在时代的高度、文明的角度来重新审视城市发展，数字化成为城市发展的“关键变量”。在新一轮区域发展和城市竞争中，国内外城市无不加紧进行数字化发展战略布局，抢占发展先机。数字化发展是我国“十四五”时期以及2035远景目标规划时期的重要国家战略，城市数字化发展是国家数字化发展战略的重要组成部分，各个城市都在加速推进。在此背景下，研究数字经济如何赋能城市高质量发展，无疑具有十分重要的意义。

北京工商大学数字经济研究院成立于2019年12月，是学校顺应经济社会数字化发展大趋势和改革创新发展的需要，重点打造的校级新型智库平台。研究院依托北京工商大学文理工商法等综合学科优势和科研力量，紧密链接政府系统、产业联盟、科研院所等，搭建政产学研用深度融合、共同参与、资源共享、相互支撑的研究平台，协同多方智慧，以国家战略为指向，立足时代前沿，从我国数字经济发展实践及案例入手，构建从实践中来、到实践中去的理论研究路径，共同推动数字经济理论和实践前沿问题研究，突出研究的战略性、政策性、应用性和学术性相兼容，更好服务国家战略、地方政府和首都经济发展需要。

“数字经济赋能城市高质量发展”主题系列研究，是研究院重点推动的数字经济研究项目，也是我校数字经济与首都发展创新中心平台建设的重要内容，得到学校的高度重视和国际经管学院、经济学院、商学院等多个学院的支持。围绕“数字经济赋能城市高质量发展”这一主题，研究院每年将举办高端学术论坛，走进城市、走访企业进行实地调研，出版研究报告、发布城市数字化指数等。

北京建设“全球数字经济标杆城市”，为全球数字经济发展和城市创新发展引领了前沿方向。研究院首先以北京为研究对象，对北京数字经济发展和城市数字化治理进行深度解析，最终呈现本书。本书的研究得益于北京市科协2021年度重点调研课题“北京数字经济发展对策研究”。此课题中标后，历经一年时间，研究院组织核心力量展开对北京市数字经济发展的大量实地调研、访谈、研讨等活动，在开题、中期、结题等环节中，得到北京市科协组织的专家、学者的指导，启发了我们对北京问题不同视角的观察，奠定了本书研究的基础，在此要特别感谢北京市科协及相关专家。在科协课题研究的基础上，团队又历经近一年的时间，搭建理论框架，建立横向比较指标体系和评价模型，跟踪北京数字经济实践及政策变化，提炼、总结北京数字经济发展思路、模式特点。在此过程中，课题组有幸参与到北京市社科院牵头的《北京蓝皮书：数字经济发展报告（2021—2022）的编写，共享了北京数字经济发展的一手资料，丰富了本书的研究内容。在此，特别感谢北京市社科院党委书记唐立军教授和朱柏成院长以及撰写团队，每一次的研讨交流，都加深了我们对北京发展数字经济的理解和认识。同时，需要特别感谢北京市经济和信息化局副局长王磊、总工程师仝海威，两位领导是北京数字经济发展规划、政策制定的参与者、执行者、亲历者，在百忙之中支持我院论坛活动，他们对北京市数字经济发展和全球标杆城市建设的深刻讲解，为我们理解和研究北京数字经济问题指出了方向。研究团队在调研过程中，得到北京市昌平区发展和改革委员会副主任张永利先生、北京亦庄智能城市研究院集团总经理颜敏先生、全经联产业加速器有限公司创始人杨乐渝先生以及快手科技有限公司、北京三一重工等机构和企业的支持，在此一并表示衷心感谢！

本书是北京工商大学科研团队群策群力、集体研究的成果。在策划、研究过程中，得到校党委书记黄先开，副校长龚六堂、徐丹丹、刘敏华、左敏等多位校领导的亲自指导和支持，得到校党委宣传部部长兼经济学院院长倪国华、经济学院党委书记吕素香、研究生院院长兼商学院院长毛新述、国际经管学院党委书记郭毅、国际经管学院院长詹新宇、电商与物流学院院长莫立坡、法学院副院长陈敦等多位学院领导的指导，也得到多位老师的帮助。本书由北京工商大学数字经济研究院院长白津夫教授担任顾问，由数字经济研究院执行院长葛红玲教授牵头策划、组织执笔和统稿、总纂，具体执笔：第 1 章和第 4 章由方盈赢副教授撰写，第 2 章由李波副教授撰写，第 3 章由李惠璇老师撰写，第 5 章和第 6 章由程悦副教授撰写，第 7—9 章由葛红玲教授撰写。其中，国际经管学院金融科技系研究生李韫珅、李萧雨、代嘉桢三位同学参与调研、资料收集、整理等工作。

在书稿的编辑过程中，中国经济出版社赵静宜女士以及相关工作人员付出大量心血，在此，对她们的付出表示由衷感谢！

由于时间仓促、水平有限，书中难免存在疏漏和不足之处，敬请读者批评指正。

2023 年 2 月